말씀 / 하나에 / 삶을 / 건

말씀 / 동네 / 목사의 / 신명기 / 묵상집

하늘의 말씀으로

일상의 삶을 열다

| 윤 용 지음 |

엘리샤
ELISHA

추천의 글

● **김관성 목사 (행신침례교회, '본질이 이긴다' 저자)**

　무엇이 바른 말씀인지에 대한 기준과 원칙들이 무너지고 있습니다. 하나님 말씀이 혼잡해 지고 있는 것이지요. 한마디로 강단이 오염되어 버렸습니다. 설교자들은 말씀을 자의적으로 해석하고 확신에 차서 전하고, 듣는 청중들은 무조건 아멘을 외치는 시대입니다. 이런 상황들이 지속되다 보니 우리 시대 성도들의 하나님 말씀에 대한 이해력이 심각한 지점에 도달했습니다. 말씀을 읽어도 중심 메시지를 제대로 찾아내지 못합니다. 이런 현상의 마지막은 하나님 말씀을 전혀 읽지 않거나, 읽어도 성경이 전하고자 하는 본래의 메시지와는 전혀 다른 의미를 마음에 담게 됩니다. 이런 현실을 안타까워하며 윤용 목사가 그 분명한 대안과 말씀 묵상의 진수를 우리에게 선보이고 있습니다. 진지하게 이 책을 읽어보십시오. 하나님의 말씀이 얼마나 달고 오묘한지 맛보게 되리라 확신합니다. 무엇보다 문자로 기록된 말씀이 책에서 걸어나와 여러분의 영혼으로 침투하는 신령한 체험을 하시게 될 겁니다.

● **김기현 목사(로고스서원 대표, '10대를 위한 성경독서법'의 저자)**

　성경은 한갓 문자나 문서가 아니다. 인격이고 존재이다. 때문에 우리는 성경 속에서 말하시는 '하나님'이라는 인격적 존재를 만난다. 동시에 성경이 아니고서는 발견할 수 없는 '나', 하나님 앞에서만 참된 내가 되는 '나'와 또 다른 '나'를 읽는다. 이러한 성경의 본성에 가장 부합하고 적합한 읽기 방식이 묵상이다. '윤용'이라는 프리즘을 통과한 말씀 묵상의 모델이자 모범이 바로 이 책이다.

저자는 친히 경험했던 말씀 속에서 자신의 내면을 발설하고, 교회의 아픔을 토설한다. 하나님의 울음도 묻어나고, 하나님의 웃음도 들린다. 어떤가, 이 책으로 묵상의 맛을 시식하고, 실제로 성경을 먹어봄이. 나와 그대도 복 있는 사람, 시냇가 심은 나무 되는 길이 하나 여기 있으니.

● 이진오 목사(세나무교회, 건강한작은교회동역센터 공동대표)

건강한 교회가 어떤 교회인가? 성숙한 신자는 어떤 신자인가? 우리시대 신자와 교회의 부패와 타락 가운데 다양한 고민과 주장들이 있습니다. 바른 신학과 가치를 세우는 것이 중요합니다. 바른 실천을 용기 있게 행하는 것도 중요합니다. 그런데 윤용 목사는 그 바탕에 '말씀묵상'이 선행되어야 한다고 주장합니다. 아니, 말씀묵상이 그 모든 바른 것을 세우고 행하는데 본질이라고 말합니다. 윤용 목사가 묵상한 내용을 천천히 읽다보면 깊이 공감하게 됩니다. 일반적으로 행해지는 Q.T는 대개 성경을 읽고 자기 마음에 드는 구절이나 단어 한두 개를 끌어와 하나님께서 주신 말씀이라고 주장하거나, 말씀을 자신에게 적용하여 순종하고 실천하기보다는 '우리'라는 말로 누군가를 가르치거나 요구하는 용도로 사용되기도 합니다.

윤용 목사의 말씀묵상은 그 깊이와 넓이가 다릅니다. 어떤 때는 잘 정리된 조직신학과 같고, 어떤 때는 깊이 있는 주석을 읽고 있는 것 같습니다. 그렇다고 어려운 신학적 용어로 지식을 자랑하는 것이 아닙니다. 읽으면 누구나 이해할 수 있는 우리네 삶의 언어로 하나님께서 깨닫게 해주시고, 하나님께서 말씀을 통해 요청하는 것을 지극히 평범하게 기록하고 있습니다. 때로 윤용 목사의 말씀에 대한 순종과 실천은 어떤 경우 너무 적나라하고 지나치다 싶을 정도로 솔직합니다.

제가 섬기는 세나무교회에서 윤용 목사를 초청해 세미나를 가졌습니다. 건강한 작은교회가 지향하는 진실한 공동체, 일상의 제자도, 공의의 공공성, 거룩한 공교회성에 말씀묵상이 바탕이 되어야 한다는 주장에 공감하였기 때문입니다. Q.T를 몰랐거나 말씀묵상을 하지 않았던 것도 아닙니다. 그러나 말씀묵상의 기본부터 실천하고 나아가 교회 공동체가 나눔으로 함께 성숙해 가는 그 실재를 다시 점검해보고 싶었습니다.

세미나에서 강의하는 윤용 목사의 강의와 그의 말씀묵상은 마치 골리앗 앞에 물맷돌 하나 들고 선 다윗과 같다 생각되었습니다. 각종 탐욕과 욕망에 점철되어 돈, 명예, 권력이라는 맘몬을 우상하는 우리들의 원죄 앞에, 부패와 타락으로 신음하는 한국교회의 실상을 향해, 온갖 불의로 억압과 폭력, 차별과 배제로 가득한 세상 앞에 무엇으로 맞설 것인가 외치고 있었습니다. 보잘 것 없어 보이고 너무나 평범하고 익숙해서 오히려 그 귀함을 잊어버린 '말씀묵상'은 어쩌면 우리시대 온갖 수치심과 두려움으로 마주선 골리앗 앞에 들어야 할 물맷돌이 아닌가 생각해 봅니다.

● **손희선 목사 (광주 열린벧엘교회)**

윤용 목사는 복 있는 사람입니다. 복 있는 사람이란 하나님의 말씀을 즐거워하여 그것을 주야로 묵상하는 사람입니다(시 1:1-2). 그는 말씀을 사랑합니다. 말씀을 즐거워합니다. 말씀을 씹고 또 씹습니다. 그러니 복 있는 사람입니다.

윤용 목사는 울보입니다. 빛이 들어오면 어둠이 드러나듯 말씀이 들어오면 죄가 드러납니다(시 119:105, 요 1:9). 말씀을 묵상하니 그는 늘 자신의 죄를 직면합니다. 자신의 실체를 보게 됩니다. 그러니 괴로울 겁니다. 역설적이게도 그래서 더 하나님의 은혜가 커 보입니다. 그래서 그의 눈에는 눈물이 고여 있습니다.

윤용 목사는 스토리그래퍼(Storygrapher)입니다. 사물 속에서 스토리를 읽어내고 진리를 끄집어냅니다. 약속 장소에 가면 그가 항상 먼저 와 있습니다. 30분 전, 한 시간 전에 도착해서 구석구석 후미진 곳을 찾아, 열심히 셔터를 누릅니다. 올리는 사진들을 보면 어김없이 그 안에 놀랍고 따뜻한 메시지가 담겨 있습니다. 슬쩍 훑어보는 시선이 아니라, 깊이 집중하는 시선으로 사물을 통찰하는 안목은 분명 말씀을 묵상하는 삶이 체득화(體得化) 된 데서 길어올려졌을 것입니다.

모압 광야, 그 황량한 곳에 빈 손으로 서 있던 모세는 지난 40년 간 실수 없이 부어졌던 하나님의 은혜를 노래합니다. 윤용 목사 또한 자신의 길이 아무리 좁고 협착할지라도 한 밤 중에는 시를 지어 부르고, 소나기를 만나면 말씀의 처마 밑에서 셔터를 누르면서 하나님의 은혜를 이야기합니다. 윤용 목사의 묵상에는 이 땅에 표류하는 영혼들을 향한 눈물이 있습니다. 공동체를 잃어버린 영혼을 향한 애타는 마음이 있습니다.

그는 오늘도 어딘가 말씀에 삶을 걸 영혼을 찾아 걷고 뛸 것입니다. 많은 분들이 이 책에서 경이롭게 찾아오시는 하나님의 어루만지심을 경험했으면 좋겠습니다. 새벽마다 말씀의 빛 한 줄기를 붙잡고 일상의 페이지를 새로 써 내려갔던 그 은밀하고도 담백한 이야기가 우리를 아버지이신 하나님께로 이끌어 갈 것입니다.

● **김정주 전도사 ('파전행전' 저자, 팟케스트 '떠람데오' 공동진행자)**

'나무가 아닌 숲을 봐야 한다.' 하나님의 말씀을 대하는 자세에 있어서 이 말은 참 맞습니다. 하나님의 말씀은 한 구절 한 구절로 우거진 나무들이지만, 그 나무들이 어떤 큰 숲이라는 그림을 그리고 있는지를 보지 못한다면 우리는 하나님의 말씀을 통하여서 아주 적은 파편적인 깨달음밖에 얻지 못할 것이기 때문입니다.

하지만 '숲이 아닌 나무를 봐야 한다.' 라는 말 역시 하나님의 말씀을 대하는 자세에 있어서 참 맞는 말입니다. 하나님의 말씀을 여러 신학적인 지식들을 통하여서 큰 그림인 숲을 발견했다고 한들, 그 숲 속으로 들어가서 나무 한 그루 한 그루들을 보지 못한다면 그 역시 말씀을 통해 일용할 양식을 얻는 데까진 도달하지 못한 것이기 때문입니다.

윤 목사님이 쓰신 이 신명기 묵상집은 나무도 숲도 모두 볼 수 있는 아주 좋은 가이드라인을 우리에게 제시해줍니다. 철저하게 성경에서 시작되어 성경으로 마무리되는 건강한 묵상을 통해 성경의 전체적으로 흐르는 중요한 신학적인 맥락인 '숲'의 그 푸르름과 웅장함을 보여줍니다. 또한 그 숲에 있는 한 그루 한 그루의 나무들을 통해서 '그래서 지금 나는 여기서 어떻게 살아야 하는가?'를 보여줍니다. 그 한 그루의 아낌없이 주는 나무인 말씀을 붙잡고 살아가는 모습을 '이론'이 아닌 '삶'으로 가르쳐줍니다.

윤 목사님의 말씀 묵상에서는 언제나 '사망'의 기운을 느낍니다. 얼마나 이 말씀 앞에서 스스로를 낮추고, 십자가에 못 박는 과정을 거쳤을까 하는 치열한 자기 죽음의 기운 말입니다. 하지만 그 기운과 동시에 '생명'의 기운을 느낍니다. 분명 말씀 앞에서 죽었으나, 말씀으로 인하여 다시 살아나는 그런 신비로운 기운 말입니다. 하나님의 말씀의 희귀해져 가는 이 시대 가운데 이렇게 말씀을 사랑하는 목사님이 계시다는 것이 참 힘이 됩니다. 기쁜 마음으로 이 책을 추천합니다.

● **김윤희 선교사 (찬양순회선교단 아이노스)**

윤용 목사님을 알게 된지 35년의 세월, 중학생 교회 오빠에서 중년의 목사가 된 지금까지도 여전히 잘 울고 마음 따뜻한 한결 같은 모습입니다. 어릴 적부터 시작되었던 한결같은 말씀 묵상의 깊이와 사랑은 더 깊어져 이젠 깊은 샘이 되어 솟아나와 혼자만의 묵상이 아닌 주님의 생명을 담고 사람을 살리며 그 묵상을 통해 우리의 삶을 돌아보며 변화시키게 하는 나눔의 묵상이 되었습니다. 윤용 목사님의 묵상은 쉬우나 가벼운 묵상이 아니며 주님 주신 그 말씀의 본질에 잃어버렸던 삶의 희망과 힘까지도 얻게 되는 주님의 능력을 지닌 아름다운 묵상이 되어 그렇게 오늘의 신명기 묵상집으로 피어났습니다.

'스스로 말씀을 묵상하고 해석하는 성도를 세워가는 것'이 목회의 이유라고 하는 그 순수한 욕심이 참 아름다운 사람입니다. 대학시절부터 한결같이 새벽부터 밤 늦게까지 주일을 주님께 드렸던 모습과 Q.T를 즐겨하던 모습에서 이미 말씀을 사랑하고 순종하는 '아름다운 목사'의 모습을 보았던 것 같습니다. 오랜 세월 주님을 부르던 소년의 눈물과 주님을 향한 사랑의 고백이 매일의 깊은 묵상의 세월속에 무르익어 오늘의 이 책을 낳았다고 자신합니다. 30년간 한결 같고 가감 없이 말씀 앞에서 한껏 바닥까지 낮아져 하나님이 더 크게 드러나는 고백이 담긴 이 묵상집을 추천합니다.

이 책을 읽는 이들마다 살아 계신 주님의 모습을 보기를 소망합니다. 많은 이들이 이 책을 통하여 말씀을 대하는 방법을 배우고 또 말씀에 메마른 영혼이 깨어나 새 생명과 확신을 갖게 되기를 소망합니다. 윤용 목사님의 신명기 묵상집에 그려진 글은 우리를 향한 하나님의 마음이며 간절한 바람입니다.

들어가는 말

대학에 입학하면서 시작한 말씀 묵상이 지금까지 이어져왔으니, 놀랍게도 30년이 넘었습니다. 좌충우돌하면서 말씀을 묵상해왔습니다. 30여 년 말씀을 묵상하면서 한 가지를 분명히 경험하고 알게 되었습니다. 말씀을 묵상한다는 것은, 말씀을 통해서 하나님의 생명을 누리는 것이라는 사실입니다.

교회에서 집사로 섬기던 시절에 신앙 좋은 집사라고 제법 인정은 받았지만, 내 삶은 곤고했고, 가치관이 세상 사람과 별반 다르지 않았습니다. 직장 동료들이 돈을 좋아하고, 부자가 되려고 발버둥치는 것을 보면서, 나도 그렇게 되고 싶어서 발버둥쳤습니다. 새벽에 출근해서 밤늦게까지 몸이 부서질 듯 일을 하고, 쓰러지듯 침대에 몸을 던지는 삶을 살아가면서 영혼이 피폐해져 감을 느꼈습니다. 무언가 잘못 되었음을 깨달았고, 그건 큰 절망으로 다가왔습니다.

이대로는 도저히 살 수 없다 생각하고 방법을 찾았습니다. 좋은 목사님을 찾아보았고, 좋은 교회도 찾아보았습니다. 그러나 잠시 영혼이 회복되는 듯하다가는, 금방 한계를 만났습니다. 좋은 목사, 좋은 교회가 근본적인 해결책이 될 수 없다는 사실을 깨닫게 되었습니다. 하다가 말다가 했던 말씀 묵상을 제대로 해보기로 했습니다. 수많은 실패와 넘어짐과 좌절을 겪었지만, 그럼에도 말씀 묵상을 어찌 어찌 이어온 것이 내 인생 최고의 복이 아닐까 싶습니다.

학원 교무실에 일찍 출근해서 묵상하기도 했고, 집에서 묵상하기도 했지만, 무엇보다 차 안에서 묵상을 많이 했습니다. 남보다 일찍 출근해서 주차장에 차를 세우고, 차 안에서 묵상집이나, 성경과 노트를 펼쳐 들고 묵상을 했습니다. 차 안에서 묵상했던 기억들은 나에게 하나님과 함께 했던 진한 추억으로 남아 있습니다. 때로는 주님의 사랑에 겨워 울기도 하고, 혼자 찬양을 한참 동안 부르기도 하고, 소리 내어 기도하기도 하면서, 말씀과 함께 했던 차 안에서의 하나님과의 사귐은 참으로 내 삶을 지탱하는 생명의 시간이었습니다.

집사 때 말씀 묵상 강의를 시작했습니다. 누가 시켜서가 아니라, 너무 하고 싶어서 자발적으로 시작했습니다. 담임목사님의 허락을 받고, 모조지 전지에 매직펜으로 광고를 적어서 교회 게시판에 붙여 수강자를 모아서 강의했습니다. 묵상은 혼자서는 거의 불가능하기에 함께 묵상하는 사람을 만들기 위해서였습니다. 그렇게 시작된 강의가 여러 번 이어졌고, 다른 교회에서도 강의할 기회들이 생겼습니다. 말씀을 묵상하고, 말씀의 은혜를 누리고, 묵상 강의를 하면 할수록 점점 더 말씀 사역을 하고 싶다는 생각이 들었습니다. 일반 성도의 위치에서는 더 이상의 말씀 사역이 불가능한 현실에 직면하고, 결국 신학 공부를 하기로 결심했고, 부산에서의 40여년의 삶을 정리하고 경기도로 이사를 했습니다.

경기도로 오면서부터 SNS에 묵상글을 올리기 시작했습니다. 묵상 나눔을 할 오프라인 모임이 없었기 때문에 그저 말씀을 나눌 목적으로 한 일이었습니다. 신기하게도 SNS를 통해서 말씀의 교제가 일어났고, 약 7년간 거의 하루도 빠짐없이 묵상글을 올렸습니다. 그동안 책을 출간하라는 권유가 여기저기에서 간간이 있었지만, '내가 무슨 책을...'이라는 생각을 지울 수가 없어서 엄두도 내지 않고 있었습니다.

일반 성도 때부터 하기 시작한 말씀 묵상은, 목사가 된 지금에도 나에게 가장 중요한 경건의 도구가 되고 있습니다. 이제 나의 삶에서 가장 중요한 것은 말씀묵상이 되었습니다. 언젠가부터 말씀묵상을 의무감으로 하는 마음은 거의 사라지고, 말씀 묵상을 통해 만나는 하나님이 너무 소중해서, 아침 묵상의 시간을 놓치고 싶지 않게 되었습니다. 그러던 중 SNS를 통해 만난 한 분으로부터 책을 출간하자는 제안을 받았습니다. 여전히 부족한 글임을 잘 알지만, 제안이 있어서 출간해보기로 했습니다.

성서유니온의 매일성경을 본문으로 말씀을 묵상하고 있습니다. 그 중 신명기 묵상을 정리해서 책으로 출간하기로 했습니다. 각 장의 첫 부분에 제가 찍은 사진과 글을 넣었습니다. 사진을 시작하게 된 것은 우연한 기회였습니다. 교회가 큰 어려움을 당했을 때, 목사에게 스트레스가 없는 것은 불가능하다는 것을 깨달았고, 건전한 취미 하나가 있어야겠다는 생각을 했습니다. 저렴한 중고 카메라 하나 장만해서 사진을 찍으며, 사진에 대해 짧은 글도 썼습니다. 사진 찍고 글을 쓰는 과정이 참 행복했습니다. 그 중 몇 장을 함께 책의 내용에 포함시켰습니다. 책에 성경구절을 인용할 때 여러 번역본을 사용했습니다. 새번역 성경은 '새번역'이라고 명시했고, 쉬운 성경은 '쉬운 성경'이라고 명시했는데, 개역개정은 아무 표시를 하지 않았습니다. 성경 구절만 적혀 있는 것은 개역개정 성경을 인용한 것임을 참고해 주시기 바랍니다.

이 책의 목적은 단순하고 분명합니다. 묵상글을 통해서 이 아름다운 말씀 묵상의 세계에 접근하는 분들이 많아지는 것입니다. 한 흐름으로 글을 쓴 것이 아니라, 매일 묵상하고 삶을 해석하고 적용한 것을 모은 글이기 때문에 내용에 있어서 반복되는 부분이 있을 수 있지만, 그 부분을 수정하지 않고 그대로 출간합니다. 매일의 묵상을 그대로 보여드리는 것이 말씀 묵상에는 더 도움이 될 것이라고 믿기 때문입니다.

한 교회의 목사로 살아가면서, 생계를 위해 과외 수업을 하면서, 여기저기 설교와 말씀 묵상 강의를 하러 다니게 되었습니다. 삶의 바쁨은 감사의 제목이기도 하지만, 동시에 유혹과 시험이 되기도 합니다. 바쁨에 밀려 말씀 묵상을 소홀히 하게 될 가능성이 언제라도 있기 때문입니다. 그래서 더욱더 말씀 묵상을 삶의 최우선순위에 두면서 살아가고 있습니다.

이 책이, 말씀을 묵상하고 계신 분들에게는 더 깊은 묵상을 위한 길잡이가 되기를, 말씀을 묵상하지 않고 계신 분들에게는 말씀 묵상에 대한 도전을 받는 계기가 되기를, 무엇보다 신앙의 성숙을 향한 발걸음에 작은 도움이 되기를 간절히 바랍니다. 그리고 늘 삶의 힘이 되어주는 아내와 두 아들들에게도 고마움을 전하며, 가족들이 말씀의 사람이 되는데도 이 책이 작은 도움이 되기를 소망합니다.

주님의 말씀 안에서
윤 용 목사 드림

차 / 례

경계에서 일어난 일
(신명기 1~2장 묵상)

길이 열렸고,
길을 걸었다.

그러나 길인 줄 알았던 곳이
길이 아닐 때가 있다.
막다른 골목을 만난다.

그제서야 깨닫는다.
길이라는 믿음이 허구였음을.

인생길은 광야길.
그 특징은 길이 없다는 것이다.

길로 보이는 흐릿한 것을
길이라고 확고하게 믿었다가는
분명 큰 낭패를 만나게 될 것이다.

흐릿하고 희미한 길에서
한 걸음씩만 선명하게 보고 발을 내딛는 것이
광야인 인생길을 걷는 올바른 방법이다.

한 발을 내딛고,
새롭게 한 발을 찾아야 하는 길
그 한 발만 신뢰하며 가야 하는 인생길.

"주의 말씀은 내 발에 등이요, 내 길에 빛이니이다."
(시119:105)

경계에 선 신앙인의 삶
(신명기 1:1-8)

신명기는 가나안 땅에 들어가기 전, 모세가 이스라엘 백성에게 선포한 고
별설교로, 모세가 과거 시내산에서 받은 율법을 그 당시 이스라엘 백성들
에게 다시 풀어서 설명한 것이다.

1. 배경

  신 1:1-4는 신명기의 배경을 간단히 설명하고 있다. 두 가지의 배경이
기록되어 있는데, 40년의 광야 생활과 광야 생활의 마지막 부분에 얻은
작은 승리이다. 첫 번째 배경은, 이스라엘이 11일이면 갈 수 있는 광야 길
을 40년 동안 돌아다녔다는 것이다.

> "호렙에서 세일 산을 지나 가데스바네아까지는 열하루 길이다. 이집트에
> 서 나온 지 사십 년째가 되는 해의 열한째 달 초하루에, 모세는 주님께서
> 이스라엘 자손에게 말하라고 명하신 모든 것을 그들에게 말하였다."(신
> 1:2-3, 새번역)

  이스라엘에게 40년 광야 길의 의미는 여러 가지이지만, 상반되는 두
가지의 대표 의미가 있다. 보호와 공급의 의미, 그리고 심판과 훈련의 의
미다. 하나님이 이스라엘 백성들을 먹이시고 입히셨으며 더위와 추위로
부터 보호하셨다. 그러나 두려움과 반역의 마음으로 원망과 불평을 일삼

왔던 출애굽 세대는 하나님의 심판으로 광야에서 삶을 끝내야 했다. 이후 광야에서 태어난 세대는 광야의 삶 가운데 훈련받다가 이제 광야의 삶이 다 끝나가는 - 그래서 다음의 행보를 내디뎌야 하는 - 상황에 서 있었다.

두 번째 배경으로 기록된 것은 아모리와 바산과의 전쟁에서 거둔 작은 승리의 이야기였다.

"이 때는 모세가 헤스본에 사는 아모리 왕 시혼을 치고, 아스다롯과 에드레이에 사는 바산 왕 옥을 무찌른 다음이었다."(신 1:4, 새번역)

새로운 역사를 써야 하는 상황에서 작은 승리들을 언급하는 것은, 앞으로의 치러야 할 수많은 전쟁에서 승리할 수 있음을, 그러므로 담대할 수 있음을 이스라엘 백성들에게 메시지로 던져주고 있는 듯하다.

2. 충분히 오래

모세가 설교를 시작하는데, 그 서두에서 하는 말이 인상적이다.

"우리가 호렙 산에 있을 때에, 주 우리의 하나님이 우리에게 다음과 같이 말씀하셨습니다. '너희는 이 산에서 오랫동안 머물렀으니, 이제 방향을 바꾸어 나아가, 아모리 사람의 산지로 가거라. 그 인근 모든 지역, 곧 아라바와 산지와 평지와 남부 지역과 해변으로 가거라. 또 가나안 사람의 땅과 레바논과 저 멀리 있는 큰 강, 유프라테스 강까지 가거라.'"(신 1:6-7)

'오랫동안'은 영어성경에서 'long enough'로 표현되었다(NIV). 이스라엘이 광야에 머문 시간이 '충분히 오래되었다.' 11일에 갈 거리를 40년을 돌고 돌았으니, 이제 충분한 시간이 지났다는 뜻이다. 이제 새로운 곳으로 나아가 새로운 하나님의 역사를 써 나가야 할 때가 된 것이다.

3. 두 가지를 통해서 얻는 교훈

　신명기의 배경인 40년의 광야생활과 작은 승리들을 통해서, 그리고 '충분히 오래' 라는 개념을 통해서 얻는 중요한 교훈이 있다. 신앙은 한 곳에 정체될 수 없다는 사실이다. 신앙의 삶은 안주를 거부한다. 공급받고 보호받고 훈련받는 과정은 편하고 익숙하고, 그 자리에서 떠나서 실전에 투입되는 것은 불편하고 불안하고 두렵고 어려울 수 있다. 그러나 신앙인은 그 자리를 떠나야 한다. 하나님께 어떠한 훈련을 받아야 하는, 혹은 세미한 음성을 듣고 나아가야 하는 시점에서 익숙한 곳, 보호되는 곳, 충분하진 않지만 공급이 보장된 곳에 안주하고 머무는 것은 하나님의 뜻이 아니다.

　하나님은 새로운 길을 열어주시고 새로운 길로 나아가게 하시는데, 그 새로운 길로 나아가지 못하면 출애굽 세대처럼 되고 말 것이다. 출애굽을 통해서 하나님의 일하심을 경험했지만, 새로운 하나님의 역사를 믿지 못하고 자신의 안일과 편안함만을 구함으로 불평하고 원망하다가 광야에서 엎드러지고만 그 세대 말이다.

　과거의 익숙한 경험의 삶으로부터 알지 못하는 미래로의 이동이 하나님의 백성들에게 주어지는 복된 삶이다. 그래서 하나님의 백성은 언제나 경계에 선다. 하나님이 가라고 하시는 알지 못하는 미래를 향해 나아갈 것이냐, 아니면 익숙한 과거와 현재의 삶에 머무를 것이냐. 그 둘 중 하나를 선택해야 하는 경계이다.

4. 나는?

　때로는 경계를 인지하면서, 때로는 경계라는 사실을 인지하지 못한 채로 내 삶은 많은 경계들을 지나왔다. 젊은 날의 대부분의 시간은 돈을 많이 버는 일에 나의 에너지의 거의 전부를 쏟아 부었다. 너무나 바쁜 그 삶의 한 가운데를 지나고 있을 때 마음에 도전이 주어졌다. '계속 이렇게 살아가야 할까, 아니면 새로운 방향으로 삶을 살아가야 할까?' 많은 우여곡절 끝에 말씀 묵상을 삶의 최우선순위에 두기를 선택했다. 내 인생에서 몇 안 되는 탁월한 선택이라고 생각된다.

그 후, 재수학원 강사로 그럭저럭 먹고 살만한 상황이 되었을 때였다. 갑자기 마음에 던져지는 도전이 있었다. '이대로 살다가 인생이 끝나도 좋을까?' 라는 의문과 '지금이 아니면 신학을 공부할 기회가 없을 거야.' 라는 생각이었다. 그래서 결단했다. 재수학원은 1년 단위로 움직이는데, 1년이 채 끝나기 전에 삶을 정리하고 경기도로 이사를 했다. 서울에서 신학을 공부하기 위해서였다. 신대원 1학년을 마친 겨울이었다. '교회를 지금 개척해야 하지 않을까?' 라는 생각이 들었다. 학원 공간에서 개척하는 것을 선택했고, 신대원 공부를 1년 밖에 하지 않은 상태로 교회를 개척해서 목회자와 설교자의 삶이 시작되었다. 안정을 포기하고 새로운 경계에 서기로 선택한 그 선택들이 내 인생의 방향을 바꾸었다.

물론, 경계에 서서 새롭게 열리는 길을 포기하고 현실에 안주하는 수많은 선택들도 있었다. 그러나, 그 수많은 잘못된 선택에도 불구하고 하나님은 나를 불쌍히 여기셔서 광야에 엎드러지게 하지 않으시고 새로운 기회들을 주셨다. 감사하게도 그 새로운 기회들을 통해서 경계를 하나씩 넘어온 것 같다. 그 모든 과정 중에 경계를 넘도록 힘을 준 것은 단연 '말씀'이었다. 말씀 묵상에 삶을 걸겠다는 그 때의 결단이 지금의 복된 삶을 있게 한 것이라고 나는 믿고 있다.

앞으로도 수많은 경계에 서게 될 것이다. 현실에 안주하는 길을 선택하지 않고, 하나님이 열어주시는 그 새로운 길을 향해 담대히 나아가는 복된 신앙인의 삶이길 소망한다. 말씀 하나 때문에 두려움이 아니라 설렘으로, 원망과 불평이 아니라 감사와 기대로 그 길을 향해 나아가는 삶이길 소망한다.

해석의 시작
(신명기 1:19-33)

1. 해석의 시작

가나안에 입성하기 직전에 모세가 율법을 해석하여 설명하는 성경이 신명기다. 율법을 해석하는 시작이 무엇일까? 모세는 율법이 생겨나게 된 이유인 이스라엘의 과거를 해석하는 것으로부터 그 작업을 시작했다. 모세는 이스라엘의 과거를 해석하면서, 과거에 가장 심각했던 잘못을 찾아내었고, 그 잘못의 이유를 찾았고, 그로 인한 고난을 해석해내었다. 모세는 가데스바네아에서 정탐꾼을 보낸 때를 회상했다. 그 곳에서 앞으로 들어갈 가나안 땅을 탐지했다. 그 땅은 하나님이 주신 약속의 땅이었는데, 그들의 탐지 결과는 실망스러웠다.

"장막 중에서 원망하여 이르기를 여호와께서 우리를 미워하시므로 아모리
족속의 손에 넘겨 멸하시려고 우리를 애굽 땅에서 인도하여 내셨도다 28)
우리가 어디로 가랴 우리의 형제들이 우리를 낙심하게 하여 말하기를 그 백
성은 우리보다 장대하며 그 성읍들은 크고 성곽은 하늘에 닿았으며 우리
가 또 거기서 아낙 자손을 보았노라 하는도다 하기로" (신 1:27-28)

18개월에 걸쳐 가데스바네아에 도착했고, 이제 약속의 땅에 들어가면 될 일인데, 그들은 그 땅 백성에 대한 두려움 때문에 그 땅으로 들어가기 싫어했다. 결국 거의 40년간 광야생활을 하고 난 뒤인 지금, 그 때의 실

패를 반복하지 않기 위해서 가나안 입성을 앞두고 모압 땅에 서있는 백성들에게 모세는 그들의 과거를 해석하여 들려주고 있다. 과거의 실패에 대한 모세의 해석은 '불신앙'이었다.

"이 일에 너희가 너희의 하나님 여호와를 믿지 아니하였도다"(신1:32)

2. 과거 해석의 이유

왜 과거를 해석할까? 율법만 설명해주면 되지 않을까? 왜 굳이 과거를 해석하는 수고를 해야 할까? 율법은 절대적이고 객관적이지만 시대적 상황과 장소적 상황에 맞게 해석이 되어야 올바로 이해될 수 있으며, 그럴 때에 삶을 변화시킬 수 있는 가능성이 열리기 때문이다. 그래서 과거의 실패에 대해 해석하는 것은 앞으로 그 실패를 반복하지 않기 위한 필수적인 과정이다. 과거를 제대로 해석하지 못하면서 미래를 말하는 것은 어불성설이다. 성경을 해석하는 것도 마찬가지다. 성경을 학문적인 지식이나 정보로만 아는 것은 성경을 바르게 활용하는 것이 아니다.

내가 성경을 해석하는 것 같지만, 성경을 묵상하다보면 말씀이 나를 해석하는 것을 발견한다. 말씀이 나를 해석할 때, 먼저 나의 과거를 해석하기 시작하는 것을 경험했다. 그렇게 성경이 나의 삶의 과거를 해석하기 시작하면 삶을 바라보는 시각이 바뀌기 시작한다. 그 시각의 변화가 미래로 나아가는 가장 올바른 방법이 되었던 것 같다. 오늘 본문을 보니, 과거를 해석하고 난 후에 이스라엘이 나아가야 할 미래의 방향도 나온다.

"너희보다 먼저 가시는 너희의 하나님 여호와께서 애굽에서 너희를 위하여 너희 목전에서 모든 일을 행하신 것 같이 이제도 너희를 위하여 싸우실 것이며, 광야에서도 너희가 당하였거니와 사람이 자기의 아들을 안는 것 같이 너희의 하나님 여호와께서 너희가 걸어온 길에서 너희를 안으사 이 곳까지 이르게 하셨느니라 하나, 이 일에 너희가 너희의 하나님 여호와를 믿지 아니하였도다. 그는 너희보다 먼저 그 길을 가시며 장막 칠 곳을 찾으시고 밤에는 불로, 낮에는 구름으로 너희가 갈 길을 지시하신 자이시니라"(신1:30~33)

이스라엘이 나아갈 미래의 방향이란, 돌보시고 이끄시고 승리하게 하실 하나님을 믿고 오직 하나님만 따르는 것이다. 결국 삶은 신앙과 불신앙 사이에서 오락가락하는 것이다. 불신앙을 버리고 믿음을 선택하는 과정이 광야 40년의 여정이었던 것이다. 성경은 사람의 삶과 연결되는 책이다. 당연히 성경과 자신의 삶을 연결해야 한다. 그 연결은 자신의 과거 해석으로부터 시작하는 게 좋다.

3. 나는?

말씀을 붙들고 해석이 되지 않아 고민하고 씨름하던 세월이 제법 길었다. 참고 자료 하나 없이 성경을 묵상하고 해석하는 것이 어찌 쉬울 수 있을까? 당연히 무슨 말인지 모를 본문을 붙들고 씨름하고 고민하고 답답해 죽을 것 같기도 했다. 그러던 중 어쩌다가 해석이 되고 이해가 되고, 그 본문 속에서 하나님의 음성이 들려오면 나의 전 존재가 흔들릴 듯 기뻤다. 말씀이 나의 과거를 조금씩 해석하기 시작했다. 내가 왜 무너졌었는지, 내가 왜 절망했었는지, 내가 어떤 패역함에 있었으며, 그 이유가 뭔지를 말씀을 통해 깨달아가기 시작했다. 그 때부터 말씀에 대한 조금씩 눈이 열리기 시작했던 것 같다. 내 과거가 해석되니 나 자신이 조금씩 해석되었고, 말씀 묵상이 점점 더 재미있어졌다.

이 시대는 말씀을 강조하는데 말씀의 해석이 제대로 되지 않는 경우가 있고, 적용에 있어서는 특히 취약한 경우도 많다. 그럴 경우 그렇게 강조

되는 그 '말씀'은 너무 무미건조해서 재미가 없는 말씀이 되기 쉽고, 성도들의 '지식'은 늘려줄 지 모르지만 성도들의 삶에는 거의 도전을 주지 못하게 된다. 말씀을 가르치는 본인의 과거와 현재의 삶을 말씀으로 해석한 경험이 거의 없거나 적어서가 아닐까 싶다. 말씀으로 가장 먼저 해석되어야 할 것은 자신의 과거이다. 자신의 과거의 실패의 이유를 아는 것이 중요하다. 대충 이해하는 정도가 아니라 뼈저리게 알아야 한다. 그래야 과거의 삶의 방식에서 돌이킬 수 있기 때문이다.

나는 20대로 돌아가기 싫다. 말씀이 없던 그 시절의 방황이 너무 아파서이다. 비록 육신은 그 때와 비교할 수 없이 후패했지만, 말씀을 붙들고 해석하고 적용하며 살아가는 지금의 삶이 그 때와 비교할 수 없이 감사하고 행복하기 때문이다. 그 때의 방황의 이유를 해석하고 새로운 방향으로 나아가며 누리는 행복이 너무나 크기 때문이다. 내 목회의 목표가 한결같은 이유다. 그 목표는 '스스로 말씀을 묵상하고 해석하는 성도를 세워가는 것'이다. 그 목표 안에서 가장 중요한 것은 나 자신이 그런 삶을 평생 사는 것이다. 내 신앙과 목회의 목표는 그것 하나뿐인데 나의 삶은 기적같은 감격들로 조금씩 채워져 가고 있으니 그저 감사할 뿐이다.

죄와 대가와 태도
(신명기 1:34-46)

1. 죄와 죄의 대가

가데스바네아에서의 정탐에서 이스라엘이 범죄했고, 그 범죄의 결과로 이스라엘은 광야로 돌아가게 되었다.

"너희는 발길을 돌려서, 홍해로 가는 길을 따라 광야로 가거라 하셨습니다."(신1:40, 새번역)

출애굽해서 겨우 약속의 땅을 앞에 두었는데 눈물을 머금고 거친 광야로 다시 들어가야 했으니 이스라엘 백성들은 기가 막혔을 것이다. 그러나 이것은 그들이 지은 죄의 대가였다. 눈앞의 상황에 마음을 빼앗겨 하나님의 약속을 믿지 못하고 원망했다는 것은 그들이 아직 약속의 땅에 들어갈 준비가 되지 않았다는 반증이다. 하나님은 이러한 그들을 약속의 땅에 들어가게 할 수가 없으셨기에 광야로 돌아가게 하셨다.

2. 이스라엘의 태도

지은 죄에 대해서 아무 생각이 없다가, 광야로 돌아가라는 말씀을 듣고서야 백성들은 정신이 번쩍 들었던 모양이다. 두려움과 원망과 불평의 태도를 바꾸어 약속의 땅을 차지하러 올라가겠다며 무기를 들고 전쟁을 하러 올라갔다.

> "그러자 당신들이 나에게 말하기를 '우리가 우리 주님께 죄를 지었으니, 주 우리의 하나님이 우리에게 명하신 대로 다 올라가 싸우자' 하였습니다. 그리고는 각자 자기의 무기를 들고, 경솔하게 그 산지로 올라갔습니다."(신1:41, 새번역)

'경솔하게' 올라갔다고 기록되어 있다. 그들의 태도와 행동은 경솔했다. 이미 죄를 지었고, 이미 지은 죄는 돌이킬 수 없는 것이다. 그런데 그들은 '죄를 짓지 않은 상태'로 돌아가려 했다. 죄를 짓기 이전 상태로 돌아가려 하는 것은 어리석다. 죄를 지었다면 이전 상태로 돌아가는 것이 아니라 죄의 대가를 치러야 한다. 자신이 죄를 지었다는 사실과 함께 그에 대한 대가를 겸손히 받아들이는 것이 죄지은 사람이 가져야 할 올바른 태도다. 죄의 대가가 무서워서 죄 짓지 않았던 상태로 돌아가려 한다면 더욱 심각한 결과를 초래할 뿐이다. 이와 같은 이스라엘의 태도는 사건의 본질은 보지 않고 나타난 현상 처리에만 집중하는 지극히 불신앙적인 태도와 반응이다.

3. 불신앙적 태도의 결과

그들의 불신앙적 태도와 행동의 첫 번째 결과는 완전히 패배하는 것이었다.

> "그러자 그 산지에 살던 아모리 사람이 당신들을 보고, 벌떼같이 쫓아 나와서, 세일에서 호르마까지 뒤쫓으면서 당신들을 쳤습니다."(신 1:44, 새번역)

두 번째 결과는, 그들의 통곡 소리에 대해서 하나님이 듣지 않으신 것이었다.

"당신들이 돌아와 주님 앞에서 통곡을 했지만, 주님께서는 당신들의 소리를 듣지 않으시고, 귀도 기울이지 않으셨습니다."(신 1:45, 새번역)

믿음과 불신의 차이는 눈에 잘 보이지 않는다. 어쩌면 사람의 눈으로는 구별하기 힘들 수도 있다. 그러나 그 둘은 하늘과 땅 차이다. 믿음의 삶을 살아갈 때는 하나님이 보호하시고 인도하신다. 구름 기둥과 불 기둥으로 더위와 추위에서 지켜 주시고, 길이 없는 광야에서도 어디로 가야 할지 인도하신다. 그러나 믿음의 삶을 버리면, 그래서 하나님이 인도하시는 길에 대해서 거부하면 처절한 아픔이 찾아온다. 더 이상 하나님의 보호와 인도를 기대하기 어렵기 때문이다. 불신앙적 태도와 반응은 많은 아픔을 가져오지만 무엇보다 큰 슬픔은 하나님의 인도와 보호를 잃어버리는 것이다.

4. 그럼 어떡해야 할까?

약속의 땅에 들어갈 기회를 눈 앞에서 놓치는 뼈가 시린 아픔이 있다 할지라도, 하나님의 말씀에 순종하는 것이 현명한 것이다. 하나님의 말씀은 싸우러 올라가지 말라는 것이었다.

"그 때에 주님께서 나에게 말씀하시기를 '그들에게 전하여라. 너희는 올라가지도 말고 싸우지도 말아라. 내가 너희 가운데 있지 않으니, 너희가 적에게 패할 것이다' 하셨습니다."(신 1:42, 새번역)

그들은 그 말씀을 거역하고 싸우러 올라갔다. 이 태도는 하나님에 대한 명백한 불순종이다. 그들은 사실 하나님께 관심이 있었던 것이 아니라 자신의 안위와 복에만 관심이 있었던 것이다. 그들의 원망과 불평, 그리고 주님의 말씀에 순종하지 않음, 이러한 것들은 그들의 마음에 있는 깊은 불신앙을 보여주는 것이다.

불신앙은 하나님께 관심이 없고 내 삶의 복에만 관심을 가지는 것으로 드러난다. 다시 광야로 돌아가라는 하나님의 심판의 말씀에 대해 그들이 가졌어야 할 바른 태도는, 그 심판을 받아들이는 것이었다. 이는 자신의 불신앙을 받아들인다는 의미다. 만약 자신이 불신앙으로 가득 찬 사람임을 받아들였다면 광야로 돌아가는 것은 단순한 심판이 아니라 자신의 믿음을 다시 회복할 기회임도 알게 되었을 것이다. 하나님은 죄에 대한 대가를 겸손히 받아들이는 이에게 반드시 상상치 못할 회복을 주시는 분이시기 때문이다.

5. 문제는?

문제는 언제나 불신앙이다. 불신앙은 그대로 둔 채 억지로 삶의 상황만 좋아지도록 만들려는 것은 가장 어리석은 것이다. 그렇게 억지로 상황이 좋아지게 하려고 노력을 해도 삶의 질은 결코 좋아지지 않을 것이다. 혹여 삶의 상황이 좋아졌다면 그건 더 큰 저주가 될 것이다. 불신앙을 치료할 기회를 상실하는 것이기 때문이다. 그러므로 삶이 내 뜻대로 되지 않거나 너무 쓰라린 실패가 주어진다면, 가장 먼저 돌아보아야 할 부분은 '나의 신앙에 문제가 있는 것은 아닌지?' 돌아보는 것이다. 내가 혹시 하나님 뜻과 관계없는 불신앙의 길을 걷고 있지는 않은지 면밀히 살펴야 한다. 그리고 내 삶에 주어지는 광야를 감사함으로 받아들여야 한다. 광야를 주시는 이유는, 하나님이 그를 만나주시고 인도하시고 보호하시면서 불신앙을 참된 신앙으로 바꾸시려 함이다. 광야가 문제가 아니라 불신앙이 문제다.

때가 되었다는 것은?
(신명기 2:1-25)

"우리는, 주님께서 명하신 대로 방향을 바꾸어서 홍해로 가는 길을 따라 광야에 들어섰으며, 여러 날 동안 세일 산 부근에서 떠돌았습니다. 그 때에 주님께서 나에게 말씀하시기를 3) '너는 이 백성을 데리고 오랫동안 이 산 부근에서 떠돌았으니, 이제는 방향을 바꾸어서 북쪽으로 가거라' 하셨습니다."(신 2:1-3, 새번역)

가데스바네아에서의 불신앙 때문에 약속의 땅으로 가지 못하고 광야로 돌아가야 했던 이스라엘이었다. 광야에서 지낸 시간이 충분히 오래되었고, 이제 가나안을 향해서 행진할 준비가 되었다. 단순히 시간이 흘렀기 때문만은 아니었을 것인데, 도대체 무슨 기준으로 때가 되었다는 것일까?

1. 죽음

여기서 때가 되었다는 것은 죽을 사람이 다 죽었다는 뜻이다.

"가데스바네아를 떠나서 세렛 개울을 건너기까지, 삼십팔 년 세월이 지나는 동안에, 주님께서 이스라엘 백성에게 맹세하신 대로, 그 때의 모든 군인들이 진 가운데서 다 죽었습니다."(신 2:14, 새번역)

가데스바네아에서 20세 이상의 성인이었던 군인들은 여호수아와 갈렙을 제외하고 모두 죽어야 했다. 불순종과 불신앙으로 인해 죄의 대가를 받아야 했던 이들이 다 없어져야 했던 것이다. 40년에 가까운 시간은 그들이 다 죽을 때까지 기다리는 심판의 시간이었다. 거의 40년간을 아무것도 못하면서 기다려야 했으니 이스라엘 공동체는 얼마나 답답했을까?

내 삶에 하나님의 약속이 이루어지려면 내게 임하신 하나님의 징계와 연단의 시간이 끝나야 한다. 이 시간은 내가 그 징계를 받은 요소를 찾아내어 미리 없애려 한다고 줄이거나 없앨 수 있는 것이 아니다. 다른 방법은 없다. 그저 기다려야 한다. 답답해 죽을 노릇이지만 하나님의 때가 이르기를 기다리는 것 외에 할 수 있는 것은 없다. 하나님께서 그만하면 충분히 되었다고 생각하실 만큼 그 징계의 기한이 다 차야 약속된 삶으로 나아갈 수 있다. 때가 되었다는 것은 하나님이 나를 위해 정하신 징계의 시한이 정해진 만큼 흘렀다는 뜻이다.

2. 강함이 아니라 약함

가나안 땅에 있는 족속들의 강대함이 두려워서 불신앙을 내보인 그들이었으니, 거의 40년의 시간을 보내는 동안 강해져야 하는 것 아닐까? 그러나 그건 착각이다. 자기 스스로 강해져서 담대하고 두려움 없이 어떤 적이라도 물리치는 것은 하나님의 백성의 모습이 아니다. 그들은 오히려 스스로는 아무 것도 할 수 없는 사람들이 된 것처럼 보인다.

"또 백성에게 지시하라고 하시면서 말씀하시기를 '너희가 세일에 사는 에서의 자손 곧 너희 친족의 땅 경계를 지나갈 때에는, 그들이 너희를 두려워할 터이니, 매우 조심하여라. 그들의 땅은 한 치도 너희에게 주지 않았으니, 그들과 다투지 말아라. 세일 산은 내가 에서에게 유산으로 주었다. 먹거리가 필요하면 그들에게 돈을 주고 사서 먹어야 하고, 물이 필요하면 돈을 주고 사서 마셔야 한다' 하셨습니다."(신 2:4-6)

하나님은 에돔 족속을 비롯한 3개 족속들을 만날 때 그들과 싸우지 말라고 말씀하신다. 자세히 읽으면 싸우지 말라는 정도가 아니라, 외려 비굴할 정도로 낮은 자세로 매우 조심해서 그 땅을 지나라고 하신다. 두려움 없이, 거침없이, 맹렬하게 나아가는 것이 하나님의 백성된 삶의 모습인 것은 아님을 알 수 있다.

오히려 하나님의 백성된 삶의 모습은, 그분의 말씀에 깊이 귀 기울이고, 그 말씀 하나 하나에 삶을 걸어 순종하는 것이다. 하나님이 조심하라고 하시면 조심하고, 하나님이 두려움 없이 싸우라고 하시면 싸우는 것이 올바른 모습이다. 하나님의 백성이 된다는 것은 내가 강해져서 어떤 두려움도 돌파할 수 있는 능력 있는 사람이 되었다는 것이 아니라, 오히려 강함과 약함에 관계없이 하나님의 말씀에 따라서만 움직이는 사람이 된다는 것이다.

3. 어떻게 해야 할까?

어떻게 해야 내 안의 불신앙적 요소들이 죽으며, 어떻게 해야 오직 하나님의 말씀에만 귀 기울이는 삶을 살 수 있을까? 이스라엘 백성이 그렇게 되는데 거의 40년이 걸렸다는 것은 그들이 특별히 더 패역한 사람들이어서가 아닐 것이다. 그렇게 되는 것은 누구에게나 어렵다. 불신앙적 요소들이 죽어 소멸되는 것, 그리고 스스로 강해지기를 포기하는 것은 사실 거의 불가능에 가까운 것 같다.

그런데 할 수 있는 것이 있다. 40년을 기다리는 것이다. 하나님이 하시도록 맡기고 그저 기다리는 것이다. 기다린다는 것은 넋 놓고 아무 것도 하지 않는 것을 말하지 않는다. 기다림은 매우 적극적인 무언가 즉 '만남'에 대한 갈망을 포함하는 것이다. 그래서 광야에 회막이 있었다. 회막이란 'tent of meeting' 즉 '만남의 텐트'이다. 하나님과의 만남이 언제나 이스라엘 진영의 중앙에 있었다. 이스라엘 백성들의 약 40년의 광야생활의 중심에는 언제나 하나님과의 만남과 교제가 있었다는 사실이 기다림의 의미와 질을 가장 잘 설명해준다. 불신앙적 요소가 죽어 없어지기를 기다리고, 강하고자 하는 욕구 대신 순종을 스스로 선택할 줄 알게 되기를 기다린다는 것은 하나님과의 교제를 끊임없이 이어간다는 것이다. 하나님과의 관계를 지속적으로 이어가면서 하루하루를 살아간다는 것이다.

기다림의 시간 동안 내가 할 수 있는 것은 없다. 그러나 할 수 있는 것이 있다. 하나님과 교제하고 하나님 앞에 머무는 것이다. 말씀을 펼쳐 들고 하나님의 음성을 사모하며 말씀을 묵상하는 것이다. 내가 징계의 40년에 머물더라도 하나님과의 교제를 끊지 않고 이어가는 기다림은 참되고 복된 기다림이 될 것이요, 하나님과의 교제가 없다면 내가 아무리 강하여지더라도 그 시간들은 참으로 잃어버린 시간들이 될 수 있다.

4. 나는?

참 오랫동안 기다리고 기다렸다. 지난 시간들을 돌아보니 눈물이 난다. 신학공부를 해야겠다는 생각을 젊은 날에 가졌었으나 이런 저런 이유들 때문에 기다렸고, 그 기다림은 생각보다 길어졌다. 긴 기다림 속에서 감사하게도 말씀묵상은 놓지 않았다. 하루하루를 말씀과 함께 하면서 내 속에 있는 불신앙적 요소들 때문에 때론 절망하고 슬퍼하며, 때론 주님의 은혜에 감사하며 기뻐하며 살아오다 보니 이 나이가 되었다. 그리고 이제야 비로소 목사가 되어 있다.

그런 나에게 기다림이 주는 의미는 꽤 크다. 젊은 날 신대원을 바로 가지 않았음이 감사하다. 오랜 시간 가족을 부양하느라 학원에서 잔뼈가 굵었고, 그 시간들만큼 나의 죄와 불신앙과 끝없이 씨름한 것 같다. 말씀을 붙드는 세월을 지나며 불신앙적 요소가 아예 없어지거나 강해졌으면 하는 마음이 완전히 사라진 것은 아니지만, 예전에 비하면 비교할 수 없을 정도로 적어졌다. 하나님만 의지하는 마음이 내 속에 조금씩 커지고 채워져 가고 있으니 기적은 다른 곳에 있지 않고 나의 내면에 일어나고 있었다. 무슨 일을 추진할 때, 서둘렀고 성급했던 지난날의 모습이 많이 없어지고 기다리면서 하나님의 뜻을 묻고 또 묻는다. 아직 불쑥불쑥 튀어나오기도 하지만 이젠 기다리는 것에 제법 익숙해졌다.

앞으로 남은 인생과 목회는 어떻게 해야 할까? 나는 그걸 모른다. 그저 말씀을 펼쳐들고 하나님 앞에 머물 것이다. 그리고 하나님이 뭐라고 하시는지 들을 것이다. 하나님의 선명한 뜻이 나에게 전달되기까지 기다릴 것이다. 속도가 좀 더디어도 괜찮다. 속도가 느려서 망하는 인생은 없더라. 방향이 틀려서 삶이 망하는 것이니 방향을 바로 잡기 위해서 기다리는 것이 생명이라 믿는다. 그 과정을 통해서 내 속에 있는 불신앙적 요소가 다 소멸되길 소망한다. 강함을 추구하는 마음이 뿌리 채 없어지고 하나님의 음성만 기다리며 겸손히 걸어가는 약함이 내 마음을 충만히 채우는 삶이 되길 소망한다. 그 기다림의 시간을 오늘도 말씀 앞에서 가진다. 말씀 앞에 서는 이 시간이 나에게 유일한 생명의 시간임을 느낀다. 그래서 더 깊은 감사로 말씀 앞에 나아간다.

싸움의 기술
(신명기 2:26-37)

그리스도인에게는 싸움의 기술이 있다. 무조건 싸우고 이겨야 하는 세상의 원리와는 많이 다른 기술이요 원리이다. 그리스도인의 싸움의 기술은 무엇일까?

1. 가능하면 싸우지 않는다

"그래서 나는 그데못 광야에서 헤스본 왕 시혼에게 사절을 보내어 좋은 말로 요청하였습니다. '임금님의 땅을 지나가게 하여 주십시오. 오른쪽으로나 왼쪽으로 벗어나지 아니하고, 길로만 따라가겠습니다. 우리가 먹을 것이 필요하면, 임금님께서 우리에게 돈을 받고 파는 것만을 먹고, 마실 것이 필요하면, 임금님께서 돈을 받고 파는 것만을 마시겠습니다. 다만, 걸어서 지나가게만 하여주시기를 바랍니다'"(신 2:26-28, 새번역)

이스라엘이 헤스본 왕에게 정중히 요청했다. 싸우지 않고 그 길을 지나가기 위해서 최선을 다한 것이다. 가장 좋은 기술은 싸우지 않는 것이다. 싸우지 않고도 믿음의 길을 걸어갈 방법을 찾아서 최선을 다해야 한다. 욕심 때문에 또는 나의 필요 때문에 상대방에게 싸움을 먼저 건다면 그것은 그리스도인의 태도가 아니다. 그리스도인에게 가장 좋은 싸움의 기술은 싸우지 않는 것이다.

2. 싸워야 한다면?

그런데 세상과 사람은 그리 만만하지 않다. 나는 싸움을 피하려고 했으나 싸움을 걸어올 때가 있다. 싸움을 피하려고 최선을 다했음에도 상대방이 싸움을 걸어올 때는 어떡해야 할까? 그때에는 두려움을 가지거나 더 이상 싸움을 피하려고 할 필요가 없다. 싸움을 피하려 했음에도 싸움이 생긴다면, 하나님의 의도라고 보아도 될 것 같다. 그 때는 정당하게 싸움을 해야 할 때인 것이다.

"그러나 헤스본 왕 시혼은 우리를 그 땅으로 지나가게 하지 않았습니다. 이것은, 주 당신들의 하나님이 오늘처럼 그를 당신들의 손에 넘겨 주시려고, 그의 마음을 완고하게 하시고 성질을 거세게 하셨기 때문입니다."(신 2:30, 새번역)

3. 싸울 때 조심할 부분은?

그러나 싸울 때, 아니 싸움에 임하기 전부터 매우 조심해야 할 부분이 있다.

"주님께서 나에게 말씀하시기를 '보아라, 내가 시혼과 그의 땅을 너에게 주었으니, 너는 이제부터 그 땅을 점령하여 유산으로 삼아라' 하셨습니다."(신 2:31, 새번역)

싸움에 임해야 할 때 중요한 것은 하나님의 음성을 듣는 것이다. 그리스도인의 싸움의 본질은 적들과의 싸움이 아니다. 오히려 하나님의 음성을 듣느냐 듣지 못하느냐의 싸움이다. 싸움에 집중하거나 적들에게 집중해서 하나님의 음성 듣기를 포기하거나 소홀히 한다면 그리스도인은 싸움에서 이미 진 것이다. 어떤 상황에서라도 하나님의 음성을 듣는 것이 가장 우선적인 과업임을 잊지 말아야 한다. 그 싸움에서 이기는 사람만이 그리스도인다운 싸움을 싸우며 궁극적으로 온전한 승리를 얻을 것이다.

4. 승리의 경험

이런 자세를 유지하면 반드시 승리를 경험할 것이다.

"시혼이 그의 군대를 이끌고 우리와 싸우려고 야하스로 나왔습니다. 그러나 주 우리 하나님이 그를 우리 손에 넘겨주셨으므로, 우리는 그와 그의 아들들과 그의 온 군대를 쳐부술 수가 있었습니다."(신 2:32-33, 새번역)

이런 승리를 경험하는 것은 신앙에서 매우 중요하다. 그리스도인이란 신앙의 힘으로 불신앙의 세상을 살아가는 사람들이기 때문이다. 오직 하나님의 힘으로 승리하는 작은 승리들을 경험하는 것은 하나님에 대한 한결 깊은 신뢰를 갖게 한다. 그래서 이런 작은 승리들을 경험해가는 것이 매우 중요하다. 그리스도인의 싸움의 기술을 제대로 적용하지 못하면 판판이 깨지고 실패할 것이고, 그런 실패만 반복하다보면 신앙이 무기력해지고 그리스도인다운 삶에서 점점 멀어지게 될 것이다. 그러니 이 원리들을 기억하고 적용해서 삶에서 작은 승리의 경험들을 축적해 나가야 한다.

5. 현실에서 승리란?

현실의 싸움에서 승리한다는 것은 무엇일까? 나의 혈기와 힘으로 상대방을 누르는 것은 그리스도인다운 승리가 아니다. 현실에서 그리스도인의 승리는 오히려 내가 죽고 내가 지는 모습으로 드러나야 한다.

누군가 오해해서 나에게 마음이 상했던 일이 있었다. 내가 잘못한 것이 없었다. 나에게 그다지 중요한 인물도 아니었다. 스스로 오해해서 마음이 상한 것이니 나는 그저 가만히 있고 싶었다. 그 일을 기화로 저쪽에서 연락을 끊으려 하고 있으니 나도 그 사람과 만나지 않으면 그만이었다. 예전의 나라면 그렇게 했을 것이다. 그런데 마음이 불편했다. 잠이 잘 오지 않았다. 무엇보다 다음날 아침에 말씀을 묵상하고 말씀을 통해서 하나님과 교제해야 하는데 하나님의 음성을 제대로 듣지 못할 것 같았다. 결국 내가 그 사람을 찾아가서 말했다. "내가 무엇을 잘못했는지 솔직히 잘 모르겠다. 어느 부분에서 마음이 상한 것인지 나에게 좀 알려 달라."고 부탁했다. 사소한 오해가 있었음을 발견했고, 그런 생각을 갖도록 만들어서, 오해하도록 만들어서 미안하다고 사과했다. 그리고 당신을 결코 미워하거나 싫어하는 것 아니니 오해를 풀라고 말했다. 상대방의 얼굴이 밝아졌다.

그 다음날 아침에 운전을 하다가 갑자기 말씀이 하나 떠올랐다.

"내가 진실로 진실로 네게 이르노니 네가 젊어서는 스스로 띠 띠고 원하는 곳으로 다녔거니와 늙어서는 네 팔을 벌리리니 남이 네게 띠 띠우고 원하지 아니하는 곳으로 데려가리라"(요 21:18)

그 사과의 자리는 내가 원하는 자리가 아니었다. 성령께서 띠를 띠우듯 나를 그 자리로 데려가셨다. 그리고 그 사람과의 관계를 회복하게 하셨다. 그렇게 가게 된 그 길이 결코 나쁜 길이 아니었고 행복한 승리의 길이었다. 나는 나의 혈기와 성격에 따라 반응하지 않았고, 하나님의 음성을 듣는 것에 승리한 것이었다. 눈물이 핑 돌았다. 싸움의 기술이 조금씩 나에게 장착되는 것 같아서 마음 깊은 곳에서 감사가 고백되었다. 그리스도인의 싸움의 기술은 어떤 상황에서든지 하나님의 음성을 듣는 것을 놓치지 않는 것에서 시작한다. 그 싸움에서 승리하는 삶이길 소원한다.

쇠하여져가면서도
참된 성공은 있다
(신명기 3~4장 묵상)

신명기 묵상집 _ **말씀으로 삶을 열다**

머리가 희어지고
몸이 부자연스러워지고
뼈마디가 아파온다.

그러나 삶은 여전하기에
달려야 할 곳을 향해 힘껏 페달을 밟으면
삶은 여전히 희망이다.

삶의 절망을 안고서라도
희망을 향할 일이다.
쇠하여져 가고 늙어감이란 성숙함이고,
성숙함이란 절망 속의 희망을
발견하고 붙들 줄 아는 것이다.

성공이 중요한가?
(신명기 3:1-11)

"주 우리의 하나님은 바산 왕 옥과 그의 백성을 모두 우리 손에 넘겨 주셨
으므로, 우리는 그들을 한 사람도 남김없이 쳐죽였습니다. 그 때에 우리는
그의 성읍을 하나도 남김없이 다 점령하였는데, 바산 왕국의 옥이 다스린
아르곱 전 지역의 성읍은 예순 개나 되었습니다."(신 3:3-4, 새번역)

헤스본 왕 시혼에게 승리한 이후에 이스라엘은 다시 바산왕 옥을 무
찌른다. 승승장구하는 모습이다. 이스라엘은 당연히 축제 분위기가 되었
을 것이다. 여기서 생각해본다. 이스라엘에게 승리가 중요했을까? 다시
말해, 삶에서 이른바 '성공'이 중요할까?

1. 중요하다

이스라엘에게는 승리가 중요했다. 애굽의 노예로 수백 년을 살아왔고,
그래서 노예 의식에 사로잡혀 있는 그들이었다. 전쟁을 치를 전략과 힘
은 물론이고 자신감과 자존감도 바닥이었을 것이다. 그런 그들이 전쟁을
통해 승리를 경험한 것은 그들의 존재 가치를 확인하고 자존감을 높이는
데 큰 역할을 했을 것이다. 게다가 연이은 승리라니, 그들은 좀 괜찮은 존
재가 되나보다 싶었을 것이다. 이처럼 승리는 중요하다. 끝없는 실패만
하는 것이 좋을 리가 없다. 끝없는 실패는 부정적 자아상만 형성될 뿐이

니 실패로 점철된 삶이 하나님의 백성된 삶일 리가 없다. 노예로 살다가 광야에서 찌질한 모습으로 행진을 하던 그들이, 하늘에서 내려오는 만나만 먹으며 행진하느라 스스로 먹을 것조차 생산해내지 못했던 그들이, 군사라고 말하기도 부끄러운 오합지졸인 그들이, 전쟁에 연이어 두 번이나 승리했다. 자신들의 정체성에 대해서 전혀 다른 시각을 스스로 가질 만한 사건이었을 것이다.

2. 중요하지 않다

그러나 승리가 언제나 중요하지는 않다. 계속 승리하는 것만이 좋은 것이라면 이스라엘은 끝없이 승리만 해야 했을 터. 하나님이 이스라엘에게 실패를 허락하지 말았어야 할 것이었다. 그러나 이스라엘은 승리만 하지 않았다. 출애굽하면서 애굽의 군대를 물에 장사한 엄청난 승리를 경험하고서도 광야생활 40년을 경험해야 했었다. 승리 자체가 중요한 것이 아님을 알 수 있다. 승리가 이스라엘의 존재 목적이 아님을 알 수 있다. 승리하는 것이 목적이 아니라, 승리도 다른 중요한 목적을 위한 과정일 뿐임을 짐작할 수 있다.

그리스도인에게는 승리와 성공이 인생의 목적일 수 없다. 승리와 성공을 할 수도 있고 승리와 성공을 통해서 자존감이 올라갈 수도 있지만, 승리와 성공은 결코 목적이 아니다. 그리스도인은 실패할 수도 있고 성공할 수도 있는데 그 실패와 성공 모두를 통하여 배워야 할 중요한 메시지가 있다.

3. 진짜 중요한 것

그럼 진짜 중요한 것은 무엇일까? 이스라엘의 성공과 실패, 승리와 패배들을 통해서 중요한 한 가지를 알게 된다. 그들이 하나님과 언약 관계에 있는 백성이라는 사실이었다. 이스라엘이 다른 민족들과 명백히 다른 고유한 정체성은 하나님과의 언약 관계 속에 있는 백성이라는 사실이다. 성공이나 승리 자체는 별 의미가 없다. 성공이든 실패든, 승리든 패배든 그 모든 과정을 통하여 한 가지만 기억하면 된다. 내가 하나님의 언약 백성으로써 하나님과 언약 관계에 있다는 사실이다.

아무리 성공해도 언약 백성이라는 사실을 뼛속 깊이 새기지 못했다면 그건 실패다. 아무리 승승장구해도 언약 백성이라는 정체성이 내 속에 새겨져 있지 못하다면 완벽한 패배다. 반대로 아무리 실패하고 패배해도, 그래서 외적으로 찌질한 모습으로 살아가고 있어도 하나님의 언약 백성임이 마음속 깊이 새겨져 있다면, 그는 참으로 성공한 사람, 승리한 사람이다. 신앙인의 삶에서는 언약 백성으로서의 정체성이 가장 중요하다.

4. 언약 백성이란?

그럼 언약 백성이란 무엇일까? 하나님과의 계약 - 약속이 존재 근거인 백성이다. 그들은 하나님의 언약이 없으면 존재 의미가 없다. 하나님과의 언약 안에만 있으면 아무런 가진 것이 없다 할지라도 그들은 완전한 존재다. 언약 백성은 돈이나 명예 등 세상의 가치에 자신의 존재 의미를 두지 않으며 그런 것들로 가치를 규정받지도 않는다. 오직 하나님과의 언약만이 그들의 존재의 의미이므로 그들은 하나님의 말씀에 존재의 의미가 있다. 언약의 주체이신 그분의 말씀을 읽고 알아가고 묵상하는 것이 그들에게 가장 중요한 일이 되는 것이다.

언약 백성은 하나님의 말씀을 읽고 묵상하면서 그 언약의 말씀이 오늘을 사는 자신에게 들려주시는 세미한 소리에 귀를 기울인다. 즉 하나님의 음성에 귀를 기울인다.

이스라엘 백성에게 승리가 의미가 있는 것은 이런 이유 때문이다.

"그 때에 주님께서 나에게 말씀하시기를 '그를 두려워하지 말아라. 내가 그와 그의 온 군대와 그의 땅을 너의 손에 넘겼으니, 전에 헤스본에 사는 아모리 왕 시혼을 무찌른 것처럼 그를 무찔러라' 하셨습니다."(신 3:2, 새번역)

단순히 전쟁에서 이긴 것이 의미가 있는 것이 아니라, 하나님이 말씀하셨고 그 말씀에 순종했더니 승리했다는 사실이 이스라엘에게는 의미가 있는 것이다. 즉 그들이 언약 백성임이 확인된 것이었다. 하나님의 말씀에 자신의 운명이 걸려 있는 백성이 언약 백성이다. 그래서 다른 어떤 것에도 자신의 운명을 걸지 않고 오직 하나님의 말씀에만 자신의 삶을 건다. 그게 언약 백성에게는 사명이자 가장 큰 복이다.

5. 언약 백성이라면?

스스로 언약 백성이라 믿는 사람들이 그리스도인들이다. 그 믿음은 문제가 없다. 그러나 그 믿음만 가진 채 언약 백성다운 삶은 전혀 살아가지 못하는 것은 심각한 문제다. 언약 백성이라면 무엇을 해야 할까? 열심히 전쟁을 해서 계속 승리를 해야 할까? 그래서 그 승리를 자랑하고 또 자랑해야 할까? 보란 듯이 성공하고 승승장구한 사람을 간증자로 내세워 사람들을 교회로 끌어 모아 교회가 엄청나게 커지고, 그 세력으로 세상과 세력 싸움을 해야 하는 것일까? 위에서 살펴본 바에 의하면, 그것이 언약 백성의 모습일 리가 없다. 언약 백성이라고 스스로 믿는다면 승리나 성공에 목숨 걸지 말아야 한다. 그건 세상 사람들, 즉 언약 백성이 아닌 사람들이 목숨 거는 목표일뿐이다.

언약 백성이라면 언약을 지키는 것에 삶을 걸어야 한다. 하나님이 원하신 언약의 내용은 그분을 사랑하고 그분의 말씀을 청종함에 있다. 말씀을 읽고 묵상하는 이유는, 그 과정을 통하여 나를 향한 하나님의 존재를 만날 수 있기 때문이다. 언약 백성들의 공동체를 향하여 주어진 책이 성경이다. 그런데 성경은 공동체라는 집단에게만 주어진 책이 아니라, 그 공동체에 속한 한 사람 한 사람에게 주어진 책이다. 공동체를 향하여 주어진 책인 성경이 공동체에 속한 나 개인에게 적용되는 '개인적인 언약'을 말해주는 놀라운 경험을, 말씀을 읽고 묵상하는 사람은 누린다. 그래서 언약 백성이라고 스스로 믿고 스스로 구원받은 백성이라고 확신한다면 말씀을 읽고 묵상하는 것에 삶을 걸 수밖에 없다. 말씀 속에 있는 그 놀라운 보물들을 사모할 수밖에 없다. 말씀이 나의 존재의 의미와 가치를 설명해 주기 때문이다. 언약 백성은 말씀에 자신의 운명을 거는 사람이다. 말씀을 통해 들려오는 하나님의 음성에 자신의 삶과 존재의 가치를 다 거는 사람이다.

쇠하여짐을 받아들이다
(신명기 3:12-29)

오늘 묵상 본문에는 두 가지 이야기가 나온다. 미리 땅을 얻은 형제들과 가나안에 들어가지 못하는 모세 이야기.

1. 미리 땅을 얻은 형제들

요단강 이 쪽 편에서 미리 기업을 받은 형제들 이야기가 나온다. 르우벤, 갓, 므낫세 반지파이다. 이들은 요단 동편에서 기업을 받았다. 모세는 이미 땅을 얻은 그들에게 명령했다.

> "그 때에 내가 당신들에게 명령하였습니다. '주 당신들의 하나님은 당신들에게 요단 강 동쪽에 있는 이 땅을 주셔서 차지하게 하셨습니다. 그러므로 당신들은, 당신들의 동기인 이스라엘의 다른 지파들도 땅을 차지할 수 있도록 도와주어야 합니다. 당신들의 용사들은 무장을 하고 이스라엘의 다른 지파들보다 앞서서 요단 강을 건너가십시오.'"(신 3:18, 새번역)

왜 이렇게 해야 했을까? 왜 굳이 가장 앞장서서 다른 지파들을 위해서 전쟁을 치르도록 명령했을까? 그 지파들은 다른 형제지파들보다 앞서서 미리 땅을 얻는 특혜를 받기 때문이다. 사람은 본질적으로 이기적이다. 자기 것을 얻었으면 다른 사람의 것을 위해서 치열하게 노력할 필요를 못 느낀다. 그런데 공동체는 그렇게 하지 않는다. 내 것을 얻었다 해도 이웃을 위해 마치 나의 일인 양 최선을 다한다. 서로가 공동체임을 본인이 확인하고, 형제들에게도 확인 시킬 방법이 오늘 모세가 3지파에세 명령한 바로 그 방법이다. 내 수고로 형제의 필요를 채우는 것이야말로 공동체임을 확인할 가장 좋은 방법이다. 그 수고를 통해서 수고하는 자신이 공동체의 일원임을 확인할 수 있고 도움을 받는 형제들도 그가 공동체의 일원임을 확인할 수 있다.

2. 가나안에 들어가지 못하는 모세

모세는 가나안에 들어가지 못하는 것이 너무 억울하고 아쉬웠던 모양이다. 백성들에게 솔직하고 노골적으로 말한다.

> "그러나 주님께서는, 당신들 때문에 나에게 진노하셔서, 나의 간구를 들어주지 않으셨습니다. 주님께서 나에게 말씀하셨습니다. 이것으로 네게 족하니, 이 일 때문에 더 이상 나에게 말하지 말아라."(신 3:26, 새번역)

출애굽 때 성인이었던 백성들은 가나안에 들어가지 못했고 새 세대는 들어가는데 하나님께로부터 율법을 직접 받은 모세가 새 세대에게 율법을 전수한다. 그리고 모세의 역할은 딱 거기까지였다. 온 이스라엘이 40년을 이 목적을 위해 달려왔는데, 눈앞에 그 목적지를 두고서 들어가지 못하고 멈추어야 했으니 모세는 얼마나 서운하고 섭섭했을까? 그러나 모세는 가나안을 지켜보면서 거기서 멈추었다.

다 하려고 해서는 안 된다. 아무리 위대한 사람이라도 사람은 다 할 수 없다. 사람은 누구라도 자기 몫만 감당하면 된다. 멈출 줄 아는 사람이 하나님의 사람이다. 거기서 멈추는 게 사실은 복이다. 다 가지는 것이 결코 복이 아니다. 하나님이 멈추라고 하시는 바로 그 자리에서 단호하게 멈추어야 한다. 그러나 멈추어야 할 그 자리에 갈 때까지는 마지막 순간까지 최선을 다해야 한다. 새 세대에게 최선을 다해 율법을 전수하는 모세처럼.

모세의 마지막이 아름답다. 하나님의 말씀을 따라 여호수아를 축복하고 격려하고 용기를 주었다. 그가 그렇게 하고 거기서 멈출 수 있었던 것은, 그가 위대해서가 아니었다. 하나님과의 관계가 끊어지지 않았기 때문이다. 노욕은 하나님과의 관계가 끊어지고 멈추었다는 증거다. 늙으면 욕심이 생기고, 고집이 세지는 것이 당연하다고 세상은 말한다. 그러나 그리스도인은 다르다. 하나님과 교제하고 하나님을 만나기에 거기서 멈추라는 주의 음성을 듣는다. 새 세대를 축복하고 격려하고 용기를 주라는 하나님의 음성을 듣는다. 하나님의 음성을 지속적으로 듣는 것이 노욕을 부리지 않을 방법이다. 멈추어야 할 때 멈출 수 있는 방법이다.

위대한 리더 모세라도 욕심은 있었을 것이다. 그러나 그는 멈출 줄 알았다. 하나님의 음성을 듣고 순종하는 삶을 평생 살아왔기 때문이다. 누구라도 쇠한다. 쇠할 때가 되면 쇠해야 한다. 쇠할 때가 되었음에도 쇠하지 않음은 노욕이다. 탐욕이요, 불신앙이요, 불순종이다. 쇠할 때 겸손히 쇠할 줄 아는 사람이 바른 그리스도인이다. 침례 요한처럼 그래야 한다.

"그는 흥하여야 하겠고 나는 쇠하여야 하리라 하니라"(요 3:30)

거기서 멈출 줄 알았던 모세도 아름다웠고, 거기서 멈추고 쇠함을 선택했던 침례 요한도 아름다웠다.

3. 나는?

교회를 섬긴다. 교회는 공동체다. 섬긴다고 하면서 섬김을 받으려는 목사들의 심리를 나는 이제 잘 알 것 같다. 목사가 되고 나니 섬김을 받을 상황이 많이 생기는데 섬김을 받는 것을 당연히 여기다 보면 어느 순간, 교회를 섬긴다고 말하면서 사실은 계속 섬김을 받기만 하는 무서운 존재가 되어버릴 수 있을 것 같다. 목사가 공동체의 일원임을, 교우 중에 한 사람임을, 목사의 역할이 말씀을 전하는 역할일 뿐이지, 결코 높은 존재가 아님을 점점 더 깊이 인지해 가는 것이 감사하다.

공동체가 성숙해가고, 공동체에 속한 교우들의 신앙이 자라고, 새로운 교우들이 온다면 그들 또한 신앙이 자라도록 공동체가 아름답게 세워져 가야 한다. 그러기 위해서는 먼저 된 교우들이 나중 된 교우들을 위해 자신의 노력과 에너지를 사용해 주어야 한다. 남을 위해 수고해 주어야 한다. 공동체이기에 믿음이 좋은 사람들이 믿음이 약한 사람들을 배려해야 한다. 약한 사람을 무시하고서는 공동체가 공동체다워질 수 없기 때문이다. 그리고 수고의 대가를 바라지 말아야 한다. 그저 최선을 다해서 나에게 주어진 역할을 다하고, 그로 인하여 사람들이 세워져 감을 보며 기뻐하고, 나의 역할이 다하면 조용히 쇠하여지면 된다.

나의 역할의 끝이 올 때까지, 내가 쇠하여져야 할 때까지, 최선을 다해서 하나님의 맡기신 이 역할을 잘 감당하면 될 것이다. 내가 쇠하여져서 하나님의 품에 안길 날이 있음을 알고 그 날을 향해서 최선을 다하는 삶을 살아갈 수 있으니 나는 참으로 복된 인생이다. 이 삶으로 부르신 주님을 찬양한다.

무엇을 기억하고 무엇을 들을까?
(신명기4:1-14)

신앙의 삶이란 무엇일까? 다양한 정의가 가능하지만 오늘 본문에서는 '기억하는 것과 듣는 것'으로 간단히 살펴 볼 수 있을 것 같다. 사실 기독교 신앙이란 무엇을 기억하느냐, 무엇을 듣느냐의 연속이다. 세상은 끊임없이 자극적인 무언가를 보여주어 그리스도인이 기억해야 할 것을 기억하지 못 하게 하고 들어야 할 것을 듣지 못하게 한다. 자극적이고 말초적인 자극으로 가득한 세상에서 바른 것을 기억하고 듣기를 결단해야 그리스도인의 정체성을 지키며 그리스도인다운 삶을 살아낼 수 있을 것이다. 그렇다면 구체적으로 무엇을 기억하고 무엇을 들어야 할까?

1. 기억해야 할 것

하나님의 백성들이 기억해야 할 것이 있다. 기억해서 지켜야 하고 자손에게 길이 알려야 할 것 있다.

> "당신들은 오로지 삼가 조심하여, 당신들의 눈으로 본 것들을 잊지 않도록 정성을 기울여 지키고, 평생 동안 당신들의 마음 속에서 사라지지 않도록 하십시오. 또한 그것을 당신들의 자손에게 길이 알리십시오."(신 4:9, 새번역)

하나님이 행하신 일들을 본 것을 기억해야 한다. 그들이 본 것은 무엇이었을까? 하나님이 호렙산에서 자신들에게 율법을 주셨다. 하나님의 법을 버리고 바알브올을 섬겼을 때 수만 명이 죽었다. 그런데 하나님의 긍휼로 다 죽지 않고 자신들은 살아남아 있다. 그리고 모세는 율법을 가르쳐 주었다. 그들은 이것들을 마음속에서 사라지지 않도록 해야 했고 후대에 길이 알려야만 했다.

하나님과의 추억, 하나님이 나에게 하신 일을 마음속에서 사라지지 않게 하는 것이 그리스도인에게 주어진 일차적 과제이다. 세상은 이 기억을 갖지 못하게 하려고 한다. 그리고 보고 경험한 일들을 하찮게 여기게 만든다. 자극적인 것들을 계속 제공함으로 삶에서 가장 본질적인 이 기억들을 잊어버리게 만든다. 그리스도인의 싸움 중에 가장 큰 싸움은 말초적인 자극으로 하나님과의 기억을 잊게 만들려는 세상 속에서 끝까지 하나님이 하신 일을 기억하는 것이다. 하나님을 기억하면 살고 세상에 함몰되어 잊으면 죽는다.

2. 들어야 할 것

문제가 있다. 기억하고 마음에서 지워지지 않게 하려고 최선을 다해서 몸부림쳐 보지만 어느새 지워지기가 일쑤라는 점이다. 하나님이 나의 삶에 하신 일들, 하나님과의 추억들, 신앙의 삶에서 나에게 주어진 복, 하나님을 떠났을 때 받았던 아픔 등을 잘 기억하는 것이 쉽지 않다. 갈수록 더 그렇다. 세상은 너무나 바쁘게 돌아가면서 사람이 생각을 하지 못하도록 만든다. 생각하기를 멈추는 순간부터 하나님과의 추억을 잊고, 하나님이 내 삶에 하신 일들을 잊고, 하나님이 없는 삶의 비참함도 잊는다. 모든 것을 잊고 그저 더 잘 먹고 잘 살아갈 것에만 온통 마음을 쏟는다. 사탄의 전략임에 분명하다. 이런 세상 속에서 어떡해야 잘 기억할 수 있을까?

"이스라엘 자손 여러분, 지금 내가 당신들에게 가르쳐 주는 규례와 법도를
귀담아 듣고, 그대로 지키십시오. 그러면 당신들이 살아서 주 당신들 조상
의 하나님이 당신들에게 주시는 땅에 들어가서, 그 곳을 차지하게 될 것입
니다."(신 4:1, 새번역)

들어야 한다. 이스라엘은 하나님이 모세를 통해서 들려주신 규례와 법
도를 귀담아듣고 그대로 지켜야 했다. 언제나 귀담아듣는 것이 우선이
다. 귀담아듣는다는 것은 들은 말씀대로 살고 싶은 열망을 가지고 있을
때에만 가능한 일이다. 귀담아들어야 기억할 수 있고, 기억하고 있어야
지킬 수 있고, 지켜야 약속하신 땅을 얻을 수 있다. 사실 신앙은 보는 것
이라기보다는 듣는 것이다. 잘 듣는 것에서 신앙이 생긴다. 믿음은 들음
에서 나기 때문이다.

"주님께서 불길 속에서 당신들에게 말씀하셨으므로, 당신들은 말씀하시는
소리만 들었을 뿐, 아무 형상도 보지 못하였습니다. 당신들은 오직 소리를
들었을 뿐입니다."(신 4:12, 새번역)

기독교 신앙은 듣는 신앙이다. 하나님의 말씀이 들려올 때 모세도 백
성들도 아무 형상을 보지 못했다. 이 시대는 멀티미디어가 너무나 발달
하여 듣는 것보다 보는 것이 훨씬 더 효과적으로 느껴진다. 그런데 성경
은 이렇게 말한다. 들어야 한다고. 들어야 산다고. 믿음은 들음에서 난다
고. 하나님은 말씀하시는 하나님이시다. 들어야 산다. 들어야 마음을 지
킬 수 있고 들어야 자손들에게 전수할 수도 있다.

3. 듣는다는 것

무엇을 어떻게 들어야 할까? 대중매체를 통해서 현대인들은 듣고 또

듣는다. 설교를 들으려고 하면 설교도 넘쳐난다. 설교가 없어서가 아니라 설교가 넘쳐나기 때문에 올바른 것을 찾아내는 것이 더 어려울 지경이다. 이런 시대에 무엇을 어떻게 들어야 할까?

모세가 하나님의 말씀을 들었고 십계명 돌판을 받았다. 그 돌판을 읽고 가르쳤다. 하나님의 말씀을 듣는다는 것은 누군가가 그것을 가르치고 누군가는 그 가르침을 듣는다는 것이다. 들려주고 가르치는 모든 재료는 오직 하나님의 말씀이다. 구약의 시대에는 하나님이 친히 개개인에게 말씀하시지 않고 한 사람을 세워서 그를 통해 그 말씀을 전달하고 가르치게 하셨다.

이 시대에는 어떻게 하나님의 말씀을 들을 수 있을까? 말씀을 가르치고 배우는 과정 중에 들을 수 있다. 신비한 은사를 통해서 하나님의 음성을 듣는 것이 아니라 오직 말씀을 가르치고 배우는 과정 중에서 하나님이 사람들 각각에게 말씀하신다. 그리고 그 음성을 들은 사람이 개인적으로 말씀을 읽고 묵상하는 과정을 통해서 더 깊이 말씀하신다. 나는 이 시대에는 하나님의 말씀이 오직 '성경'을 통해서만 들려온다고 확신한다. 그래서 목회자는 말씀을 읽고 묵상하고 연구하고 가르치는 일에 온 삶을 걸어야 하고, 성도들은 말씀을 읽고 배우고 묵상하는 일에 온 삶을 걸어야 한다. 목회자이든 성도이든 말씀을 가르치거나 배우거나 둘 중 하나는 꼭 하고 있어야 하는 이유다. 말씀을 읽고 묵상하고 연구하고 가르치고 배우는 그 모든 과정을 통하여 그리스도인은 하나님의 음성을 듣기 때문이다.

4. 나는?

예배당을 옮긴다. 부산 촌놈인 목사에게 서울에 예배당이 생긴다. 하나님이 주셨다는 것 외에는 다른 방법으로 설명이 불가능한 일이 일어났다. 하나님은 왜 이런 일이 일어나게 하셨을까? 내가 분명하게 인지하고 있는 일이 있다. '말씀'이다. 말씀을 바르게 가르치고 배우는 교회가 되길 소원한다. 바른 말씀이 전해지고, 바르게 말씀을 듣고, 그 말씀을 토론하고 삶을 나누면서, 그 모든 과정을 통해서 성도 각자에게 들려주시는 하나님의 음성을 '듣는' 교회가 되길 소원한다. 거기서 멈추지 않고, 각자 삶의 처소에서 스스로 말씀을 읽고 묵상하는 성도들로 조금씩 성숙해가는 교회가 되길 소원한다.

그 과정을 통해서 기대되는 일이 있다. 성도들의 삶에서 역사하신 하나님의 일하심을 성도들이 '기억'할 것이라는 사실이다. 마음에 새겨서 쉬이 없어지지 않을 것이라는 사실이다. 마음 판에 새겨진 하나님의 음성과 하나님의 일하심에 대한 기억을 자연스럽게 후손에게 전수하게 될 것이라는 사실이다. 말씀 하나에 삶을 거는 교우들과 내가 되도록 하나님의 도우심을 구하며 걸어가려 한다. 생명이 오직 말씀을 듣는 것에 있기 때문이다.

형상과 형상 없음
(신명기 4:15-31)

세상과 기독교가 다른 점은 무엇일까? 세상의 다른 신들과 하나님의 다른 점은 무엇일까? 명백한 차이 하나가 있다. '형상'이 있고 없음이다.

1. 형상 있음

사람의 형상, 짐승의 형상, 해와 달의 형상 등 대부분의 신들은 형상이 있다. 세상에 존재하는 그 무엇인가의 형상을 따라 신들의 형상을 만든다. 눈에 보이지 않으면 불안한 사람의 심리는 죄인된 존재의 필연적 속성이다. 그 불안함을 완화시키기 위하여 형상을 만들고, 그 형상을 숭배함으로 스스로 작은 위안을 삼는다.

> "눈을 들어서 하늘에 있는 해와 달과 별들, 하늘의 모든 천체를 보고 미혹되어서, 절을 하며 그것들을 섬겨서는 안 됩니다. 하늘에 있는 해와 달과 별과 같은 천체는 주 당신들의 하나님이 이 세상에 있는 다른 민족들이나 섬기라고 주신 것입니다."(신 4:19, 새번역)

하나님을 모르기 때문에 하나님을 대체할 그 무언가를 찾고자 세상이 신의 형상을 찾고 숭배하는 것은 당연할지도 모르겠다. 세상이 그러는 것은 당연할지라도 하나님의 백성이 그러는 것은 잘못이다. 참된 신이신 하나님이 계심을 알기 때문이다. 참된 신이신 하나님의 특징은 세상이 신으로 정한 것들과 매우 큰 차이를 가진다. 형상을 가진 세상의 신들과는 다르게 하나님은 형상이 없으시다.

2. 형상 없음

하나님의 특징은 '형상 없음'이다.

"주님께서 호렙 산 불길 속에서 당신들에게 말씀하시던 날, 당신들은 아무 형상도 보지 못했다는 사실을 깊이 명심하십시오."(신 4:15, 새번역)

하나님은 말씀하시는 분이시지만 형상을 보여주지 않으신다. 회전하는 그림자도 없으신 분이시다. 눈으로 하나님을 보려는 것만큼 어리석은 것이 없다. 따라서 눈에 보이는 것에 집착하고 신기한 은사에 집착하는 것은 올바른 신앙도 아니고 건강한 기독교 신앙일 수도 없다. 하나님은 자기 형상을 보여주지 않으신다. 왜 그럴까? 눈에 보이는 것보다 중요한 것이 있기 때문이 아닐까? 하나님에 대해 말할 때, 눈에 보이는 것보다 중요한 것은 귀로 들리는 것이다. 성경에서 드러난 하나님은 말씀하시는 하나님이기 때문이다. 하나님은 말씀을 통하여 세상을 창조하셨고, 그 말씀을 통하여 자기 백성을 인도하시고 보호하신다. 하나님을 경험한다는 것은 하나님의 말씀을 듣고 순종하면서 하나님이 베푸시는 인도와 보호를 누려간다는 것이다. 하나님은 말씀하시는 하나님이시다. 그러므로 하나님을 섬기는 하나님의 백성은 눈에 보이는 어떤 형상이나 결과가 아니라 오직 '말씀'에 집중해야 한다.

3. 말씀에 집중한다는 것은?

말씀에 집중한다는 것은 무엇일까? 세상은 하나님의 백성들을 가만

두지 않는다. 반드시 무너뜨리려고 하는데 그 무너뜨림의 방법은 언제나 '형상'에 집중하게 하는 것이다. 그 세상의 전략에 맞서서 세상을 이기는 방법은 무엇일까?

> "당신들은, 주 당신들의 하나님이 당신들과 세우신 언약을 잊지 말고 지켜야 합니다. 그리고 주 당신들의 하나님이 당신들에게 금하신 대로, 어떤 형상의 우상도 만들어서는 안 됩니다."(신 4:23, 새번역)

'언약'을 잊지 않는 것이다. 언약에 자신의 삶 전체를 거는 것이다. 언약을 잊지 않고 지키는 것에 자신의 운명을 거는 것이다. 그것 외에 다른 방법은 없다. 오늘날 하나님의 말씀은 성경으로 기록되었다. 성경은 그 전체가 '언약'이기에 '구약'과 '신약'이라고 명명되었다. 성경 안에 우리에게 필요한 하나님의 말씀과 언약이 다 있다. 성경을 읽고 묵상하는 중에 성령께서 그 말씀을 내 삶에 적용해주시면서 나를 향한 하나님의 말씀과 언약을 깨닫게 해주신다. 성경을 통하여 나를 향한 하나님의 언약을 알아가고 그 언약을 잊지 않고 지키는 것에 자신의 삶을 걸면 세상에서 가장 복된 인생이 될 수밖에 없다.

4. 슬픈 일

슬픈 일이 있다. 눈에 보이지 않는 하나님과 눈에 보이지 않는 언약의 말씀에 자신의 삶을 다 거는 것이 결코 쉽지 않아서 하나님의 백성이라도 헛된 일에 빠지게 된다는 사실이다.

> "당신들은 거기에서, 사람이 나무와 돌로 만든 신, 즉 보지도 못하고 듣지도 못하고 먹지도 못하고 냄새도 맡지 못하는 신을 섬기게 될 것입니다."(신 4:28, 새번역)

하나님이 가장 싫어하시는, 눈에 보이는 헛된 것을 섬기는 짓을 이스라엘 백성이 하게 될 것이라고 모세가 예언했다. 죽음을 앞두고 마지막으로 이토록 간절히 설교하는 모세는 미래에 백성들이 헛된 것에 빠져 하나님을 배반할 것을 알고 있었다. 모세의 마음이 얼마나 절망적이었을까? 사람은 원래 절망적이다. 사람에게는 일말의 희망도 없다. 그런데 이 절망으로 끝나는 것일까? 그럴 리가 없다. 사람은 절망적이지만 하나님은 언제나 희망이 되시기 때문이다. 절망에서 희망으로 돌이킬 방법이 있다.

"거기에서 당신들은 당신들의 하나님이신 주님을 찾을 것입니다. 당신들이 하나님을 찾되 마음과 성품을 다하여 하나님을 찾으면 만날 것입니다. 당신들이 환난을 당하고, 마지막 날에 이 모든 일이 당신들에게 닥치면, 그때에 가서야 비로소 당신들은 주 당신들의 하나님께로 돌아와, 그에게 귀를 기울일 것입니다."(신 4:29-30, 새번역)

망한 그 자리, 환난 당한 바로 그 자리에서 간절히 하나님을 찾는 것이다. 하나님을 찾는다는 것은 하나님께 돌아와 그에게 '귀를 기울이는 것'이다. 희망은 언제나 눈에 보이지 않는 것에 있다. 눈에 보이지 않는 하나님께로 돌아와 말씀을 읽고 묵상하여 다시 언약을 기억하는 것이다. 그 언약의 말씀을 통하여 나에게 말씀하시는 하나님의 말씀을 듣는 것이다.

5. 나는?

나는 인생의 실패가 없었을까? 많았다. 남들이 하는 그 실패들을 나도 크고 작게 경험했다. 그것은 눈에 보이는 것에 집중하는 실패였다. 주변 모든 사람들이 돈에 집중했고 부자가 되고 싶어 했다. 나도 그렇게 되고 싶었다. 눈에 보이는 돈, 화려한 집과 자동차 등을 가지려고 거의 몸부림치듯 살아갔던 젊은 날이었다. 그러던 어느 때인가 정신을 차려보니 내 삶과 정신이 피폐해져 있었다. 감당하기 어려운 허무와 절망감이 나의 내면을 정복하고 있었다.

말씀을 다시 붙들었다. 눈에 보이는 것에 집중할 때는 대충 읽고 말았던 성경이었다. 다시 성경을 붙들고 씨름하면서 성경을 통하여 나에게 말씀하시는 하나님의 말씀을 듣고자 했다. 조금씩 내면이 회복되기 시작했고 삶의 가치와 의미가 회복되기 시작했다. 돈의 노예가 된 삶에서 조금씩 벗어나기 시작했다. 단순하지 않은 과정과 짧지 않은 시간을 통과하면서 조금씩 눈에 보이는 것에 집중하던 삶의 태도가 변했다. 그것을 가능케 한 유일한 방법은 말씀을 읽고 묵상하는 것이었다. 눈에 보이는 것에 집중하느냐, 눈에 보이지 않는 말씀에 집중하느냐가 삶의 가장 중요한 싸움임을 삶으로 배운 시간들이었다.

그래서 나의 삶과 목회의 초점은 하나다. 기록된 하나님의 말씀을 읽고 묵상함으로 나를 향한 하나님의 언약을 잊지 않고 그 언약에 인생을 거는 것, 그리고 그 언약의 말씀대로 살아가도록 성도들을 돕는 것이다. 눈에 보이는 것에 집중하도록 하는 세상을 이기는 유일한 능력이 말씀이라고 믿기 때문이다.

특별한 하나님, 특별한 백성
(신명기 4:32-43)

하나님은 특별하시고 하나님의 백성도 특별하다. 어떤 면에서 특별할까?

1. 특별하신 하나님

하나님의 특별하심은 몇 가지 면으로 나타난다.

첫째, 하나님은 직접 말씀하신다. 말씀하심은 하나님의 가장 큰 특징이다. 하나님은 말씀하셔서 자신의 뜻을 명백히 알리신다. 사람이 그 뜻을 미루어 짐작해야 하거나 특별한 영매를 통해 그 뜻을 비밀스럽게 알리는 다른 신들과 확연히 다른 점이다. 그런데 오늘 본문을 보니 하나님이 불 가운데서 말씀하고 계시다. 불은 어둠을 밝히고 소멸하는 능력이 있다. 마치 하나님의 말씀이 성도의 삶에 길을 보여주는 빛이 되기도 하고, 성도의 죄와 허물을 소멸하고 태우는 심판의 도구가 되기도 하는 것과 흡사하다.

둘째, 하나님은 사랑이시다. 신이 무엇이 답답해서 몸소 사람을 이끌어 구원하실까? 그러나 하나님은 몸소 이스라엘을 택하시고 그 백성을 애굽에서 이끌어 내셨다. 그 백성을 사랑하기 때문이었다.

"주님께서는 당신들의 조상을 사랑하셨으므로, 뒤에 그 자손을 택하셨고, 그 크신 힘으로 몸소 당신들을 이집트에서 이끌어 내셨습니다."(신 4:37, 새번역)

셋째, 하나님은 유일하신 참 신이시다. 불 가운데에서 말씀하시는 사랑의 하나님이시기 때문에 세상에서 참 신은 유일하게 하나님뿐이다.

"오늘 당신들은 마음에 새겨 분명히 알아둘 것이 있으니, 주님은 위로는 하늘에서도 아래로는 땅에서도 참 하나님이시며, 그 밖에 다른 신은 없다는 것입니다."(신 4:39, 새번역)

하나님은 왜 굳이 말씀을 하시고, 왜 굳이 이스라엘 백성을 사랑하시고, 왜 굳이 몸소 그 백성을 구원하시기까지 하셨을까? 그건 하늘에도 땅에도 하나님 외에는 참 신이 전혀 없음을 알게 하시기 위함이었다(신 4:35).

2. 특별한 백성

이스라엘 백성도 특별하다. 그 백성이 특별한 이유는 다음과 같다.

첫째, 이스라엘 백성은 불 가운데 말씀하시는 음성을 들었다. 온 세상에서 이스라엘만 하나님 음성을 들었다. 그리고 이스라엘은 그 음성을 듣고도 살아남았다(신 4:33).

둘째, 하나님이 그들을 위해 애쓰셨다. 하나님은 이스라엘을 애굽에서 구원하시려고 애를 쓰셨다(신 4:34). 그렇게 하나님이 애쓰셔서 구원을 얻은 매우 특별한 민족이 이스라엘이었다.

셋째, 이스라엘은 하나님의 사랑을 받았다. 신에게 잘 보이려고 자신의 모든 것을 바쳐야 하는 것이 당시 일반적인 종교행위였다. 이스라엘은 반대였다. 하나님이 애를 쓰셔서 그들을 구원하셨다. 하나님이 그들을 사랑하셨기 때문이다(신 4:37). 신의 조건 없는 사랑을 받은 백성이었으니 이보다 특별한 민족이 어디 있을까? 이스라엘 백성이 특별한 이유들은 모두 하나님과 관계가 있다. 하나님이 계셔서 이스라엘은 특별한 민족일 수 있었다. 하나님이 특별하시기에 하나님과 관계된 이스라엘도 특별한 백성이 된 것이다.

3. 특별한 백성이 해야 할 특별한 일들

특별한 하나님의 특별한 사랑을 받은 특별한 민족 이스라엘이 해야 할 특별한 일들이 있었다. 첫째는 생각하고 질문하는 것이었다. 이스라엘은 하나님에 대해, 그리고 하나님과 자신들의 관계에 대해 생각하고 질문해야 했다.

> "당신들이 태어나기 전에, 하나님이 이 땅 위에 사람을 창조하신 날부터 이제까지, 지나간 때를 깊이 생각하여 보십시오. 하늘 이 끝에서 저 끝에 이르기까지, 온 세계를 깊이 생각하여 보십시오. 그리고 이런 큰 일을 본 적이 있는지, 들은 적이 있는지 물어 보십시오."(신 4:32, 새번역)

하나님의 백성이 해야 할 일 중 하나는 생각하고 질문하는 것이다. 하나님에 대해 생각하고 하나님과 자신과의 관계에 대해 질문해야 한다. 형상을 만들지 말고 섬기지 말아야 하는 이유는 하나님을 형상으로 만들고 섬기는 순간 오히려 하나님에 대해 생각하지 않게 되고 하나님과의 관계에 대해서 질문하지 않게 되기 때문이다. 아무 생각 없이 신앙생활 하는 것이 가장 패역한 방법의 신앙생활이다. 그리스도인이라면 하나님에 대해, 하나님과 자신과의 관계에 대해 생각하고 고민하고 의문을 가져야 한다.

둘째는 아는 것이었다. 생각하고 의문을 가져야 하는 이유는 유일하신 참 하나님이 어떠한 분이신지 알아야 하기 때문이다(신 4:35, 39). 이것을 알지 못하면 망한다. 세상의 다른 것들에 빠진다. 돈에 취하고 쾌락에 취하고 탐욕에 취해서 망하는 길로 걸어가게 된다. 그리스도인은 생각하고 의문을 가지면서 하나님을 알아가야 한다.

셋째는 규례와 명령을 지키는 것이었다. 생각하고 의문을 가지고 알아야 하는 것은 하나님이 주시는 규례와 명령을 지키기 위해서다. 한꺼번에 규례와 명령을 전부 배우면 그것이 잘 지켜질까? 지킬 수가 없을 것이다. 사람은 죄인이어서 윤리적 명제로서의 규례와 명령을 완벽하게 지키고 지속시킬 능력이 없기 때문이다. 규례와 명령을 지킬 힘은 지속적으로 하나님을 알아가는 데서 나온다. 하나님의 말씀은 능력이 있어서, 말씀하시는 음성을 듣고 하나님을 인격적으로 알아가는 과정을 겪을수록 규례와 명령을 지키고 싶어진다. 그리고 지킬 힘이 생긴다.

4. 나는?

'순종하라. 토 달지 말라. 자기를 부인하고 복종하라.' 등의 말들을 많이 들으면서 어린 시절과 청년 시절에 교회생활을 했었다. 마음속에서 수많은 의문들이 생겼으나 참고 또 참다가 더 이상 참지 못하면 터지듯이 합리적이지 못하다고 생각했던 부분들에 대해 질문했다. 그 결과는 믿음 없는 사람, 교만한 사람으로 낙인찍히는 것이었다. 그런 교회에서 나와 말씀을 꾸준히 묵상하고 뒤늦게 신학도 공부하면서 맹종을 요구한 것이 얼마나 기독교 신앙과 반대인지를 알게 되었다. 아무 생각 없음이 얼마나 무서운 일인지도 조금씩 더 알아간다.

교회를 개척하면서 꿈꾸었던 교회의 모습은 교우들과 함께 생각하고 의문을 품고 토론하면서 하나님을 알아가는 공동체였다. 그러나 내 생각과 다르게 사람들은 생각하기 싫어했고 말씀을 묵상하고 싶어 하지도 않았고 의문을 품지 않았다. 그저 이때까지 길들여져 온대로 맹종하고 싶어 했다. 결국 대부분의 교인들이 교회를 떠났고 나는 절망에 빠질 뻔한 상황에서 몇몇 분들과 거의 새롭게 교회를 시작했다. 그제서야 조금씩 꿈꾸던 공동체의 모습이 이루어져 갔다. 말씀을 스스로 묵상하고 질문하고 토론하는 공동체, 무엇보다 말씀에 순종하려는 열망을 주고받는 행복한 공동체가 되어갔다. 그리고 이제 개척한지 3년 반 만에 독립된 교회 공간을 가지게 되었다. 무엇보다 구성원들의 하나님을 향한 뜨거운 갈망에 깊은 감격을 느낀다.

특별하신 하나님을 알아가는 특별한 백성들의 모임이 교회이다. 특별한 백성들이 해야 할 특별한 일들을 제대로 함께 해나가야 하는 곳이 교회 공동체이어야 한다. 이런 특별함이 제대로 나누어지기만 한다면 교인의 숫자가 무슨 상관이겠는가? 그저 감사와 감격 가운데 이 참된 특별함을 누려가기만 소원한다.

언약의 전제
(신명기 4:44-5:10)

1. 언약의 체결

모세가 율법을 가르치기 전에 이상한 말을 한다.

"주님께서 이 언약을 우리 조상과 세우신 것이 아니라, 오늘 여기 살아 있는 우리 모두와 세우신 것입니다."(신5:3, 새번역)

모세가 받은 율법은 지금 모세의 설교를 듣고 있는 세대와 맺은 언약이 아니었다. 그런데 왜 '여기 살아 있는 우리 모두와' 세우신 언약이라고 말하는 것일까? 하나님의 백성이라는 사실 자체가 이 언약 관계 안으로 들어온 것이기 때문이다. 하나님은 언약의 하나님이시다. 그리스도인 누구라도 하나님의 언약 안에 속하게 되는 것이다. 그러니 언약을 알아가고 지키는 것은 그리스도인에게는 삶의 본질일 수밖에 없다.

2. 십계명의 전제

모세가 십계명을 가르친다. 그런데 십계명의 전제가 있다.

"나는 너희를 이집트 땅, 종살이하던 집에서 이끌어 낸 주 너희의 하나님이다."(신5:6, 새번역)

출애굽이 전제다. 하나님이 이스라엘을 구원하신 그 사실이 언약 관계의 전제다. 하나님이 언약 관계 안으로 사람을 부르실 때에 반드시 하시는 일이 있다. '구원'이다. 세상에서의 구원, 죄로부터의 구원, 세상의 가치관으로부터의 구원이다.

신(神)이신 하나님이 친히 백성을 구원하셨다. 그저 멀리 떨어져 복종을 강요하는 신이 아니라 자신의 모든 마음을 쏟고 힘과 능력을 발휘해서 그들을 먼저 구원하신 것이다. 먼저 사랑하신 것이다. 신이 먼저 사랑하시고 먼저 구원하시고 나서야 비로소 언약을 제시하시고 계명을 지킬 것을 말씀하시는 분이 하나님이시다.

3. 그래서 언약의 시작은?

그렇기 때문에 언약의 시작은 '너희는 내 앞에서 다른 신들을 섬기지 못한다(신5:7)' 일수밖에 없다. 자신의 사랑을 다 부으시며 구원하셨으니 충분히 배타적인 사랑을 요구할 자격이 있으시다. 아내가 나에게 온 맘을 다한 사랑을 부었으니 나에게도 배타적인 사랑을 요구할 수 있는 것과 같다. 하나님은 그래서 질투하시는 하나님이시며 이 질투는 정당하다. 자신의 마음을 다 부어 사랑한 존재가 다른 대상을 사랑하는데 질투를 하지 않으면 그 사랑에 문제가 있는 것 아니겠는가?

4. 나는?

묵상할 때 가끔 눈물로 고백한다. "하나님이 나를 먼저 사랑하셨습니다. 사랑 받을 자격이 전혀 없는 나를 하나님이 먼저 친히 사랑해 주셨습니다."라고.

나에게 언약은 부담스러운 것이 아니다. 예전에는 나도 언약의 속성을 오해하고 나를 향한 하나님의 사랑을 제대로 몰랐기에 부담스럽고 무겁게 느꼈다. 자격도 없고 죄에서 허덕이던 나를 조건 없이 먼저 사랑해주시고 구원하신 그 사랑의 의미를 알게 되었을 때부터, 언약은 나에게 생명같이 귀하고 소중한 것이 되었다. 이처럼 나를 사랑하신 분이 그토록 강조하며 계명에 순종하라고 하신다면, 그건 나에게 무척이나 좋은 것임에 틀림없다고 믿었다.

세상 그 무엇보다 - 돈보다, 명예보다, 유명해지는 것보다 - 나에게 소중한 것은 말씀을 통해 하나님을 만나는 것이다. 말씀을 통해 하나님의 약속과 명령을 확인하고 알아가고 그것을 내 삶의 현장 속에서 해석하고 적용해 가는 일이다. 신앙의 삶이란 하나님을 알아가고 하나님의 사랑을 더 깊이 누려가는 것 그 이상도 이하도 아니다. 하나님의 사랑과 하나님이 주신 언약에 무관심하다면 하나님의 백성으로서 잘못된 길을 가고 있는 것이다. 내 삶 속 깊은 곳으로 파고들어온 언약의 말씀이 있어서, 그 언약의 말씀을 통해 누려가는 하나님의 놀라운 사랑이 있어서 참으로 감사하고 감사하다.

하나님과 사람의
연결인 안식일
(신명기 5~6장 묵상)

하나님과 사람의 연결점

●

하나님의 음성을 듣는 방법

●

땅보다 중요한 것

●

하나님 역할, 사람 역할

깨질 듯 화창한 여름 햇빛.
이 나뭇잎에서 잠시 쉬어가야지.

많은 친구들이 쉼 없이 하늘을 날라고
충고하고 조언하고 협박하지만,
나는 그냥 얼마간 쉬어갈래.

이 그늘에서 잠깐 쉬고 나면,
다시 하늘을 날겠지만,
그래서 친구들과 같은 모습 되겠지만,
육체와 영혼의 충족감은 남다를 테니,
잠시 쉬어가기를 두려워하지 않을래.

안식일의 쉼을 포기하지 않을래.

© Photograph & written by YoonYong

하나님과 사람의 연결점
(신명기 5:11-21)

십계명 중에서 3~10까지의 계명을 오늘 본문이 말하고 있다. 그런데 특이한 지점이 보인다. 다른 계명들은 전부 짧게 기록하고 있는데, 유독 한 계명만 길게 설명하고 있다는 점이다.

> "너희는 안식일을 거룩하게 지켜라. 이것은 주 너희의 하나님이 너희에게 명한 것이다. 너희는 엿새 동안 모든 일을 힘써 하여라. 그러나 이렛날은 주 너희 하나님의 안식일이니, 너희는 어떤 일도 해서는 안 된다. 너나, 너의 아들이나 딸이나, 너희의 남종이나 여종뿐만 아니라, 너희의 소나 나귀나, 그 밖에 모든 집짐승이나, 너희의 집안에 머무르는 식객이라도, 일을 해서는 안 된다. 너희의 남종이나 여종도 너와 똑같이 쉬게 하여야 한다. 너희는 기억하여라. 너희가 이집트 땅에서 종살이를 하고 있을 때에, 주 너희의 하나님이 강한 손과 편 팔로 너희를 거기에서 이끌어 내었으므로, 주 너희의 하나님이 너에게 안식일을 지키라고 명한다."(신 5:12-15, 새번역)

안식일에 대한 계명은 왜 이렇게 길게 설명하는 것일까?

1. 다리 역할

안식일 계명 앞의 3가지 계명은 하나님에 대한 계명이다. 내가 하나님과 어떻게 관계해야 할지 가르친다. 그리고 안식일 계명 뒤의 6가지 계명은 사람에 대한 계명이다. 내가 다른 사람과 어떤 관계가 되어야 할지 가르친다. 이 중간에서 안식일 계명은 대신계명과 대인계명의 다리 역할을 하고 있다. 기독교 신앙은 하나님만 섬기고 사람은 무시하는 신앙이 아니다. 하나님을 잘 섬기고 사람과도 아름다운 관계를 맺어나가는 것이 바른 모습이다. 안식일은 하나님과 사람의 다리 역할을 하여 하나님과 사람을 연결한다. 하나님의 그 놀라운 생명을 사람에게 전달하는 역할을 안식일이 한다고 볼 수가 있다.

2. 구체적인 삶을 살아낼 힘

십계명에는 사람과의 관계에 대한 대인 계명이 6개나 된다(신 5:16-21). 그런데 사람과의 관계가 중요하니까 6가지 계명에만 몰두하면 옳은 것일까? 교회가 가난한 사람들을 돕고 각종 어려움에 빠진 사람들을 돕는 활동들을 교회의 본질로 생각한다면 맞는 방향일까? 그런 일을 하는 것은 너무 좋은 것이지만, 그런 일들이 교회의 본질이라고 주장한다면 그건 틀린 것이다. 사람의 힘으로 사람을 돕고 세워서 세상을 바꿀 수 있다고 믿는 것은 기독교의 개념이 아니기 때문이다. 기독교의 구제활동과 사회봉사 활동과 도덕, 윤리적 삶의 모습들은 출처가 분명해야 한다. '하나님과의 바른 관계'에서 나오는 에너지와 힘이 사람과의 관계를 바르게 하는 힘이 되어야 하는 것이다.

그런데 안식일은 하나님과 사람을 연결하는 연결점이 되고, 이 연결점을 통해 사람은 하나님으로부터 참된 생명의 힘을 공급받는다. 그 생명의 힘으로 세상과 사람들을 향해서 참된 사랑을 베풀 수 있게 된다. 안식일이 그리스도인다운 삶을 살아낼 구체적인 힘이 된다.

3. 나는?

　안식일을 오늘날의 주일과 똑같다고 말하기는 어렵지만 안식일의 정신이 주일에 거의 녹아져 있다는 점도 부인하기 어렵다. 어릴 때 엄격한 교단의 교회에서 신앙생활을 했다는 사실은 개인적으로 큰 감사제목 중 하나다. 주일을 거의 목숨 걸고 지키는 좋은 습관이 생겼기 때문이다. 주일을 가볍게 여기고도 신앙이 제대로 자리 잡기는 어렵다고 생각한다. 일주일에 하루를 하나님과 깊이 관계하지 않고서 어떻게 바른 신앙을 가지게 될 수 있을까? 나 역시 거의 율법적으로 주일을 지키곤 했지만, 어느 순간부터 주일의 의미가 깊은 감격으로 자리 잡기 시작했고 예배와 교제를 통해 신앙인의 정체성이 확고해져 왔다.

　하나님을 모를 뿐 아니라 하나님을 대적하는 것이 죄인인 사람의 본성이다. 주일을 온전히 하나님과의 관계에 드리는 것은 죄인된 본성을 거스리는 행동이 된다. 주일을 그렇게 의미 있게 보낼 수 있다면 그의 신앙이 자랄 기본적인 준비가 된 것으로 볼 수 있다. 물론, 주일만 지키는 것으로 신앙이 완성되었다고 말한다면 그건 더 큰 오류가 된다. 주일을 온전히 지킨다는 것은 올바른 신앙을 향한 출발이며 사람을 향한 바른 출발이기도 하다.

　주일은 내 삶에 하나님과 바른 관계를 가지고 사람과도 바른 관계를 누려갈 수 있는 다리 역할을 아름답게 이루어주었다고 생각한다. 내 삶의 많은 영역에서 전통을 넘어선 개혁적인 생각들이 자리를 잡았지만 내가 결코 포기 못하는 신앙의 핵심이 하나 있는데, 그것은 주일을 바르게 지키는 것이다. 매일이 주일이라고 말하면서 주일의 의미를 약화시켜서는 안 된다. 주일은 주일이고, 그 주일의 힘으로 매일을 주일로 만들어갈 수 있어야 한다. 주일은 하나님과 사람의 관계의 다리이다. 그 다리를 건어내 버리지 말아야 할 것이다.

　일반 성도였을 때도 주일을 사모함으로 기다렸고 목사가 된 지금도 주일은 언제나 설레는 날이다. 하나님과 교제하고 성도들과도 말씀으로 교제하는 날이기 때문이다. 생명의 능력을 하늘로부터 부여받는 날이기 때문이다. 내일은 용인에서의 마지막 주일이다. 행복한 마음으로, 감사한 마음으로 내일 주일을 기대한다.

하나님의 음성을 듣는 방법
(신명기 5:22-33)

하나님은 형상이 없으시다. 근엄하고 무서운 형상으로 위협하거나 따뜻하고 온화한 형상으로 안심시키거나 하는 방법으로 사람과 관계하지 않으신다. 하나님은 과거에도 말씀하시는 하나님이셨고 지금도 말씀하시는 하나님이시다. 그러므로 하나님의 백성은 반드시 하나님의 음성을 들어야 한다. 그런데 어떤 방법으로 하나님의 음성을 들을까?

1. 직접

"주님께서는 이 말씀을 구름이 덮인 깜깜한 산 위 불 가운데서, 큰 목소리로 당신들 온 총회에 선포하시고, 이 말씀에 조금도 보탬이 없이, 그대로 두 돌판에 새겨서 나에게 주셨습니다."(신 5:22, 새번역)

모세는 직접 하나님의 음성을 들었고 이스라엘 백성들도 직접 그분의 큰 음성을 들었다. 들었던 음성은 십계명 두 돌판이 되어 모세에게 주어졌다. 그런데, 그 음성은 불 가운데에서 선포되는 음성이었다. 다시 말하면 이는 감당하기 어려운 두려운 음성, 언약의 주체일 뿐 아니라 창조주와 구원자로서의 절대적 지존함이 드러나는 음성이라는 뜻이기도 하다. 그래서 이스라엘 백성들은 하나님의 음성을 직접 듣기를 거부했다. 두려워서였다.

"그러니 직접 가까이 나아가셔서, 주 우리의 하나님이 말씀하시는 것을 모두 들으시고, 주 우리의 하나님이 하신 모든 말씀을 우리에게 다 전달하여 주시기를 바랍니다. 그러면 우리가 듣고 그대로 하겠습니다."(신 5:27, 새번역)

백성들이 모세더러 하나님 음성을 대신 듣고 전달만 해 달라고 한 것은 불 가운데 말씀하시는 그 음성을 직접 듣는 것이 너무나 두려웠기 때문이다.

2. 간접

하나님의 음성은 간접적으로도 들을 수 있다. 하나님으로부터 직접 들은 자에게서 내용을 전달 받는 방법이 있다. 모세가 하나님의 말씀을 직접 듣고 백성들에게 전달하는 방식을 백성들이 원했다. 그리고 하나님도 그렇게 하도록 허락하셨다. 간접적으로 하나님의 음성을 들은 이스라엘 백성들에게는 평생의 의무가 생겼다. 하나님을 두려워하고 그 말씀을 지키는 것이다. 이는 자신과 후손이 길이길이 잘 살게 되는 길이기도 했다.

"그들이 언제나 이런 마음을 품고 나를 두려워하며, 나의 모든 명령을 지켜서, 그들만이 아니라 그 자손도 길이길이 잘 살게 되기를 바란다."(신 5:29, 새번역)

이 땅을 살아가는 모든 그리스도인은 직접 듣든지 간접적으로 듣든지 하나님의 말씀을 들어야 한다. 그리고 들린 말씀에 순종해야 한다. 하나님의 말씀을 듣고 순종하지 않고서 인생에서 참된 복을 누릴 수는 없을 것이다.

3. 문제

　　그런데 문제가 있다. 하나님 음성을 직접 듣기를 거부하고 모세를 통해서 간접적으로 전달 받기를 원했던 이스라엘 백성들은 그들 역사상 거의 언제나 하나님의 말씀을 거역했다는 점이다. 즉 하나님의 음성을 간접적으로 들으면 순종하기가 생각보다 어렵다는 것이다. 하나님의 음성을 들어야 하는데, 누군가를 통하여 간접적으로 전달 받는 하나님의 음성은 생각보다 힘이 약하다. 들어서 지키면 되는 간단한 문제 같아 보이지만 사람이 하나님의 말씀을 듣고도 지켜 순종할 힘이 없다는 점을 고려한다면 이 문제는 생각처럼 간단한 문제가 아님을 알 수 있다. 의무의 부과만으로는 사람이 변할 수 없고 지켜야 할 사항을 가르쳐 주는 것만으로는 사람이 그 사항들을 지켜낼 수 없는 경우가 대부분이다. 사람은 '죄인'이기 때문이다. 말씀을 듣기만 해서는 안 된다. 지킬 힘까지 부여받지 않으면 사람이 말씀을 지키고 사는 것이 불가능한 것이 아닐까 싶다. 그래서 훗날, 시내산 언약이 아닌 새로운 언약을 세우기로 선포하시면서 하나님이 이렇게 말씀하셨다.

> "그 때가 오면, 내가 이스라엘 가문과 유다 가문에 새 언약을 세우겠다. 나 주의 말이다. 이것은 내가 그들의 조상의 손을 붙잡고 이집트 땅에서 데리고 나오던 때에 세운 언약과는 다른 것이다. 내가 그들의 남편이 되었어도, 그들은 나의 언약을 깨뜨려 버렸다. 나 주의 말이다. 그러나 그 시절이 지난 뒤에, 내가 이스라엘 가문과 언약을 세울 것이니, 나는 나의 율법을 그들의 가슴 속에 넣어 주며, 그들의 마음 판에 새겨 기록하여, 나는 그들의 하나님이 되고, 그들은 나의 백성이 될 것이다. 나 주의 말이다."(렘 31:31-33, 새번역)

언약을 세워도 이스라엘 백성은 지키지 못하였다. 그래서 새 언약을 주시겠다고 약속하셨다. 그 새 언약은, 하나님의 법이 가슴 속에 들어오고 마음 판에 새겨지는 언약이다. 그래서 하나님과 백성의 관계가 언약으로 인하여 든든히 세워지는 언약이다. 새 언약이란, 의무조항만 가르쳐 전달하는 것이 아니라 그 언약을 지킬 힘까지 부여하는 언약이라고 말할 수 있으리라.

4. 그럼?

어떻게 해야 새 언약이 나에게 적용될 수 있을까? 새 언약은 '관계'의 형성이다. 남편과 아내의 관계, 아버지와 아들의 관계가 하나님과 나와의 관계라는 것을 확신해야 한다. 새 언약에 대한 예레미야서를 묵상하면서 한참을 울었던 기억이 있다. 하나님의 말씀대로 순종하며 살고 싶은데 도무지 순종이 되지 않는 나의 죄성 앞에서 절망했다. 분명 예수님을 통하여 새 언약이 나의 삶에 적용되었으련만 나의 내면에는 여전히 하나님의 법이 없었고, 내 마음 판에도 언약이 새겨져 있지 않아서였다. 그때 간접적으로 목사님을 통해서 듣는 하나님의 음성에는 명백한 한계가 있다는 사실을 깨달았다.

그래서 말씀을 묵상하면서 스스로 하나님의 음성을 듣기를 사모했다. 말씀을 통해서 스스로 하나님의 음성을 듣기를 훈련하면서부터 사람을 통해서 들려오는 하나님의 말씀도 훨씬 더 깊이, 더 세밀하고 감동적으로 들려오는 경험도 하였다. 어느 순간부터 예레미야가 말한 그 새 언약이 조금씩 나의 삶에 적용되고 있음이 느껴졌다. 깊은 감격이었다.

신약의 그리스도인은 누구나 제사장이다. 그래서 만인 제사장, 또는 전(全)신자 제사장이라고 말한다. 제사장이란 하나님과 사람의 중개자이다. 목사가 중개자가 아니라 그리스도인이라면 누구나 중개자이다. 중개자란 양쪽 소리를 다 듣는 사람이다. 하나님의 음성을 직접 들어야 하고 사람의 말과 상황의 소리도 들어야 한다. 그리고 들은 하나님의 음성을 사람에게 전달해야 한다. 하나님의 음성은 그 자체가 능력이다. 그 음성을 듣는 자에게 지킬 능력까지 부여하는 창조의 능력이다. 하나님이 말씀만으로 천지를 창조하시지 않았는가?

그리스도인이라면 하나님의 말씀을 직접 들어야 한다. 신비한 은사체험을 통해서가 아니라, 명백하게 주어진 성경을 통해 구약(옛 약속)과 신약(새로운 약속)을 알아감으로 하나님의 약속을 마음 깊이 새겨야 한다. 그리고 그 말씀을 통하여 나에게 말씀하시는 하나님을 만나야 한다. 그렇게 하는 사람이 왕된 제사장인 그리스도인이다. 간접적으로 하나님의 음성을 듣는 것으로 만족한다면 결국은 말씀을 지키지 못하는 사람으로 남고 말 것이다. 교회에서 불리는 직분이 무엇이든 상관없이 그리스도인이라면 반드시 말씀을 통하여 직접 하나님의 음성을 들어야 한다.

땅보다 중요한 것
(신명기 6:1-9)

1. 사람들에게 중요한 것

이스라엘에게 무엇보다 중요한 것은 약속의 땅이 아니었을까? 노예로 살던 애굽의 생활과 거친 모래바람과 추위 및 더위에 시달린 광야의 생활을 힘들고 고통스럽게 거쳐 왔기에, 그들에게 약속의 땅에 들어간다는 것은 놀랍고 위대한 성취요 성공이었으리라.

사람들에게는 땅이 중요한 것 같다. 성공과 성취가 중요하고, 눈에 보이는 크고 위대하고 놀라운 일을 이루는 것이 가장 중요하다고 사람들은 말한다. 그래서 큰일을 이루고, 놀라운 성취를 이루고, 새로운 무언가를 얻기 위해서, 지금보다 더 좋은 무언가를 성취하기 위해서 온 힘과 에너지와 자원을 쏟아 붓고, 무언가 새롭거나 조금 좋아 보이는 어떤 것을 이루면 흥분하고 행복해하고 그 이룬 일에 온통 마음을 빼앗긴다. 그러나 성경은 그것보다 비교할 수 없이 중요한 것이 분명히 있다고 가르친다.

2. 땅보다 중요한 것

하나님은 약속의 땅으로 이스라엘 백성을 이끄셨다. 그러나 하나님의 관심은 '땅'이 아니었다. 즉 '성공'이나 '위대함'이 하나님이 자기 백성에게 원하는 것이 아니었다. 하나님의 관심은 무엇이었을까?

> "이것은 주 당신들의 하나님이 당신들에게 가르치라고 나에게 명하신 명령
> 과 규례와 법도입니다. 당신들은 건너가서 차지할 땅에서 이것을 지키십시
> 오."(신6:1, 새번역)

그 백성을 약속의 땅에 들이는 것은 하나님께는 당연한 것인데, 문제
는 그 땅에 들어가서 어떻게 하느냐였다. 그 땅에 들어가서 그 땅 원주민
들의 삶의 방식을 배우고 그들이 섬기는 신들을 섬기는 순간, 이스라엘
은 망하는 길로 달려가는 것이었다. 그래서 그 땅에 들어가기 전부터 하
나님은 신신당부하신다. 하나님이 명하신 규례와 법도를 따르라고. 중요
한 것은 땅을 차지하는 것도 노예 생활에서 벗어나는 것도 심지어 광야
의 삶을 끝내는 것도 아니었다. 어떤 상황에서든 하나님의 명령과 규례
를 생명으로 삼고 그것을 지키는 것이 이스라엘 백성에게는 가장 중요한
것이었다. 그 명령과 규례만 잘 지키면 약속의 땅에서 잘 되고 번성하는
것은 당연히 따라오는 것이었다.

> "그러니 이스라엘 자손 여러분, 이 모든 말을 듣고 성심껏 지키면, 주 당신
> 들 조상의 하나님이 당신들에게 약속하신 대로, 젖과 꿀이 흐르는 땅에서
> 당신들이 잘 되고 크게 번성할 것입니다."(신6:3, 새번역)

3. 지키려면?

문제는 그 명령과 규례를 지키는 것이 그리 쉽지 않다는 점이다. 훗날
하나님의 명령과 규례를 지키려고 몸부림을 쳤던 대표적인 인물들이 바
리새인들이 아닌가? 그들은 안타깝게도 그 모든 몸부림에도 불구하고 주
님으로부터 '독사의 자식들'이라는 책망을 받고 말았다. 도대체 어떻게
해야 규례와 명령을 잘 지키는 삶이 될 수 있을까?

첫째, 유일하신 하나님을 알아야 한다.

"이스라엘은 들으십시오. 주님은 우리의 하나님이시요, 주님은 오직 한 분뿐이십니다."(신6:4, 새번역)

하나님이 유일하신 참 하나님임을 먼저 알아야 한다. 세상에 내 삶을 걸 유일한 분이 하나님이심을 알아야 한다. 나의 삶을 걸 수많은 것 중에 하나로 말씀을 선택해서 삶을 살아가겠다는 태도라면 절대로 규례와 명령을 지킬 수가 없다. 오직 하나님 한 분 외에는 내 삶을 걸 분이 없음을 알 때, 그 규례와 명령들이 생명으로 다가온다.

둘째, 사랑해야 한다. 유일하신 하나님을 알았다면 이제 사랑의 문제로 넘어간다.

"당신들은 마음을 다하고 뜻을 다하고 힘을 다하여, 주 당신들의 하나님을 사랑하십시오."(신6:5, 새번역)

세상에 사랑할만해 보이는 것이 많지만 오직 하나님을 사랑하는 것이 가장 가치 있는 사랑임을 알아야 한다. 마음을 다하고 뜻을 다하고 힘을 다하여 온 삶을 다하여 하나님을 사랑해야 한다. 그래야 규례와 명령을 지킬 전제가 갖추어진 것이다.

셋째, 가르치고 배워야 한다. 하나님을 사랑하는 것이 생각보다 쉽지 않다. 세상은 끊임없이 사람을 유혹한다. 세상의 잘못된 가치관을 온갖 화려한 매체를 통해서 주입시킨다. 세상의 가치관에 물들고 하나님을 사랑하는 것은 불가능하다. 그래서 말씀을 가르치고 배워야 한다.

"자녀에게 부지런히 가르치며, 집에 앉아 있을 때나 길을 갈 때나, 누워 있을 때나 일어나 있을 때나, 언제든지 가르치십시오. 또 당신들은 그것을 손에 매어 표로 삼고, 이마에 붙여 기호로 삼으십시오. 집 문설주와 대문에도 써서 붙이십시오."(신 6:7-9, 새번역)

자녀들에게 가르치는 것이 중요한데 '자녀들에게'보다 '가르치는 것'이란 단어에 강조점이 가야 하는 것 아닐까 싶다. 언제든지 가르쳐야 하고, 손에, 이마에, 문설주에, 대문에 써 붙여야 했다. 언제든지, 기회가 있을 때마다 가르치고 배워야 하고, 모든 행동(손), 모든 시선(이마), 그리고 출입하는 그 모든 순간에 말씀을 기억해야 했다. 그러한 노력이 있어야 하나님을 사랑할 수 있게 되고, 그 노력이 있어야 하나님 외에 다른 것에 마음을 빼앗기지 않을 수 있고, 그 노력이 있어야 규례와 명령을 지킬 수 있는 것이었다.

4. 나는?

놀라운 일이 일어났다. 재정이 전혀 없는 우리교회에 예배당이 생겼다. 하나님이 주시는 약속의 '땅'이 아닐까 싶다. 아침에 설교하러 가서 예배당을 보았다. 너무나 예쁘게 꾸며진 예배당을 보고 나서 말씀을 묵상하기 위해서 펼쳐 들자 첫 구절이 이 말씀이었다.

> "이것은 주 당신들의 하나님이 당신들에게 가르치라고 나에게 명하신 명령과 규례와 법도입니다. 당신들은 건너가서 차지할 땅에서 이것을 지키십시오."(신6:1, 새번역)

약속의 땅에 들어가는 것이 중요한 것이 아니라 거기서 하나님이 주신 규례와 법도와 명령을 지키느냐 못 지키느냐가 우리 교회의 운명을 결정하는 것임을 하나님이 선명하게 말씀해 주시는 것 같았다. 개척하고 난 후 3년 5개월 동안 광야 같은 시간들을 보내었다. 예배 처소가 없어서 이 곳 저 곳으로 계속 떠돌았다. 그러다가 예쁜 예배당이 생겼으니 이 예배당으로 인하여 얼마든지 기뻐해도 좋을 일 아닐까? 그런데 내 마음은 다른 곳에 집중이 된다.

말씀 하나에만 나 개인의 운명과 가정의 운명과 교회의 운명을 걸겠다고 결심했으나 이제까지는 거친 광야였다. 이제 거친 광야는 벗어나 약속의 땅 같아 보이는 곳으로 예배 처소를 옮기게 된다. 그러나 문제는 예쁜 예배 처소가 아니다. 문제는 이곳에서 무슨 일을 하느냐이다. 이곳에서 유일하신 하나님께 성도들이 삶을 걸고 그분만 사랑하게하기 위해서 말씀을 가르치고 배우는 것에 온 삶을 걸어야 한다. 개척한 이후부터 변함없이 해오던 것이었고 그 방향은 앞으로도 변함이 없으리라. 오직 말씀의 빛만이 삶의 유일한 빛임을 가르치고 배우며, 그걸 가르치는 분들을 세워가는 것만이 내가 해야 할 가장 중요한 일임을 말씀을 통해서 다시 확인한다. 예배당이 생겨서 기쁘지만, 예배당이라는 외적 상황이 아니라 이곳에서 이전보다 조금 더 많은 사람들을 말씀에 삶과 운명을 걸도록 돕고 이끌 수 있음이 기쁘다. 그 방향을 잃지 않도록 말씀으로 나를 깨워 가시는 주님을 찬양하는 아침이다.

하나님 역할, 사람 역할
(신명기 6:10-25)

하나님이 하시는 일이 있고, 사람이 해야 하는 일이 있다.

1. 하나님의 역할

기독교 신앙의 개념에서 모든 일은 하나님이 하신다. 사람의 어떤 일이 의가 될 수 없고 어떤 행위가 구원의 조건이 될 수도 없다. 의와 구원은 전부 하나님의 주권이다. 그 하나님께서 이스라엘 백성을 위해서 하시는 일이 있다.

> "주 당신들의 하나님이, 당신들의 조상 아브라함과 이삭과 야곱에게 맹세하여 당신들에게 주기로 약속하신 그 땅에, 당신들을 이끌어 들이실 것입니다. 거기에는 당신들이 세우지 않은 크고 아름다운 성읍들이 있고, 당신들이 채우지 않았지만 온갖 좋은 것으로 가득 찬 집이 있고, 당신들이 파지 않았지만 이미 파놓은 우물이 있고, 당신들이 심지 않았지만 이미 가꾸어 놓은 포도원과 올리브 밭이 있으니, 당신들은 거기에서 마음껏 먹게 될 것입니다."(신 6:10-11, 새번역)

하나님은 이스라엘 백성들을 약속의 땅에 들이실 것이다. 그리고 그들이 세우지 않은 성과 집에 살게 하실 것이고, 그들이 파지 않은 우물물을 마시게 하실 것이고, 그들이 심지 않은 포도를 먹게 하실 것이다. 모든 것은 하나님이 하실 것이다. 이스라엘 백성은 그것들을 누리기만 하면될 것이다. 사람이 자신의 능력으로 무언가를 해내고, 그 이룬 일들로 인해 스스로 자랑스러워하는 것은 신앙인의 태도가 아니다. 사람이 할 일은 하나님이 하신 일들을 감사와 기쁨으로 누려가는 것임을 알아야 한다.

2. 사람의 역할

그러면 사람은 아무 것도 하지 말아야 할까? 그렇지는 않다. 반드시 해야 하는 일이 있다.

"당신들이 그렇게 될 때에, 당신들은 이집트 땅 종살이하던 집에서 당신들을 이끌어 내신 주님을 잊지 않도록 주의하십시오."(신 6:12, 새번역)

자신들을 구원하신 하나님을 잊지 않는 것이다. 하나님을 잊으면 망한다. 그러니 자신에게 구원을 행하신 하나님을 잊지 않도록 주의해야 한다. 그리고 또 해야 하는 것이 있다.

"주 당신들의 하나님의 명령과 그가 명한 훈령과 규례를 철저히 지켜야 합니다. 당신들은 주님께서 보시는 앞에서 올바르고 선한 일을 하십시오."(신 6:17-18, 새번역)

하나님을 잊지 않고 하나님만이 구원자이심을 고백한다면 하나님의 명령과 규례들을 철저히 지키며 하나님께서 보시기에 올바르고 선하게 살아가야 한다. 사실은 두 가지가 같은 이야기이다. 하나님의 명령(말씀)에 관심이 없고, 하나님 앞에서 올바르고 선하게 살고 싶은 마음이 없다면 그는 구원하신 하나님을 잊은 것이다. 하나님을 기억하고 잊지 않는다는 것은 추상적 관념에 머무르지 않는다. 하나님을 잊지 않는다는 것은 하나님의 법에 관심을 가진다는 것이요, 그 법을 배우고 익히며 순종한다는 것이다. 그래서 올바르고 선한 삶을 추구하며 살아간다는 것이다. 하나님의 말씀에 관심이 없고 그분의 말씀에 순종하고 싶은 갈망도 없으면서 하나님을 기억한다고 한다면, 그건 거짓말이 될 수밖에 없다.

3. 결과

하나님이 모든 좋은 일을 다 하셨고, 사람은 하나님을 잊지 않고, 하나님의 말씀에 순종하려 노력했을 뿐인데, 그런 삶의 결과는 놀랍다.

> "주님께서 우리에게 이 모든 규례를 명하여 지키게 하시고, 주 우리의 하나님을 경외하게 하셨다. 우리가 그렇게만 하면, 오늘처럼 주님께서 언제나 우리를 지키시고, 우리가 잘 살게 하여 주실 것이다. 우리가 주 우리의 하나님 앞에서, 그가 우리에게 명하신 대로 이 모든 명령을 충실하게 지키면, 그것이 우리의 의로움이 될 것이다."(신 6:24-25, 새번역)

회복 불가능한 죄인인 존재로써 의로우신 하나님이 하신 일을 누리며 그것에 감사해서 주되신 하나님의 말씀을 배워 순종하려 노력했을 뿐인데, 하나님은 그렇게 살아가는 삶을 '의로운 삶'이라고 인정해 주신다. 사람은 의로울 수 없다. 사람의 벗어날 수 없는 신분이 '죄인'이기에 의는 사람과 어울리지 않는 단어다. 죄인인 사람을 의롭다 하심은, 그 어떤 가치보다 귀중하고 소중한 가치다.

신약시대를 살아가는 성도는 더 큰 소망과 위로와 감격을 누린다. 나는 끝까지 죄인이다. 아무리 나 자신을 살펴보아도, 조금 말씀을 사랑하게 되었다 해도, 말씀대로 살고 싶은 열망이 조금 있다 해도, 내 속에서 끊임없이 일어나는 죄의 소원은 어찌할 수가 없다. 예수께서 날 위해 죽으셨다고 해서, 죄의 대가를 주님이 다 치러주셨다고 해서 내가 의인된 것은 전혀 아님을 늘 발견한다. 나는 죄인이요, 죄인 중에 괴수라고 고백할 수밖에 없다. 그러나 놀랍게도 말씀을 통해서 자신의 죄인 됨을 발견하고 예수 그리스도의 죽으심을 나를 살리는 유일한 능력임을 고백하고 주의 긍휼을 구하는 그 죄인은, 하나님이 의롭다고 말씀해 주신다. 의인이 된 것이 아니라 하나님이 의롭다고 칭해주시는 것이다. 그래서 '칭의'이다. 사람은 절대로 의로울 수 없고 오직 의롭다 칭함을 받을 수 있을 뿐이다. 세상에서 그보다 더 큰 복은 없다. 하나님으로부터 의롭다고 인정을 받는다면 그밖에 무엇이 더 필요하겠는가?

4. 나는?

아무리 자신을 돌아봐도 희망이 없어 울고 또 울며 절망했던 청년시절이었다. 울어도 해결되지 않는 나의 죄성. 그것을 해결해 보려고 온갖 신앙의 길을 다 찾았다. 모범이 될 만한 신앙의 멘토를 만나고 싶었다. 찾아 가기도 했고 저절로 만나기도 했지만, 나중에는 실망하게 되는 일이 반복됐다. 사람은 답이 아니었다. 기도에 매진해 보았다. 철야기도를 하고 금식기도도 해보고, 각종 은사를 체험해 보기도 하고... 그러나 그것이 나를 변화시키지 못했다.

대학에 입학하면서부터 하게 된 말씀묵상을 제대로 하고 싶었다. 왠지 그것에 답이 있을 것 같아서였다. 말씀 묵상의 원리를 배우기 시작했다. 큐티 세미나에 참석을 하고, 각종 선교단체에서 하는 말씀 묵상 강의를 테잎으로 구입해서 듣고 또 들었다. 그리고 일대일 제자양육 성경공부를 배웠다. 깊이 배운 말씀묵상의 원리를 통해서 나의 삶은 조금씩 말씀과 가까워지며 하나님이 내 삶에 일하심을 느끼기 시작했고, 하나님의 일하심을 누려가는 삶이 되기 시작했다. 사람이 아니라 사람을 통해서 배운 말씀과 말씀 묵상의 원리와 제자양육 성경공부들이 어우러져 내면 깊은 곳으로 말씀이 들어오기 시작했고, 말씀의 능력이 나를 변화시켜 가는 것을 지금까지 경험해 오고 있다.

그러나 나는 여전히 죄인이다. 말씀을 묵상하면 할수록 나의 죄인 됨을 더 깊이 깨달아간다. 그런데 그 사실을 깨달을수록 주의 은총에 기댄다. 십자가가 더욱 필요해진다. 내게 절망할 때마다 나는 칭의의 은혜에 기댄다. 내가 의로워지는 것이 아니기에 의롭다 칭해주시는 하나님의 은총과 사랑에 감격한다. 아무리 생각해도 전혀 의롭지 못한 나를 의롭다 불러주시는 그 사랑에 눈물 흘린다. 하나님이 다 하시고서, 하나님이 하신 그 놀라운 일들을 그저 공짜로 누려가기만 하는 나를 하나님이 의롭다고 말씀하시니 어찌 감사와 감격이 없을 것인가? 주의 사랑과 은총, 나에게 하신 이 놀라운 일들에 감사하는 아침이다.

사람은 떡으로만 살지 않는다
(신명기 7~8장 묵상)

밤새 비가 내리더니
나뭇가지에 묻은 빗방울이
아침 햇살에 빛난다.

아침 햇빛은 이미 열기를 내뿜고 있었지만,
맺힌 빗방울의 아름다움에 흠뻑 취해
더위를 잊고 셔터를 누른다.

고통을 못 이겨서 고통스러운 것이 아니라,
고통을 잊을 만큼 즐거운 것이 없어서 고통스럽다.

아픔과 슬픔과 우울과 통증을 이길 가장 좋은 방법은
그것들을 넘어서는 즐거움을 갖는 것이다.
고통조차 빼앗아갈 수 없는,
말씀이 주는 그 절대적 행복이 필요하다.

하나님의 백성의 삶의 방식
(신명기 7:1-11)

하나님의 백성은 세상 사람들과 삶의 방식이 다르다. 세상 사람들은 자신들의 힘과 능력으로 최선을 다해 쟁취하고, 최선을 다해 협상하고, 최선을 다해 빼앗고 가지고 소유한다. 그러나 하나님의 백성은 그렇게 살아서는 안 된다. 절대적인 삶의 방식이 있다. 그 방식대로 살면 반드시 복된 삶이 되고 그 방식을 버리면 반드시 망하는 삶이 된다. 그 삶의 방식은 무엇일까?

1. 약함을 아는 것

세상은 강하라고 말하고 강함을 드러내라고 말한다. 약함을 보이는 순간 공격당하기 때문에 결코 약점을 보이지 말라고 한다. 그러나 하나님은 자기 백성에게 너의 약함을 알라고 하신다. 너의 약함을 잊지 말라고 하신다.

"주님께서 당신들을 사랑하시고 택하신 것은, 당신들이 다른 민족들보다 수가 더 많아서가 아닙니다. 오히려 당신들은 모든 민족 가운데서 수가 가장 적은 민족입니다. 그런데도 주님께서는 당신들을 사랑하시기 때문에, 당신들 조상에게 맹세하신 그 약속을 지키시려고, 강한 손으로 당신들을 이집트 왕 바로의 손에서 건져내시고, 그 종살이하던 집에서 이끌어 내어 주신 것입니다."(신 7:7-8, 새번역)

하나님이 이스라엘을 자기 백성으로 선택하신 이유는 강해서가 아니었다. 하나님이 사랑하셨기 때문이었다. 결코 그들이 강하거나, 힘이 있거나, 앞으로 세상을 정복할 능력이나 가능성이 있어서가 아니었다. 이스라엘은 가장 약한 민족이었고, 가장 찌질했고, 가장 숫자도 적었고, 나라를 이루지도 못하고 노예로 살아가던 민족이었다. 그들 자신의 자격과 능력으로는 전혀 선택받을 이유가 없었던 사람들이었다.

그 사실을 스스로 알아야만 하나님의 백성다운 삶이 가능해진다. 하나님의 백성다운 삶을 살려면 자신의 약함을 인정하고 자신의 약함이 드러나는 것을 두려워하지 말고, 자신의 능력과 관계없이 하나님의 뜻과 의지에 의해 그분의 백성이 되었다는 사실을 잊지 말아야 한다.

2. 하나님만이 소망

자신의 약함을 알고 인정해야 하나님이 하시는 말씀이 정답임을 믿을 수 있다. 그래야만 하나님을 필요로 한다. 어설프게 약간의 능력이나 힘이 있다고 생각하는 순간 사람은 하나님을 찾지 않는다. 당연히 하나님의 말씀을 중히 여기지 않는다. 그러나 자신의 약함을 깨닫고 인정하면 할수록 하나님이 필요하고, 하나님의 말씀에 귀를 기울이게 되고, 하나님의 말씀에 순종하고 싶어진다. 그런 사람이라야 하나님만이 정답이요 소망이요 희망임을 믿게 된다.

"주 당신들의 하나님이, 당신들이 들어가 차지할 땅으로 당신들을 이끌어 들이시고, 당신들 앞에서 여러 민족 곧 당신들보다 강하고 수가 많은 일곱 민족인 헷 족과 기르가스 족과 아모리 족과 가나안 족과 브리스 족과 히위 족과 여부스 족을 다 쫓아내실 것입니다. 주 당신들의 하나님은 그들을 당신들의 손에 넘겨 주셔서, 당신들이 그들을 치게 하실 것이니, 그 때에 당신들은 그들을 전멸시켜야 합니다. 그들과 어떤 언약도 세우지 말고, 그들을 불쌍히 여기지도 마십시오. 그들과 혼인관계를 맺어서도 안 됩니다. 당신들 딸을 그들의 아들과 결혼시키지 말고, 당신들 아들을 그들의 딸과 결혼시키지도 마십시오."(신 7:1-3, 새번역)

하나님이 '가나안 족속을 진멸하라'는 이상한 명령을 하신다. 이익의 관점으로 보면 그렇게 해서는 안 된다. 그들을 잡아서 종으로 부려야 훨씬 이롭기 때문이다. 그러나 자신들이 가장 약하고 어리석으며 자신들의 힘과 지혜와 능력으로는 아무것도 할 수 없음을 온전히 알고 인정하게 되었다면 자신에게 이익이 되지 않는다 할지라도, 그들은 하나님의 말씀에 전적으로 순종할 수 있었을 것이다. 자신의 생각과 계획이 아니라 하나님의 말씀이 그들 자신에게 가장 이로운 것임을 믿게 되기 때문이다.

3. 하나님을 알아야

정말 중요한 삶의 방식이 있다. 하나님을 알아가는 것이다. 그냥 하나님의 명령만 지켜도 나쁘지 않겠지만, 더 본질적인 것이 하나님을 아는 것이다. 하나님은 어떤 분이실까?

"그러므로 당신들은 주 당신들의 하나님이 참 하나님이시며 신실하신 하나님이심을 알아야 합니다. 주님을 사랑하고 주님의 계명을 지키는 사람에게는, 천 대에 이르기까지 그의 언약을 지키시며, 또 한결같은 사랑을 베푸시는 신실하신 하나님이심을 알아야 합니다. 그러나 주님을 미워하는 사람에게는 당장에 벌을 내려서 그를 멸하십니다. 주님께서는 자기를 미워하는 사람에게는 징벌을 늦추지 아니하십니다."(신 7:9-10, 새번역)

이 말씀의 뜻은, 하나님의 말씀에 순종하면서 살면 천대까지 복 받는 가문이 될 것이지만 하나님의 말씀을 거부하며 살면 그 삶이 망가질 수

밖에 없다는 것이다. 하나님이 그들을 찾아서 징벌하시는 것이 아니라 그들의 삶 자체가 스스로 망하는 쪽으로 가게 되어 결국 망하는 결말을 맞이하게 된다는 뜻이다. 하나님께서 사람의 삶에 세우신 법칙이다. 삶의 방식을 하나님께 맞추면 복된 삶이 저절로 될 수밖에 없다. 이 원칙은 변하지 않는다. 그래서 하나님을 알아가고 하나님의 말씀을 배워가고, 하나님이 얼마나 사람을 사랑하시는지를 알아가는 것은 삶에서 가장 중요한 부분이다.

4. 나는?

다행인지 불행인지 나는 너무 약한 사람이다. 내가 스스로 강하다는 생각을 해 본 적이 거의 없었다. 그래서인지 나는 늘 갈급했다. 내 스스로 강하지 않기 때문에 사람을 찾고 가르침을 찾아 헤매었다. 만나는 사람들과 여러 가르침을 통해 많은 것들을 배우고 익혔고 도전을 받기도 했다. 그러나 근본적인 문제는 여전히 해결되지 않았고 내 안의 목마름은 점점 더 커져만 갔다. 결국 그 많은 가르침들을 기반으로 해서 말씀을 스스로 묵상하는 것에 나의 삶을 걸기 시작했다. 내 삶에서 가장 잘한 선택이 몇 번 있었는데, 말씀을 스스로 묵상하는 것을 신앙의 기반으로 삼은 것은 그 중에 단연 으뜸이라고 생각한다. 말씀을 묵상하면서 내 맘의 깊은 갈급함의 이유를 알게 되었고, 해결할 방법도 찾게 되었고, 그 목마름이 해결되어가는 것도 경험하였다. 더 나아가 그 목마름과 갈급함이 나에게 생명이었음도 깨닫게 되었다.

나는 약하다. 약해서 하나님께 매달려야 한다. 그런데 하나님께 매달리는 유일한 방법이 말씀이다. 말씀을 붙들고 말씀에 삶을 걸고 말씀을 통하여 하나님을 알아가고, 말씀을 통하여 내 삶을 복되게 할 삶의 원리들을 알아가기 시작했다. 그러던 중에 말씀의빛교회를 세웠다. 오직 한 가지 이유 때문이었다. 목사인 나에게 의존하는 성도가 아니라 오직 말씀의 빛에 자신의 삶을 의탁하는 성도들을 세우기 위해서였다. 말씀의빛교회가 처음으로 제대로 된 처소를 가지게 된다. 5월 20일이 시작이다.

기적 같은 이 일이 나 혼자의 힘으로 되지 않았고, 오랜 시간을 기다리며 기도하며 길을 찾다가, 말씀을 사랑하고 사모하는 사람들과 뜻이 맞아 시작되었다. 목사의 교회가 아니라 하나님의 교회, 목사의 교회가 아니라 성도들의 교회, 목사도 성도의 일원인 교회, 목사는 말씀을 전하고 기도하는 일에 전무하고, 성도들이 각자의 은사를 따라 섬기는 교회가 되길 소원한다. 약하기 때문에 말씀만 기준 삼는 성도들의 모임이 되길 소원한다. 성도들이 각자 말씀을 통하여 하나님과의 관계에서 받는 그 생명력으로 함께 아름답게 교회를 세워가길 소원한다.

두려워하지 말아야 할 것과 두려워해야 할 것
(신명기 7:12-26)

가나안 땅에 들어가면 두려워해야 할 일과 두려워하지 말아야 할 일이 있었다.

1. 두려워하지 말아야 할 일

"당신들이 혼자 생각에 '그 민족들이 우리보다 많은데, 어떻게 우리가 그들을 쫓아낼 수 있겠는가?' 하고 걱정할 수도 있을 것입니다."(신 7:17, 새번역)

가나안 땅에 들어가면 가장 두려운 일이 무엇일까? 상식적으로 생각해 보면 '그 장대한 족속들과 싸워서 이길 수 있을까'의 문제일 것이다. 이 걱정과 두려움에 대한 해결책은 두 가지이다. 먼저, 하나님의 구원의 능력을 신뢰하는 것이다.

"그러나 그들을 두려워하지 말고, 주 당신들의 하나님이 바로와 모든 이집트 사람에게 하신 일을 잘 기억하십시오. 19) 주 당신들의 하나님은, 당신들이 당신들의 눈으로 본 대로, 큰 재앙과 표징과 기적을 일으키시며, 강한 손과 편 팔로 당신들을 이끌어 내셨습니다. 주 당신들의 하나님은, 지금 당신들이 두려워하는 모든 민족에게도 그와 같이 하실 것입니다."(신 7:18-19, 새번역)

하나님은 애굽에서 이스라엘을 이끌어 내신 분이시니, 그 구원의 능력으로 반드시 가나안 전쟁에서 이기게 하실 것이다. 이미 경험한 구원의 사실을 근거로 이 전쟁에서도 이기게 하실 것을 믿을 수 있다.

두 번째로, 진짜 두려운 존재가 누구인지 아는 것이다. 정말 두려워해야 할 존재가 있음을 알면 아무리 강대한 족속이라도 두려워하지 않을 수 있다.

"당신들은 그들을 두려워하지 마십시오. 당신들 가운데 계신 주 당신들의 하나님은 진정으로 두렵고 위대한 하나님이십니다."(신 7:21, 새번역)

하나님 외에 참으로 두려워해야 할 존재는 없다. 하나님을 제대로 두려워한다면 세상에 두려워해야 할 다른 존재는 없다.

2. 두려워해야 할 일

이스라엘이 두려워해야 할 일들은 따로 있었다. 첫 번째는 가나안 족속들을 '전멸'시키지 못할까 두려워해야 했다. 그들은 전쟁에서 질 것을 두려워할 필요가 없었다. 하나님은 아예 전쟁에서 이기는 것을 전제로 두고 말씀하셨다. 전쟁에서 당연히 이기게 될 것인데 그 때 '전멸'시키라고 말씀하셨다.

"당신들은 주 당신들의 하나님이 당신들에게 넘겨 준 모든 민족을 전멸시켜야 합니다. 그들에게 동정을 베풀어도 안 되고, 그들의 신을 섬겨서도 안 됩니다. 그것이 당신들에게 올가미가 될 것이기 때문입니다."(신 7:16, 새번역)

이스라엘은 승리하지 못할까 두려워해야 하는 것이 아니라, 승리하는 것은 당연한데 전멸시키지 못할까 두려워해야 했다. 전멸시키지 못하면 이스라엘이 망한다. 전멸시키지 않으면 그 민족들의 영향을 받아 다른 신들을 섬기면서 하나님을 떠나게 될 것이기 때문이다. 전쟁에 질까 두려워하지 말고, 이방 나라들의 악한 관습을 닮을까 두려워해야 했다.

두 번째로 이스라엘이 두려워해야 하는 것은 민족들을 '급히 멸하게 되는 것'이었다.

"주 당신들의 하나님은 그 민족들을 당신들 앞에서 차츰차츰 쫓아버리실 것입니다. 당신들은 그들을 단번에 다 없애지 마십시오. 그렇게 하였다가는 들짐승이 번성하여 당신들을 해칠지도 모릅니다."(신 7:22, 새번역)

가나안 족속들과의 정복 전쟁에서 두려워해야 할 것은 욕심을 지나치게 부리거나 혈기를 이기지 못하여 급히 한꺼번에 정복해버리는 것이었다. 한꺼번에 다 멸하면 이스라엘이 그 땅들을 다 관리할 수가 없기 때문이었다. 두려워해야 할 것은 한걸음씩 걸어가는 차분한 걸음을 놓치는 것이다.

3. 나는?

친한 형제 한 분을 만나서 식사를 했다. 그 분이 물었다. "목사님은 목회 비전이 뭡니까?" 내가 대답했다. "비전이 점점 없어지네요. 지금은 딱 하나의 중요한 비전이 있습니다." "뭐죠?" "끝까지 타락하지 않는 것입니다."

개척교회 목사라고 하면 사람들은 걱정부터 하는 것 같다. '이 목사가 제대로 된 교회나 세울 수 있을까?', '이 목사는 밥이라도 제대로 먹고 사나?' 등의 걱정들일 테다. 물론 교회를 세우고 나아가 자립을 한다는 것이 결코 쉽지 않은 시대다. 그러나 가나안 전쟁에 대한 하나님의 말씀이 믿어진다. 승리는 보장된 것이니 승리할까 못할까를 걱정할 필요는 전혀 없고 걱정해야 할 것은 다른 것에 있다. 이스라엘에게 주어진 '전멸하는 것, 그리고 한꺼번에 다 멸하지 않는 것'이 나에게는 '타락하지 않는 것, 한걸음씩 걸어가는 것'이라고 마음에 다가왔다.

교회를 세우는 것, 교회에 사람들이 오는 것, 그래서 교회가 자립을 하는 것 등은 언젠가부터 별 관심 사항이 아니게 되었다. 목회를 위대하게 잘 할 필요가 없고 그저 바르게만 하면 하나님이 알아서 하시겠거니 생각한다. 내 능력으로 교회를 자립시킨다면 그건 하나님의 능력으로 세워지는 교회가 아닌 것이니, 오히려 재앙이 될 수도 있을 터. 하나님이 세워 가실 것으로 믿고 나는 그저 끝까지 타락하지 않기를, 마음을 급하게 먹지 않기를, 욕심을 부리지 않기만을 애쓰면 될 것 같다. 마음을 급하게 먹고 욕심을 부리고, 그래서 타락하는 것만이 내가 두려워해야 할 일들이다.

그리고 절대 두려워하거나 걱정하지 말아야 하는 것은 '교회가 자립할까 못 할까' 혹은 '교회가 규모면에서 부흥할까 못 할까'이다. 나의 목회 비전은 두려워 것을 제대로 두려워하고 두려워하지 말아야 할 것은 두려워하지 않는 것이다. 그리고 두려워 할 것을 두려워하는 성도, 두려워하지 말아야 할 것은 두려워하지 않는 성도를 세우는 것이다. 목사와 성도 모두가 오직 말씀에만 삶을 걸 때, 이 비전이 아름답게 성취될 수 있으리라 믿는다.

먹고 사는 문제보다
중요한 게 있을까?
(신명기 8:1-10)

먹고 사는 문제보다 중요한 것이 없다는 것에 대해 반론을 제기하는 것은 거의 불가능해 보인다. 그런데 성경은 전혀 다른 관점에서 먹고 사는 문제를 설명한다.

1. 먹고 사는 것보다 중요한 것

성경은 떡이 중요하지만 그것보다 비교할 수 없이 중요한 것이 있다고 가르친다. 비교할 수 없이 중요한 것을 가르치기 위해서 삶에서 중대한 고난도 허락한다고 말한다. 그것이 무엇일까?

"너를 낮추시며 너를 주리게 하시며 또 너도 알지 못하며 네 조상들도 알지 못하던 만나를 네게 먹이신 것은 사람이 떡으로만 사는 것이 아니요 여호와의 입에서 나오는 모든 말씀으로 사는 줄을 네가 알게 하려 하심이니라."(신 8:3)

먹고 사는 문제(떡)보다 비교할 수 없이 중요한 것은, 사람이 떡으로만 사는 것이 아니라 하나님의 말씀으로 산다는 사실을 아는 것이다. 사람의 양식은 두 가지이다. 육체가 먹고 살아갈 양식과, 영혼이 먹고 살아갈 하늘의 양식인 하나님의 말씀. 하나님의 백성은 하나님의 말씀이라는 영혼의 양식을 자신의 생명으로 삼는 사람들이다. 하나님의 백성임에도 영혼의 양식 없이 잘 살아간다면 하나님은 그에게 광야의 삶을 허락하셔서 떡만으로 살아갈 수 없다는 사실을, 참된 양식은 하나님의 말씀이라는 사실을 알게 하신다. 육체가 먹고 살아가는 것만큼이나 중요한, 아니, 그보다 비교할 수 없이 더 중요한 것은 영혼이 하나님의 말씀으로 살아가는 것이다. 내 삶에 광야가 찾아왔다면, 지금 내 삶이 광야의 삶이라는 생각이 든다면, 그 이유와 목적은 분명하다. 내가 떡으로만 사는 것이 아니라 하나님의 말씀으로 사는 존재임을 나에게 알게 하시기 위함이다.

2. 또 하나의 목적

광야의 삶을 허락하시는 또 하나의 이유가 있다. 약속의 땅에 들어가게 하기 위해서다. 약속의 땅이 어떤 곳인가?

"주 당신들의 하나님이 당신들을 데리고 가시는 땅은 좋은 땅입니다. 골짜기와 산에서 지하수가 흐르고 샘물이 나고 시냇물이 흐르는 땅이며, 밀과 보리가 자라고 포도와 무화과와 석류가 나는 땅이며, 올리브 기름과 꿀이 생산되는 땅이며, 먹을 것이 모자라지 않고 아무것도 부족함이 없는 땅이며, 돌에서는 쇠를 얻고 산에서는 구리를 캐낼 수 있는 땅입니다."(신 8:7-9, 새번역)

이스라엘이 들어갈 약속의 땅은 너무나 좋은 땅, 아름다운 땅, 먹고 살 걱정이 없이 풍성한 땅이라고 모세는 말한다. 참된 양식이 하나님의 말씀임을 모르는 상태로 이렇게 풍요로운 땅에 들어간다면 어떤 일이 생길까? 잘 먹고 잘 사는 삶에 취해서 하나님의 말씀을 버리고 하나님과의 관계도 소홀히 하게 될 것이고, 당연히 이방의 신들을 섬기게 될 것이다.

결국 가나안 원주민들이 그 땅에서 죄악으로 쫓겨난 것처럼 이스라엘도 그 땅에서 쫓겨나게 될 것이다(결국 훗날에 이스라엘은 그렇게 되고 말았다). 약속의 땅에 들어가는 것이 능사가 아니다. 더 중요한 것은 약속의 땅에 들어가서 풍요를 누릴 때에도 하나님의 말씀이 나를 살릴 유일하고 참된 양식임을 분명히 아는 것이다. 그 사실을 알고 잊지 않고 하나님의 말씀을 매일 먹고 순종하는 삶을 살아야 한다. 그래야 하나님이 주신 약속의 땅의 풍요를 온전히 끝까지 누릴 수 있게 된다. 약속의 땅에 들어가게 하기 위해서, 약속의 땅의 풍요를 더 풍성히 누리게 하기 위해서 광야의 삶을 통해서 참된 양식을 알게 하시는 것이다.

3. 나는?

먹고 사는 문제로 고민하면서 수많은 세월을 아침부터 밤늦게까지 치열하게 살았다. 그렇게 살면서 영혼이 피폐해지는 것을 아프도록 느꼈고 살기 위해서 말씀을 묵상했다. 먹고 사는 것을 위해 치열했던 것만큼이나 말씀을 묵상하는 것에도 치열했다. 그저 먹고만 사는 삶, 육체로만 살아가는 삶이 나의 내면에 너무나 큰 무의미를 던져주었기 때문에 그렇게만 살아갈 수가 없었기 때문이었다.

경기도에서 학원을 운영하면서 학원이 어려워지고, 먹고 사는 문제가 근본적으로 흔들리는 상황이 제법 오래 지속되었다. 그런데 신기하게도 먹고는 살아졌다. 망할 듯 망할 듯 하면서도 겨우 현상 유지는 되었고, 그러다가 학원을 정리하게 되면 또 다른 학원을 인수하면서 먹고 살 수 있는 상황이 되었다. 그렇게 5개의 학원을 인수하고 정리하는 과정을 치열하게 겪었다. 광야였다. 그 광야의 시간들 동안 나는 거의 하루도 빠지지 않고 말씀을 묵상했다. 신기하게도 삶의 그 어려운 상황들 속에서 말씀이 있으면 숨을 쉴 수 있었다. 절대 견딜 수 없을 것 같은 그 상황들이 견딜 만했다. 그 시간들을 지나고 나서야 깨닫는다. 그 모든 시간들이 광야였음을. 그리고 그 모든 시간들 동안 하나님은 내게 매우 분명한 한 가지를 새기셨음을. 다른 것은 다 없어져도 오직 하나님의 말씀 하나만 붙들면 결코 죽지 않는다는 사실이다. 그 시간들을 통하여 나는 하나님의 말씀만이 나의 참되고 영원한 양식임을 더 분명하게 깨닫게 되었다.

삶의 환경과 먹고 사는 문제는 약간 좋아질 수도 있고 조금 어려워질 수도 있을 것이다. 먹고 사는 문제에 대해서 점점 확신이 생긴다. 하나님이 그 문제는 해결해 주신다는 확신이다. 그 처절한 광야에서조차도 먹고 살게 해주셨으니 나의 앞길이 여전히 광야여도 걱정할 것은 없을 터. 약속의 땅이라면 먹고 사는 것이 풍성할 테니 더더욱 걱정할 것이 없을 터. 내가 걱정해야 할 것은 오직 하나뿐이다. 내가 떡으로 사는 것이 아니요 오직 하나님의 말씀으로 사는 존재임을 혹시 잊어버릴까 하는 걱정이다. 내 운명을 말씀에 던지려 한다. 다른 것은 그저 주어지는 대로 걸어가면 될 것 같다. 아무리 생각해도 그것 외에는 내 삶의 방향은 없다. 말씀만이 내 삶의 방향이다. 이런저런 문제들과 상황들이 발생하지만 그 모든 것들은 발생하라고 두고, 그리고 차근차근 처리해 나가고, 나는 그저 말씀 하나에 내 삶을 걸고 걸어가련다.

만나의 의미
(신명기 8:11-20)

광야에서 이스라엘은 만나를 먹었다. 만나는 무슨 의미를 가질까?

1. 기적 같은 보호

광야는 먹을 것이 없는 곳이다. 엄청난 숫자의 이스라엘 백성들이 그 광야에서 먹고 생존하는 것은 불가능한 일이었다. 하나님은 거기서 만나를 내려주셨다. 하늘에서 매일 내려오는 양식이었다. 기적이라고 밖에 설명할 수 없는 놀라운 양식이었다. 하나님은 자기 백성을 보호하신다. 하나님의 인도와 보호는, 거친 광야 같은 시간을 보내는 중에도 여전히 유효하다.

2. 심판

하나님은 이스라엘의 불신앙과 불순종으로 인하여 이스라엘을 광야로 이끄셨다. 그 광야에서 주신 음식이 만나였다. 만나를 처음 먹었을 때는 당연히 놀라고 감사했을 것이다. 그러나 40년의 시간동안 매일 같은 것을 먹어야 했으니 그들의 고통이 얼마나 심했을까? 그들에게 만나는 하나님의 보호를 의미하기도 했으나 하나님의 심판을 의미하기도 했다.

불순종과 불신앙에 대해서 하나님은 반드시 심판하신다. 이 땅에서 하나님의 심판은 죽이고 멸망시키는 것이라기보다는, 불편하고 아프고 슬프고, 내가 원하지 않는 것을 계속 해야 하는 삶이거나, 내 맘에 들지 않는 지루하고도 지루한 삶일 수 있으리라.

3. 훈련

왜 그런 지루한 삶으로 인도하실까? 왜 내가 원하지 않는 음식을 매일 먹도록 하실까? 왜 늘 부족하고 모자라고 결핍을 느끼는 삶이 되도록 하실까? 단순히 심판이 목적이라면 죽게 하시면 되는 것 아닐까? 심판의 의미와 함께 더 중요한 의미가 '만나'에 있다.

> "광야에서는 당신들의 조상도 알지 못하던 만나를 당신들에게 먹이셨습니다. 이것이 다 당신들을 단련시키고 시험하셔서, 나중에 당신들이 잘 되게 하시려는 것이었습니다."(신 8:16, 새번역)

만나의 중요한 의미는 두 가지이다. 먼저, 만나는 단련(훈련)의 의미를 가진다. 만나를 매일 먹는다. 꿀 섞은 과자 같은 것을 40년간 변함없이 식사로 먹어야 하는 것은 지루하기 짝이 없는 일이었을 것이다. 견디기 어려워 이스라엘 백성들이 불평하고 원망하는 것은 당연할지도 모른다. 그러나 견딜 방법이 있다. 하나님이 만나를 주실 때 의도를 갖고 주셨음을 아는 것이다.

그 의도는 '훈련'이다. 매일 먹는 음식만으로 내가 사는 것이 아님을 아는 것이다. 매일 똑같은 것을 먹어 내 몸에 다가오는 그 불편이 전부가 아니라, 그 불편 이면에 있는 하나님의 말씀을 인식하고 붙드는 것이다. 매일 광야로 나가서 만나를 거두어 양식을 삼고 안식일에는 만나가 내리지 않으므로 전날에는 두 배를 거두며, 안식일에는 전날 거둔 만나가 썩지 않는 것을 보는 그 일련의 과정들을 통하여 자신을 먹이시고 입히시는 분이 하나님이심을 알아야 했다. 그것을 알게 하시려는 것이 광야에서 만나를 주신 가장 중요한 이유일 것이다.

두 번째, 만나는 훈련뿐 아니라 시험(test)의 의미도 가진다. 하나님은 만나를 통하여 하나님의 말씀을 믿는지 아닌지를 시험하셨다. 만나를 거두러 가는 것 자체로 하나님을 믿는 행위가 되고 안식일 전날에는 두 배를 거두는 것도 하나님의 말씀을 믿는다는 것을 증명하는 것이다. 안식일에 거두러 가지 않는 것도 역시 하나님의 말씀을 믿는 행동이다. 하나님은 만나로 이스라엘을 테스트하셨다. 이스라엘에게 음식이 중요한지 말씀이 중요한지를 만나로 테스트 하신 것이다.

'훈련과 시험'은 목적이 있다. 목적 없는 훈련과 시험은 없다. 만나로 하신 훈련과 테스트의 목적은 무엇일까?

"이것이 다 당신들을 단련시키고 시험하셔서, 나중에 당신들이 잘 되게 하시려는 것이었습니다."(신 8:16, 새번역)

훈련과 시험의 목적이 '백성들이 잘 되게 하려는 것'이었다. 그들이 잘 되었을 때, 그 잘됨 때문에 망하는 불행을 겪지 않게 하시려고 40년간 만나를 통하여 훈련하고 시험하신 것이었다. 그러나 불행히도 40년 광야의 시간을 통과하고서도 이스라엘은 잘 되었을 때 망하고 말았다. 만나의 교훈을 잊고 말았다. 이스라엘의 패역함이 수도 없이 많지만 가장 중요한 패역함은 만나의 교훈을 잊은 것이었다.

4. 나는?

아침부터 밤늦게까지 열심히 일을 했던 시간들이 있었다. 미친 듯 일에 몰두하던 시절이었다. 몸이 망가질 듯 피곤했고, 밤 12시 과외까지 끝나면 침대에 몸이 쓰러져 죽은 듯이 잠을 자야 했던 때였다. 그래도 재정은 넉넉하지 않았다. 일을 쉬었던 적도 잠시 있었다. 학원 운영하다가 학원을 넘겼을 때였다. 이제 어디서 일을 하나 걱정이 앞섰었다. 그러나 잠시 후에 다시 일을 할 곳이 생겼고, 또 열심히 일을 했다. 일을 하고 또 일을 하는 그 지루한 반복의 시간들이 나를 힘겹게 했다.

학원 강사로 살아가는 삶이 참 피곤했다. 열심히 연구하고 준비해서 제법 인정받는 강사가 되었을 때에도 나는 강의가 재미있지 않았다. 너무 힘들었고, 똑같은 것을 계속 가르치는 것도 너무 지루했다. 무엇보다 지치고 또 지쳤다. 그 모든 시간들을 돌아보면서 발견한다. 하나님의 인도와 섬세한 보호와, 나의 죄로 인한 심판과, 훈련과 테스트의 의미가 고스란히 담겨져 있는 시간들이었음을.

지금도 그다지 잘 먹고 살아가는 것은 아니지만 영어 강의는 아주 조금만 하고 있으면서 설교와 성경공부를 통하여 삶을 영위하고 있다. 설교와 성경공부는 나에게 있어 지치는 시간들이 아니라 행복과 감격과 감사가 넘치는 시간들이다. 돌아보니 나의 삶에서 하나의 광야가 일단락 된 것 같다. 물론 수많은 광야가 남아 있을 것이다. 삶 자체가 광야임에 분명하기 때문이다. 그러나 한 광야의 일단락이 나에게 준 의미는 매우 중요했다. 그동안의 광야 같은 삶을 통해서 나에게 깊이 새겨진 것, 바로 만나의 교훈이 있기 때문이다.

매일 먹는 밥보다 중요한 것은, 매일 듣는 하나님의 음성과 그 음성에 매일 순종하는 삶임을 지나간 시간들을 통하여 선명히 배웠다. 이 교훈을 가지고 새로운 광야의 길에 들어선 것 같다. 이것을 지켜내느냐 못 지켜내느냐의 테스트에 들어선 것이 아닐까 싶기도 하다. 내가 이 시점에서 가져야 될 가장 중요한 마음이 있는데, 감사하게도 어느 정도는 가지게 된 것 같다.

"당신들이 마음속으로 '이 재물은 내 능력과 내 손의 힘으로 모은 것이라'고 생각할 것 같아서 걱정이 됩니다. 그러나 주 당신들의 하나님이, 당신들의 조상에게 맹세하신 그 언약을 이루시려고 오늘 이렇게 재산을 모으도록 당신들에게 힘을 주셨음을, 당신들은 기억해야 합니다."(신 8:17-18, 새번역)

내일부터 새로운 예배당에 들어가면서, '나의 능력으로 이룬 일'이라는 생각이 전혀 들지 않음이 얼마나 감사한지 모른다. 당연히 내 소유라는 생각도 전혀 들지 않는다. 하나님이 하나님의 사람들을 만나게 하셔서 1년간 깊이 교제하도록 하셨고, 이 기적 같은 연합을 하게 하셨으니 나의 힘이나 능력이 눈곱만큼도 개입되지 않았다. 전적으로 하나님이 이루셨다. 나는 그저 하나님이 이루신 일에서 행복과 감사와 감격을 누릴 뿐이다. 모든 성도들과 함께 이 기쁨을 누릴 뿐이다.

이 예배당에서 무엇을 해야 할지도 분명하다. 이때까지 광야에서 배운 만나의 교훈을 따라 살아가는 것이다. 음식보다, 돈보다, 부유함보다, 많아지고 유명해지는 것보다 비교할 수 없이 중요한 것이 오직 말씀임을, 말씀을 통해 하나님과 매일 교제하는 것임을, 그리고 그 말씀에 온 삶을 걸고 순종하는 것임을 잊지 않으면 된다. 그 길을 끝까지 잘 걸어가기만 기도한다.

아는 자와 모르는 자
(신명기 9~10장 묵상)

잘못된 추론

•

모르는 자와 아는 자

•

언약을 깨뜨린 결과

빛나는 꽃잎이 되는 이유는,
뜨거운 태양이 있어서다.

뜨거운 고통의 순간이지만,
정작 자신은 빛난다.

뜨거운 고통이 다가오면
고통을 실감함과 동시에
아름다움에 대해 기대할 수 있다.
참된 아름다움은 고통과 함께 오기 때문이다.

고통 중에 아름다움을 기대하느냐,
모든 기대를 버리고 절망하느냐는
고통과 아름다움이 함께 함을 아느냐 모르느냐의 차이다.
그래서 아는 것과 모르는 것의 차이는 말 할 수 없이 크다.

잘못된 추론
(신명기 9:1-12)

1. 잘못된 추론

"네 하나님 여호와께서 그들을 네 앞에서 쫓아내신 후에 네가 심중에 이르기를 내 공의로움으로 말미암아 여호와께서 나를 이 땅으로 인도하여 들여서 그것을 차지하게 하셨다 하지 말라 이 민족들이 악함으로 말미암아 여호와께서 그들을 네 앞에서 쫓아내심이니라."(신 9:4)

이스라엘 백성들은 잘못된 추론을 했다. 모세는 그들의 추론이 잘못되었음을 명백하고 예리하게 지적하고 있다. 그들의 잘못된 추론은, '그들의 승리 = 그들의 의 + 가나안 주민들의 악' 이라는 공식이다. 모세는 추론에 의한 이 공식이 틀렸음을 가나안 전쟁을 하기 전에 미리 말하고 있다.

2. 바른 공식은?

그럼 바른 공식은 무엇일까?

"네가 가서 그 땅을 차지함은 네 공의로 말미암음도 아니며 네 마음이 정직함으로 말미암음도 아니요 이 민족들이 악함으로 말미암아 네 하나님 여호와께서 그들을 네 앞에서 쫓아내심이라 여호와께서 이같이 하심은 네 조상 아브라함과 이삭과 야곱에게 하신 맹세를 이루려 하심이니라."(신 9:5)

바른 공식은, '그들의 승리 = 하나님의 언약 + 가나안 주민들의 악'이다. 가나안 정복은 결코 이스라엘의 옳음 때문이 아니다. 이스라엘은 끊임없이 하나님의 진노를 촉발했다. 그들의 완악함과 패역함에도 불구하고 하나님이 이 전쟁을 친히 수행하시고 그들에게 가나안 땅을 주시는 것이다. 그들이 나머지 민족들과 함께 멸망하지 않는 이유는 오직 하나님은 은혜였다.

"너는 광야에서 네 하나님 여호와를 격노하게 하던 일을 잊지 말고 기억하라 네가 애굽 땅에서 나오던 날부터 이곳에 이르기까지 늘 여호와를 거역하였으되"(신 9:7)

그들의 승리의 비결에 자신들의 의가 전혀 포함되지 않음을 모세는 강조하고 또 강조하며 인식시킨다.

3. 그리스도인의 의

그리스도인들은 의로울까? 그리스도인은 의인일까, 죄인일까? 이 부분에 대해 제대로 정의하지 못하는 많은 교인들을 보아왔다. 그리스도인이 영생을 얻는 것에는 그리스도인들의 의가 포함이 될까, 되지 않을까? 쉽지 않은 일이다. 그리스도인의 구원의 근거는 당연히 예수 그리스도의 십자가이다. 주님의 죽으심이 나의 죄를 대신해 값을 치렀기에 나는 의로워진 것이다. 놀랍게도 우리는 영생을 얻었다. 그러면 이제 나는 의인일까, 죄인일까? '우리의 승리 = 나의 조금의 의 + 원수의 악' 이라는 등식을 그리스도인들이 여전히 가지고 있는 듯하다. 착각이요 명백한 오류다. 하나님의 백성을 향한 모세의 지적은 오늘날에도 여전히 유효하다.

사람은 언제나 죄인이다. 결코 죄에서 벗어날 수 없다. 그리스도인도 당연히 언제나 죄인이다. 죄인 됨에서 한 발자국도 벗어나지 못한 자신의 모습을 매일 매일 발견하지 않는가?

그러면 예수 믿어서 의로워졌다는 말은 나에게 어떻게 적용될까? 예수가 의다. 예수만이 의다. 나는 나의 죄로 인하여 아파하고 슬퍼하면서 주의 십자가를 바라보고 의지하는 것 외에는 할 수 있는 것이 아무것도 없다. 나의 죄인 됨 앞에서 절망하고 울고 슬퍼하며 예수 그리스도의 십자가를 바라보고 의지하는 그 모습을 보시고 하나님이 나를 '의롭다 칭해' 주신다. 그래서 그리스도인의 의는 언제나 '칭의'이다. 모세가 정의 내린 등식은 오늘날 나에게도 그대로 적용된다. '나의 승리 = 하나님의 언약 + 원수들의 악' 이라는 등식이다.

4. 나는?

그러므로 나는 의가 전혀 없다. 승리의 등식에 나의 의가 들어갈 자리는 전혀 없다. 그저 하나님의 언약 하나만이 나의 승리의 유일한 근거이다. 원수들의 악에 대해서도 내가 할 수 있는 말이 없다. 그들의 악과 나의 악이 별로 다를 바 없기 때문이다. 나는 그저 나의 죄와 악을 보며 탄식할 수 있을 뿐이고, 주의 긍휼을 구할 수 있을 뿐이다. 내 삶에 주어진 복들이 있다. 나라는 사람이 누릴 복 치고는 너무나 과분한 복들이다. 수많은 복들을 누리며 살아가는데, 이 모든 복을 누리게 된 이유에, '나의 의'는 전혀 없다. 나에게는 '의'라는 것이 전혀 없음을 나는 너무나 잘 알고 있다. 그렇다면 오직 하나님의 언약과 은혜와 긍휼 외에는 내가 누리는 복을 설명할 길이 없다. 이 말은, 이 모든 누리던 것들이 없어진다 해도 나는 여전히 기뻐할 수 있다는 말일 터.

오늘부터 예배할 공간이 기대가 된다. 그러나 이 아름다운 예배당을 내가 누릴 자격이 있는가? 나의 의와 나의 실력과 나의 영성으로 이 예배당을 얻은 것일까? 그렇게 생각되지 않는다. 그건 말이 안 된다. 나는 그저 죽지 않고 살아 있음만도 감사가 넘칠 수밖에 없는 죄인 중에 괴수가 아닌가? 그저 살고 싶어서 말씀 하나만 붙들었을 뿐인데 여기까지 와 있다. 그럼 이 예배당을 얻은 것, 성도 숫자가 조금 늘어난 것이 나의 승리일까? 그것도 말이 안 된다. 나의 승리의 근거와 이유는 오직 '하나님의 언약' 뿐이니 나에게 이런 예배당이 없고 성도가 전혀 없다고 해도 나는 여전히 승리의 사람 일 수 있다.

하나님의 언약만 붙들고 있다면, 나의 상황이 어떠하든지 나는 승리자이다. 나의 죄인 됨을 날마다 더 깊이 직면하고 하나님의 언약에 근거하여 날마다 주의 긍휼을 구하며 주의 은혜에 기대고 살아가기만 한다면, 그 삶 자체가 이미 승리다. 나머지는 그냥 걸어가면 될 것이다. 상황이 마음에 들든지 그렇지 않든지 상관없이, 그 어떤 상황이라도 하나님이 내게 주신 복이요 승리임을 믿고 가면 될 일이다. 주의 은총만을 더욱 간절히 바라는 주일 아침이다.

모르는 자와 아는 자
(신명기 9:13-29)

1. 모르는 자

이스라엘 백성들은 하나님의 사랑을 몰랐다. 크신 손과 편 팔로 그들을 애굽에서 친히 이끌어내신 그 크시고 놀라운 사랑을 잊었다. 이스라엘 백성들을 다 죽이려고 하셨다. 그런데 이스라엘은 하나님의 진노도 전혀 몰랐다. 하나님의 사랑을 제대로 알지 못하면 하나님의 진노도 제대로 알지 못한다. 하나님의 사랑도 진노도 제대로 알지 못하면 사람이 방자히 행할 수밖에 없다. 마음대로 죄 짓고도 원망하고 불평할 수밖에 없다. 그 끝이 사망인지도 모른 채로 마음껏 죄에 뒹군다.

2. 아는 자

모세는 하나님의 그 크신 사랑을 알았다. 그 크신 사랑을 잊지 않았다. 아니, 잊을 수가 없었다. 그렇기에 모세는 하나님의 진노도 알았다. 자기가 친히 애굽에서 꺼내신 자기 백성을 자기 손으로 다 죽이려 하시는 그 진노를 모세는 두렵게 느낄 정도로 깊이 알았다. 모르는 자는 몰라서 마음대로 죄에 뒹굴지만, 아는 자는 알아서 하나님께 엎드려 운다. 긍휼을 베풀어 달라고 간절히 간구한다. 상황의 심각성에 따라 40일을 금식하며 죽을 듯이 기도하기도 한다. 아는 자의 그 기도로 모르는 자의 생명이 유지되고 살아난다.

3. 모르는 자에서 아는 자로

어떻게 해야 모르는 자에서 아는 자로 변할 수 있을까? 그 변화가 가능하기는 할까? 가능하다. '앎'이란 처음부터 저절로 있는 것은 아니다. 앎이란 곧 알아 가는 것이므로 당연히 이 변화는 가능하다. 가능한 정도가 아니라, 반드시 이렇게 변해야 한다. 이렇게 변하는 것만이 그리스도인의 생명이 되기 때문이다. 성경 곳곳에서 선지자들이 말한다. '여호와를 알라'고. 왜 그렇게 말할까? 하나님을 아는 선지자들이 탄식하며 운 까닭에, 이스라엘이 그분의 백성으로써의 명맥을 겨우 유지해 가고 있음을 알았기 때문이다. 그들은 하나님을 진실되게 아는 자의 명맥이 끊어지는 순간 이스라엘은 정말 망할 수밖에 없음을 알았다. 모르는 자에서 아는 자로 넘어가는 변화만이 이스라엘을 궁극적으로 살린다는 것을 선지자들은 잘 알고 있었다.

4. 나는?

하나님을 몰랐다. 그러나 하나님을 알고 싶었다. 아니, 내가 살고 싶었다. 그저 살아가는 삶이 죽을 것 같이 무의미해서, 죄악에 휘둘리는 나의 삶이 너무나 괴로워서 하나님을 알고 싶었다. 그래서 하나님을 아는 사람을 찾고 또 찾았다. 처음에는 약간의 만족스러움을 느꼈으나 시간이 조금 지나면 여전히 목이 말랐다. 한 사람이 아는 하나님이란 그분의 일부분에 불과했고, 때론 왜곡되어 있기도 함을 발견했기 때문이었다. 몇 번을 그렇게 반복하고 나니, 사람에게 답이 없음을 알게 되었고 하나님에 대해 가르치고 있는 유일한 책인 성경에 관심을 가지게 되었다.

말씀을 읽고 묵상하는 과정은 쉽지 않았다. 개역성경은 너무 옛날 말투였고 한자어는 너무 어려웠다. 게다가 그저 읽기만 하는 것이 무의미하고 지루하게만 느껴졌다. 무의미하다고 느끼자 계속하기조차 어려웠다. 그래서 성경읽기가 아닌 묵상에 집중했다. 제대로 되고 있는지 아닌지 알지 못했지만, 읽고 묵상하기를 하고 또 했다. 그런데 묵상에는 지속하게 하는 힘이 있었다. 나의 죄악 됨과 패역함과 교만과 악함과 약함들을 계속해서 만나고 또 만났기 때문이다. 그러나 내 안의 문제를 성경을 통해 발견했다고 해서 그 자리에서 쉽사리 해결은 되지 않았고, 그로 인해 죽을 것 같은 괴로움도 계속되었다.

말씀을 묵상하는 과정 중에도 여전히 나의 죄에서 한 발자국도 떠나지 못하는 나의 모습에 심각하게 절망했다. 그러나 죄를 지어도, 나의 죄에 눌려 죽을 듯 고통스러운 날에도 말씀을 묵상하는 것은 쉬지 않으려 노력했다. 그것이라도 하지 않으면 정말 죽을 것 같아서였다.

그렇게 흘러온 수많은 시간들을 통해 나는 조금씩 하나님을 알아왔다. 하나님의 사랑이 얼마나 가슴 저린 것인지, 하나님의 진노와 심판은 얼마나 무서운 것인지를 조금은 알게 되었다. 그래서 나는 믿는다. 주석과 참고서적을 많이 보지 않아도, 하나님의 영이 바르게 인도해 주신다면 오직 성경만 읽고 묵상해도 얼마든지 하나님을 알고 만날 수 있다고. 말씀을 나에게 주심이 내 삶에서 가장 큰 축복임도 믿는다. 그리고 교회를 섬기는 목사로서 나는 믿는다. 사람들을 미숙한 나에게 의지하는 성도로 만드는 것이 아니라, 오직 말씀에 자신의 삶을 다 거는 성도들로 세우는 것만이 내가 할 수 있는 가장 빛나고 영광스런 일임을. 말씀을 통해서 하나님을 알아가는 성도들이 모여서 하나님의 사랑을 눈물로 노래하고, 하나님의 진노를 제대로 두려워하며 함께 울며 기도하는 그 아름다운 교회를 꿈꾼다. 하나님을 모르는 사람이 들어와서 말씀을 통해서 하나님을 인격적으로 만나면서 하나님의 사랑과 진노를 '아는 사람'으로 자라가는 놀랍고 근본적인 변화가 지속적으로 일어나는 교회가 되길 꿈꾼다. 나에게 베푸신 놀라운 긍휼과 사랑을 성도들 한 사람 한 사람들이 동일하게 누려가기를 소망한다. 그리고 내가 누려온 것보다 더 크고 더 깊게 하나님을 알아가고 누려가기를 기도한다.

언약을 깨뜨린 결과
(신명기 10:1-22)

1. 언약의 파기

이스라엘이 금송아지를 섬김으로 하나님과의 언약을 깨뜨렸다. 하나님이 주신 십계명 두 돌판도 깨뜨려 없어졌다. 언약이 완전히 파기된 것 같았다. 언약을 어기고 배반한 결과는 언약의 파기다. 언약이 없으면 자유로울 것 같고 그래서 행복할 것 같지만 하나님의 백성에게 언약이 없다는 것은 백성으로써의 삶의 기준이 없다는 것이다. 기준 없는 삶은 혼돈스럽고 무질서한 삶이 될 수밖에 없고 당연히 삶은 파괴될 수밖에 없다. 언약의 파기는 자기 땅도 없는 광야를 살아가고 있는 이스라엘 백성들에게는 멸망과 소멸을 의미하는 것이었다. 이처럼 이스라엘이 가장 두려워해야 할 일은 언약의 파기였으나 이스라엘은 그 사실을 전혀 인지하지 못했다.

2. 언약의 갱신

이스라엘의 배반하여 언약이 깨뜨려져야 했음에도 불구하고, 하나님은 언약을 파기하지 않으시고 십계명 두 돌판을 다시 주셨다.

"그 때에 주님께서 나에게 말씀하셨습니다. '먼젓번과 같은 돌판 둘을 다듬어서 산으로 가지고 올라와, 나에게로 오너라. 또 나무궤도 하나 만들어라. 네가 깨뜨린 먼젓번 판에 새긴 말을 내가 그 판에 다시 새길 터이니, 너는 그것을 그 궤에 넣어 두어라.'"(신 10:1-2, 새번역)

하나님은 왜 다시 십계명 돌판을 주시면서 그들이 먼저 파기한 언약을 다시 살리셨을까? 아무리 생각해도 이유는 하나님의 긍휼하심뿐인 것 같다. 사람은 약속을 저버리고 떠나고 무시한다. 그게 사람이다. 그러나 하나님은 오래 참으시면서 용서와 긍휼을 베푸신다. 하나님은 사랑과 긍휼로 파기된 언약을 다시 살리신다. 멸해야 마땅한 이스라엘 민족의 배신과 거역과 패역함을 하나님은 은혜로 용서하신다.

3. 이런 과정의 이유

하나님이 언약을 세우시고 백성은 배반하여 언약을 버리고, 다시 용서하시면서 언약을 갱신하는 과정을 하나님이 반복하시는 이유가 무엇일까? 완전하신 하나님께서 그런 과정의 반복을 허락하시는 이유는, 이런 과정을 통해서만 언약의 백성이 될 수 있기 때문이 아닌가 한다. 사람은 죄인이어서 언약을 배반하는 것은 이미 정해진 이치이다. 누가 언약을 한 번도 어기지 않을 수 있을까?

아담이 범죄한 이후로부터 언약을 한 번도 배신하지 않을 사람은 없다. 그게 원죄를 물려받은 죄인인 사람의 본성이 아니겠는가? 그런데 언약을 배반한 사람은 그 다음 단계로 하나님의 용서를 경험하게 된다. 자신의 죄악 됨과 하나님의 용서를 경험하면서, 그것도 반복해서 경험하면서 하나님의 백성은 하나님의 사랑과 긍휼을 알아간다. 하나님의 사랑과 용서와 긍휼을 맛보고서야 비로소 언약의 중요성과 자신의 죄됨을 보다 깊이 알게 되고, 언약의 가치를 알게 되어 스스로 언약의 백성이 될 것이다.

4. 언약 백성이 할 일

하나님의 용서와 사랑을 경험하고서 스스로 언약의 백성이 된 사람들은 무엇을 해야 할까? 간단하다. 하나님이 주신 언약의 내용대로 하면 된다. 언약은 변치 않는다. 사람이 변할 뿐이다. 사람이 하나님의 사랑을 깨닫고 언약관계 안으로 돌아오면 두 가지를 해야 한다.

첫 번째는 하나님을 사랑하는 것이다.

"이스라엘 자손 여러분, 지금 주 당신들의 하나님이 당신들에게 원하시는 것이 무엇인지 아십니까? 주 당신들의 하나님을 경외하며, 그의 모든 길을 따르며, 그를 사랑하며, 마음을 다하고 정성을 다하여 주 당신들의 하나님을 섬기며, 당신들이 행복하게 살도록 내가 오늘 당신들에게 명하는 주 당신들의 하나님의 명령과 규례를 지키는 일이 아니겠습니까?"(신 10:12-13, 새번역)

마음과 뜻과 정성을 다해 하나님을 사랑해야 한다. 하나님을 사랑하는 것은 '마음과 뜻과 정성' 즉 의지적인 나의 지속적인 노력이 필요하다. 저절로 되는 것이 아니다. 사람은 죄인이기에 하나님을 사랑하는 것이 저절로 될 리가 없다. 하나님을 알아가는 노력이 있어야 하고, 하나님과 인격적인 교제를 하는 과정이 있어야 하나님을 조금씩 사랑할 수 있다. 마음과 뜻과 정성을 다하여 하나님을 알아가고 하나님과 교제하고 하나님을 사랑하는 것이 언약 백성이 해야 할 가장 중요한 일이다.

두 번째는 공의를 행하는 것이다.

"...사람을 차별하여 판단하시거나, 뇌물을 받으시는 분이 아니시며, 고아와 과부를 공정하게 재판하시며, 나그네를 사랑하셔서 그에게 먹을 것과 입을 것을 주시는 분이십니다. 당신들이 나그네를 사랑해야 하는 것은, 당신들도 한때 이집트에서 나그네로 살았기 때문입니다."(신 10:17-19, 새번역)

공의는 단순하게 옳고 그름을 판단하는 것 이상이다. 하나님의 공의로 우심은 차별하지 않으시고 뇌물을 받지 않으시지만, 더 중요하게 '고아와 과부와 나그네'를 돌보시는 모습으로 나타난다. 언약 백성은 하나님의 공의를 닮아야 한다. 공정하고 정의롭게 판단해야 하고, 가난한 이웃에 대해서 긍휼을 베풀 줄 알아야 한다. 하나님의 공의는 언제나 가난한 자들을 향해서 손을 내민다.

5. 나는?

언약을 파기한 삶을 너무나 오래 살았다. 내 뜻과 내 욕심, 정욕대로 살았다. 그러나 삶은 전혀 행복하지 않았다. 부자 되기 위해서 죽도록 일을 했고 지친 몸을 이끌고 쓰러져 잠들었다. 스트레스를 해소하지 못해서 전전긍긍했고, 도박이나 기타 잡기들에 빠져들기도 했다. 술을 전혀 마시지 않은 것은 그나마 다행이라고 해야겠다. 말씀을 묵상하면서도 나는 여전히 죄악 가운데 거했다. 아니, 거꾸로 말하는 것이 더 좋겠다. 죄악 가운데 거하면서도 나는 여전히 말씀을 묵상했다. 밤새 도박을 하고 돌아온 새벽, 그 아침에도 나는 말씀을 묵상했다. 왜 그랬을까? 나는 죄인이고 더러운 존재이지만 언약은 나를 살릴 것이라는 일말의 희망 때문이었다. 아니, 살릴 희망이라기보다는 지푸라기라도 잡는 심정이었을지 모르겠다. 이대로 살기 싫었고, 제대로 살고 싶었다. 죄를 버리지 못하고 있었지만, 이대로 끝까지 살 수는 없었고, 도박을 하는 그 과정 중에도, 탐욕의 노예가 되어 일에 치여 살아가는 그 과정 중에도 '이대로 사는 것은 답이 아닌데...'라는 생각이 마음 깊이에 늘 깔려 있었다.

어느 순간에서부턴가 그 삶을 청산했다. 내가 청산했다기보다는 언젠가부터 청산되었다는 말이 맞을 것이다. 무언가가 스르르 빠져나가는 것을 느꼈다. 도박이 재미가 없어지는 것이었다. 도박을 시작한 지 6개월

쯤 되었을 시점이었다. 나는 내 힘을 믿지 않는다. 내 힘으로 죄를 단 하나도 끊을 수 없었기 때문이다. 의를 향한 나의 무지와 무능을 나는 너무 잘 안다. 반대로 나는 믿는다. 말씀의 힘을. 죄를 지은 그 순간에도 말씀을 묵상하는 것을 놓지 않으려고 발버둥 쳤던 것이 내 삶을 지금 이 자리로 인도한 것이라고 믿는다. 말씀을 읽고 묵상하는 것을 오래 계속하는 과정을 통해서 나는 하나님을 더 깊이 알게 되었고 그분의 사랑을 더 깊이 느끼게 되었으며 하나님의 용서와 긍휼 앞에서 울게 되었다. 하나님을 사랑하고, 그래서 이웃에게 예전보다 조금은 너그러울 수 있게 되었다. 말씀의 능력이 나를 살렸다.

목사로 살아가는 지금, 내가 가장 중요하게 여기는 것은 교회의 운영이 아니다. 교회의 부흥도 아니다. 교회가 더 잘 조직되는 것도 아니다. 내가 가장 중요하게 여기는 것은 여전히 말씀 묵상이다. 말씀이 나를 살렸기 때문에 그리고 앞으로도 말씀만이 나를 살릴 것을 믿기 때문이다. 말씀만이 교회도 성도들도 살릴 것을 믿기 때문에 그저 말씀 앞에 내 삶과 교회의 운명과 성도들의 성숙을 맡긴다. 나는 그저 말씀 앞에 설 것이다. 말씀을 묵상하고 묵상한 말씀을 함께 나눌 것이다. 그리고 함께 묵상하는 사람들로 성도들을 세워갈 것이다. 그 말씀의 능력이 하나님을 알아가게 할 것이요, 말씀의 능력이 자신의 죄인 됨과 하나님의 용서를 깊이 깨닫게 할 것이요, 말씀의 능력만이 하나님을 사랑하고 공의로운 삶을 살아가는 참된 언약 백성이 되도록 세워갈 것을 믿기 때문이다. 목사로서의 내가 가진 중요한 소망 중 하나이다.

추구해야 할 일과 추구할 필요가 없는 일
(신명기 11~12장 묵상)

애굽 땅과 가나안 땅의 차이

•

열심히 해야 할 일과 그럴 필요가 없는 일

•

이방신과 하나님을 대하는 자세

•

고기 먹는 법

충만한 모습이어야만 아름다운 것 아니다.
찢기고 상처 나고 부서져도
충분히 아름다울 수 있다.

추구할 일은 아름다움이요,
추구해서는 안 되는 일은 커지고 위대해지는 것이다.

최선을 다해 삶을 살아내고,
부유함과 성공을 목표로 살지 않고,
그저 버티고 견디면서 행복하게 살아가기만 하면 되리라.

그러면 찢기고 상처 나는 것이
오히려 아름다움을 더할 것이다.

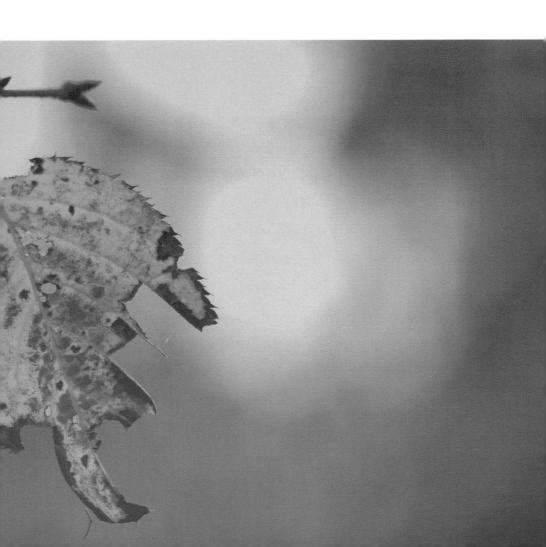

애굽 땅과 가나안 땅의 차이
(신명기 11:1-17)

애굽 땅과 가나안 땅은 서로 다른 특징이 있었는데, 그 차이는 삶의 태도와 방식에 밀접하게 관계되어 있었다.

1. 애굽 땅

애굽 땅은 평지였고 나일강이 젖줄기처럼 애굽을 관통했다. 애굽 땅은 파종한 후에 발로 물을 대는 땅이었다. 나일강과 연결된 관개 수로가 잘 되어 있어서 노예들이 열심히 일하여 밭에 물만 대면 농사에 대한 걱정을 하지 않아도 되는 곳이었다.

"네가 들어가 차지하려 하는 땅은 네가 나온 애굽 땅과 같지 아니하니 거기에서는 너희가 파종한 후에 발로 물 대기를 채소밭에 댐과 같이 하였거니와"(신 11:10)

이 땅의 장점은 큰 강이 있으므로 날씨에 크게 관계없이 언제든 물을 댈 수 있다는 점이고, 단점은 언제든지 사람이 열심히 일을 해서 물길을 내야 한다는 것이다. 애굽 땅은 하나님께 의지하지 않아도 사람의 노력만으로 먹고 살아갈 수 있었지만, 그렇기 때문에 죽도록 일을 해야 하는 힘든 곳이기도 했다.

2. 가나안 땅

가나안 땅은 산지였다. 산과 골짜기가 있으니 수로를 만드는 것이 불가능했다. 게다가 하늘에서 내리는 비를 흡수하는 땅이었다.

"너희가 건너가서 차지할 땅은 산과 골짜기가 있어서 하늘에서 내리는 비를 흡수하는 땅이요."(신 11:11)

땅이 비를 흡수한다는 것은, 빗물이 땅에 고이지 않아서 비가 내리는 순간만 농작물에 물이 제공될 수 있다는 뜻이다. 이 땅의 단점은 비가 내리지 않으면 농사를 지을 방법이 없다는 것이고, 반면 비가 적절할 때에 내리기만 하면 물을 대기 위한 힘든 노동을 계속 할 필요가 없다는 장점이 있다.

애굽 땅은 하나님 없어도 노력여하에 따라 먹고 살 수 있는 땅이었고, 가나안 땅은 하나님이 없으면 먹고 살아갈 수 없는 땅이었다. 하나님의 눈이 항상 지켜보시면서 그 땅에 적절한 때에 적당한 양의 비를 내려주셔야 하는 땅이 가나안이니, 가나안 땅은 하나님께 매달리지 않으면 달리 방법이 없는 땅이었다.

3. 하나님의 백성의 삶

현대 자본주의를 살아가는 사람들은 하나님께 매달릴 필요가 없는 삶, 스스로 노력해서 먹고 살아가는 삶을 너무나 당연하게 여길 것이다. 그래서 죽을 힘을 다해 일하여 노후를 위한 돈을 모아두는 것에 대부분의 인생을 사용하며 살아간다. 이런 삶은 애굽적인 삶이라 할 수 있다. 하나님의 도우심이 없어도 잘 먹고 살아가는 삶. 불안함이 없을 것 같은 그런 삶을 이루기 위해 현대인은 죽도록 일하며 살아가고 있다.

그리스도인은 영적인 출애굽을 한 사람들이다. 애굽적 삶에서 탈출해서 다른 삶의 방식으로 살아가는 사람들이다. 그 삶은 가나안적 삶이다. 가나안은 하나님이 약속하신 땅이다. 하나님이 자기 백성에게 약속하신 땅은 하나님께만 자신의 모든 삶을 의탁하는 삶이다. 내 힘으로만 먹고 사는 삶이 아니라 하나님께서 단비를 평생토록 적절한 때에 적당히 내려 주셔야 살아갈 수 있음을 알고 인정하는 삶이 하나님의 백성다운 삶이다. 그러므로 그리스도인이란 일평생 하나님의 도우심을 바라보고 살아가는 사람들일 수밖에 없다. 그래서 그리스도인들이 가장 두려워해야 할 일은 내 힘이 없어지는 것이나 물 댈 능력과 기술이 없어지는 것이 아니라, 혹시라도 하나님을 떠나는 것, 세상의 가치관에 미혹되어 내 힘만을 의지하게 되는 것이다. 이는 다른 신을 섬기는 것과 동일하다. 하나님을 떠나 '나'라고 하는 다른 신의 욕망과 정욕과 탐욕을 섬기는 것은 그리스도인이 반드시 망할 길이다.

"너희는 스스로 삼가라 두렵건대 마음에 미혹하여 돌이켜 다른 신들을 섬기며 그것에게 절하므로 여호와께서 너희에게 진노하사 하늘을 닫아 비를 내리지 아니하여 땅이 소산을 내지 않게 하시므로 너희가 여호와께서 주신 아름다운 땅에서 속히 멸망할까 하노라."(신 11:16-17)

그리스도인이 망하지 않고 살아갈 유일한 방법은, 내 삶을 책임지실 하나님을 믿고 의지하고 바라보며 오직 하나님의 말씀에 청종하고 하나님을 사랑하는 것이다.

"내가 오늘 너희에게 명하는 내 명령을 너희가 만일 청종하고 너희의 하나님 여호와를 사랑하여 마음을 다하고 뜻을 다하여 섬기면, 여호와께서 너희의 땅에 이른 비, 늦은 비를 적당한 때에 내리시리니 너희가 곡식과 포도주와 기름을 얻을 것이요. 또 가축을 위하여 들에 풀이 나게 하시리니 네가 먹고 배부를 것이라."(신 11:13-15)

4. 나는?

먹고 사는 문제만큼 치열한 것이 있을까? 하나님께만 먹고 사는 문제를 의탁하는 것이 말이 안 된다 생각했었다. 내 힘과 능력으로 열심히 일해서 먹고 사는 문제를 해결해야 한다고 생각했다. 새벽부터 밤늦게까지 두 군데의 학원을 오가고 그 일이 끝나면 과외까지 하면서 정말 죽도록 일했다. 그런데 이상하게 생각만큼 돈이 모이지 않았다. 열심히 일을 해서 많이 버는 것 같았는데, 몸은 점점 더 피곤해지고 마음은 공허해지고 삶 전체가 피폐해져 갔다.

그제야 깨달았다. 나는 애굽의 방식으로 살아가려고 했지만, 내가 발을 딛고 있는 땅은 가나안 땅임을. 하나님이 돌보시고 이끄시는 그리스도인이 애굽적으로 살아가고 있었으니 당연히 힘들기만 하고 만족과 행복은 누릴 수가 없었던 것이다. '비를 흡수하는 땅'인 가나안 땅의 의미를 깨닫고 나는 세계관이 뒤엎어지는 경험을 했다. 내가 죽도록 노력하는 만큼 먹고 사는 삶의 피곤을 오랜 동안 겪었기에 더이상 그렇게 살고 싶지 않았다. 그래서 가나안 땅을 살아가는 하나님의 백성다운 삶의 자세를 내 삶에서 실천해 보기로 했다.

한 걸음씩 그렇게 걸어가는 과정에서 때로는 '이렇게 살면 진짜 망하는 것 아냐?'라는 생각이 들 정도로 위태롭게 느껴지기도 했다. 그러나 가나안 땅임을 알았기에 돌아갈 수 없었다. 씨를 뿌리는 정도의 노력은 했지만, 그 나머지는 주의 도우심에 의탁하는 전혀 새로운 삶을 살아가기 시작했다. 그 삶이 내게 준 풍요는 말할 수가 없이 크다. 마음의 자유로움과 여유, 영혼이 누리는 풍성한 감격을 예전과 비교할 수 없이 크게 누려간다. 삶의 어려움과 불편들이 있을 때조차도 무엇을 해야 할지가 분명해졌다. 말씀을 읽고 묵상하고 순종하는 것이다. 그것 하나에 삶을 걸고 걸어가 본다.

　이 삶은 나일에 흐르는 물을 바라보면서 언제나 마음이 든든한 삶은 아니다. 비가 흡수되기에 물이 보이지 않는다. 그러나 하나님이 나를 언제나 지켜보고 계심을, 그래서 필요할 때마다 이른 비와 늦은 비를 내리심을 믿고 살아가는 길이다. 삶의 방식이 이전과 완전히 달라졌다. 새로운 삶의 방식을 나에게 만들어준 것은 하나님의 말씀인 성경이었다. 그래서 나는 말씀의 사람으로 살아가길 소원한다. 또한 말씀의 사람을 세워가길 소원한다. 그래서 가나안적 삶인 '하나님만 의지하는 삶'을 함께 살아나가는 신앙공동체를 아름답게 이루고 싶다.

열심히 해야 할 일과
그럴 필요가 없는 일
(신명기 11:18-32)

열심히 해야 할 일과 그럴 필요가 없는 일이 있는데, 사람들이 그 두 가지를 자주 혼동하는 것 같다.

1. 열심히 해야 할 일

> "내 말을 마음과 영혼에 새겨 두시오. 그것을 써서 손에 매고 이마에 붙여 항상 기억하고 생각하시오. 그리고 여러분의 자녀에게도 가르쳐 주시오. 집에 앉아 있을 때나 길을 걸어갈 때나 자리에 누웠을 때나 자리에서 일어날 때, 언제나 그것을 가르쳐 주시오. 20) 여러분의 집 문설주와 대문에도 써서 붙이시오."(신 11:18-20, 새번역)

하나님의 백성은 무엇을 열심히 해야 할까? 말씀을 가르치고 배우는 일이다. 말씀을 마음에 새기는 일이다. 어떤 사람들은 예정론적 입장이라면서 '말씀을 가르치고 배우는 것조차도 사람의 열심으로 하지 말라'고 하는 것을 보았다. 하나님이 하게 하실 것이라고 생각하는 듯하다. 그건 심각한 착각이다. 말씀을 가르치고 배우는 것은 사람의 의지를 사용하면서 최선을 다해서 해야 하는 일이다. 일단 말씀을 가르치고 배우는 일에 있어서는 자신이 할 수 있는 한 모든 노력을 다해야 한다. 말씀을 청종하라는 것은 언약백성을 향한 하나님의 명령이셨으며, 하나님이 약속하신 결과가 선명하기 때문이다. 말씀을 가르치고 배우는 것에 열심을 내어야 약속의 땅에서 오래 살 수 있게 된다는 것이 하나님의 약속이다.

"그러면 여호와께서 여러분 조상에게 주시기로 약속하신 그 땅에서 여러분과 여러분의 자손 모두가 오래오래 살 수 있을 것이오. 땅 위에 하늘이 있는 한, 그 땅에서 오래오래 살 수 있을 것이오."(신 11:21, 새번역)

열심을 내야 할 것이 하나 더 있다.

"내가 여러분에게 주는 이 모든 명령을 부지런히 지키고 여러분의 하나님 여호와를 사랑하며 그의 모든 길을 행하여 그에게 충성하시오."(신 11:22, 새번역)

하나님의 백성의 가장 크고 중요한 삶의 목표는 부자 되는 것, 유명해지는 것, 높은 자리에 올라 하나님께 영광 돌린다는 말을 하는 것 따위가 되어서는 안 된다. 그런 것들은 되어도 좋고 되지 않아도 좋은 것들이다. 하나님의 백성의 가장 중요한 목표는 말씀을 지키는 것이 되어야 한다. 말씀을 가르치고 배우고, 말씀을 지키는 것에 모든 열심을 다해야 한다.

2. 열심을 낼 필요가 없는 일

"그러면 여호와께서 저 모든 나라들을 여러분 앞에서 쫓아 내실 것이오. 여러분은 여러분보다 크고 강한 나라들에게서 땅을 빼앗을 수 있을 것이오... 여러분의 하나님 여호와께서 약속하신 대로 여러분이 가는 곳마다 그 땅의 백성이 여러분을 두려워하게 만드실 것이오. 아무도 여러분을 막을 수 없을 것이오."(신 11:23, 25, 새번역)

사람들은 착각한다. 힘을 길러서 남보다 강해져야 하고 상대를 두렵게 만들 능력을 가져야 한다고. 그래서 보다 강해지고 커지려고 최선을 다하는 것이 일반적인 삶이다. 그리스도인은 그 방향으로 에너지를 쏟는 사람들이 아니다. 그런 길을 인생의 방향으로 잡는다면 한참 잘못된 것이다. 그러면 하나님의 백성은 언제나 약하게 살아야만 하는 것일까? 그렇지는 않다. 오늘 본문을 보니 하나님의 백성의 강함은 하나의 조건만 충족되면 '저절로' 된다. 그 조건이란 하나님이 명하신 일에 열심을 내는 것이다. 말씀을 가르치고 배우는 일과 말씀을 지키는 일에 자신의 삶을 걸때, 하나님께서 강하게 만드실 것이며 주변 나라들이 두려워하는 존재로 만드실 것이다. 내가 그런 힘과 능력을 갖게 된다는 것이 아니라 하나님의 힘과 능력이 그렇게 되어지도록 하실 것이다.

3. 복과 저주

"내가 오늘 여러분에게 주는 하나님 여호와의 명령을 잘 지키면 복을 받을 것이나, 하나님 여호와의 명령을 지키지 않으면 저주를 받을 것이오."(신 11:27-28, 새번역)

성경이 말하는 하나님의 백성된 삶에는 중간지대가 없다. 복 아니면 저주의 삶이다. 중간에 서 있으려는 어정쩡한 태도로는 참된 복을 누려 갈 수 없다. 아니, 사실 중간은 불순종이다. 마음을 정하여 올바른 열심을 내야 한다. 교회에서 열심히 봉사하는 것, 목사의 말에 열심히 복종하는 것, 교회 일을 하나님의 일이라 착각하는 것이 아니라, 오직 말씀을 읽고 묵상하고 가르치고 배우는 것에 자신의 삶을 걸어야 한다. 그리고 그 말씀대로 살아낼 것을 소망하며 하나씩 실천해 나가야 한다. 이것 외에 그리스도인이 열심을 내거나 삶을 걸 정도의 일은 없다. 올바른 것에 삶을 걸면 복된 삶이 될 것이요, 그렇지 못하다면 저주의 삶이 될 것이다.

4. 나는?

　여러 목사님들을 만날 때마다 나는 참 부족하다는 생각이 자주 든다. 성경 지식이 탁월한 분들, 교회론에 대한 지식이 탁월한 분들 뿐 아니라 사회적 실천에 있어서의 탁월성은 감히 엄두도 못 낼 정도이다. 그분들과 함께 하면서 많이 배운다. 그럼 교회론도 잘 모르고, 성경의 지식 자체로 탁월한 편도 되지 못한 나는 목사로서 무엇을 해야 할까? 나는 오직 한 가지를 하기 위해서 신학을 공부하고 교회를 세우고 목사가 되었다. 그 한 가지란 '말씀'이다. 그러나 나는 말씀을 지식적으로 많이 알게 하는 것에는 그다지 많은 관심이 가지 않는다. 그 부분은 각자의 상황에 맡긴다. 내가 집중하는 것은 성도 각자가 말씀을 통해서 하나님을 인격적으로 만나고 교제하는 것이다. 말씀을 지식적으로 아는 것은, 그 자체가 목적이 아니라 말씀을 통하여 하나님을 실체적으로 알고 교제하며, 나아가 그분의 말씀이 내 삶의 가치관이 되도록 하는 것이라 믿고 있다.

　어떤 교회를 세워가야 할지 나는 잘 모른다. 아니, 알 필요가 없다고 해야 할 것 같다. 교회란 말씀을 사모하며 하나님의 뜻대로 살고 싶은 '신자'들의 모임이기 때문이다. 그래서 성도들과 함께 어떤 교회를 세워갈 것인지 책을 읽고 토론하면서 차근차근 개념을 잡아가기로 했다. 나는 여전히 한 가지에만 집중하려 한다. 성도 한 사람 한 사람이 말씀을 묵상하고, 그 묵상을 나누고, 그 풍성한 나눔을 통해서 서로 생명을 누려가는 교회를 세워가고 싶다. 말씀을 가르칠 수 있는 신자로 세워서 신자 스스로가 말씀을 가르치거나 배우는 자리 중 어느 한 자리에는 머무르는 교회를 세워가고 싶다. 나머지는 신자들의 합의에 의해 정해지는 대로 가려한다.

　말씀만 중심에 서 있다면, 그 말씀을 통해서 모든 성도들이 하나님을 인격적으로 만나가기만 한다면, 그 말씀을 서로 가르치고 배운다면, 그 말씀을 지키기 위해서 최선의 노력을 다한다면, 다른 부분은 이미 하나님께서 알아서 하시리라 믿기 때문이다. 그리스도인의 삶은 중간이 없다. 말씀에 삶을 걸고 순종하는 삶을 마음 중심에 두는 복된 그리스도인이 되든지, 아니면 말씀을 버리고 교회 봉사나 기타 비본질적인 것을 마음 중심에 두어 복을 버리고 저주를 받아들이는 삶이 되든지 둘 중 하나다. 바른 신자로 서 가기 원하고, 바른 신자로 세워가기 원한다.

이방신과 하나님을 대하는 자세
(신명기 12:1-19)

이방신 즉 우상을 대하는 자세와 하나님을 대하는 자세를 가르친다. 이 두 가지 자세는 생명과 관련될 만큼 중요하다. 잘 지켜야 생명이 유지 보존될 수 있고 그렇지 않으면 망하기 때문이다.

1. 이방신을 대하는 자세

"당신들은 당신들이 쫓아낼 민족들이 뭇 신을 섬기는 곳은, 높은 산이든지 낮은 언덕이든지 무성한 나무 아래이든지, 어느 곳이든지 다 허물어야 합니다. 3) 거기에 있는 제단을 허물고, 석상을 부수고, 아세라 목상을 불태우고, 신상들을 부수고, 그들의 이름을 그 곳에서 지워서 아무도 기억하지 못하게 하여야 합니다. 4) 그러나 당신들은 주 당신들의 하나님을 섬길 때에 이방 민족들이 그들의 신들을 섬기는 방식으로 섬겨서는 안 됩니다."(신 12:2-4, 새번역)

이방신을 대할 자세는 명백하다. 그들이 섬기던 제단은 다 허물며 그 이름조차 기억하지 못하게 해야 하고, 하나님께 예배할 때에는 이방신에게 섬기던 방식으로는 섬기지 말아야 했다. 왜 이렇게 단호하고 강하게 말씀하실까? 이방신의 강력한 전염성 때문이라 생각된다. 이방신이란 사실 사람의 욕망의 반영일 뿐 허상이다. 그러니 이방신은 완벽하게 제거하지 않으면 어느 틈에서부터 다시 살아날지 모르게 된다. 보고 들었던 기억만으로도 다시 생겨날 가능성을 가진다. 사람의 욕망과 탐욕이 언제든지 고개를 들 것이기 때문이다. 욕망과 탐욕을 좇는 세상의 가치관에 대해서는 단호하게 제거하고 없애야 한다. 세상의 삶의 방식과 가치관에 대해서, 특히 물질만능주의적 가치관에 대해서는 단호한 제거 외에는 다른 방법이 없다. 어정쩡한 태도를 취하다가는 자신도 모르는 사이에 넘어가 버리고 만다. 자신 속에 있는 욕망과 탐욕을 너무 가볍게 보지 말아야 한다.

2. 하나님을 대하는 자세

이방신을 없애버리기만 하는 것으로는 충분하지 않다. 깨끗하게 청소된 빈 집에는 다시 누군가 틈입하기 마련이다. 그래서 우리는 하나님과 관계를 맺어야 한다. 어떻게 하나님과 관계를 맺어야 할까? 두 가지의 방법을 말하고 있다.

먼저, 하나님과 관계를 바르게 맺으려면 제물을 드리라고 가르치고 있다.

"당신들은, 번제물과 화목제물과 십일조와 높이 들어 바치는 곡식제물과 서원제물과 자원제물과 소나 양의 처음 난 것을, 그 곳으로 가져다가 바쳐야 합니다... 당신들은, 내가 당신들에게 명한 모든 것 곧 번제물과 화목제물과 십일조와 높이 들어 바치는 곡식제물과 주님께 바치기로 서원한 모든 서원제물을 주 당신들의 하나님이 그의 이름을 두려고 선택하신 그 곳으로 가지고 가서 바쳐야 합니다."(신 12:6, 12, 새번역)

하나님을 섬기는 방식에서 왜 제물 이야기를 가장 먼저 하시는 것일까? 하나님이 제사의 제물을 탐하시는 것일까? 교회에 헌금의 종류가 수십 가지가 되는 사실을 이 구절들을 가지고 합리화 할 수 있을까? 그럴 수 없다. 제물을 드리라는 대목 이후에 이어지는 말에서 제물을 드려야 하는 진정한 이유가 나온다.

> "당신들은 주 당신들의 하나님이 계시는 그 앞에서 먹도록 하십시오. 그리고 주 당신들의 하나님이 당신들이 수고한 일에 복을 주신 것을 생각하면서, 가족과 함께 즐거워하십시오... 거기에서 당신들은 주 당신들의 하나님을 앞에 모시고 즐거워하십시오. 당신들만이 아니라, 당신들의 자녀들, 남종과 여종, 당신들처럼 차지할 몫이나 유산도 없이 성 안에서 사는 레위 사람을 다 불러서 함께 즐거워하십시오."(신 12:7, 12, 새번역)

제물을 드리는 것은 하나님 앞에서 함께 먹고, 주께서 주신 복에 대해 가족과 종들, 그리고 레위인들이 '함께' 즐거워하기 위함이다. 돈 내라는 소리가 아니다. 제물을 드리는 것은 가족과 이웃과 특히 가난한 이웃과 함께 하나님을 기억하며 먹고 즐거워하기 위함이다. 헌금을 하는 것에도 '하나님의 것'을 도적질하지 말아야 한다는 협박성 의미를 부여하는 것은 매우 잘못된 것이다. 교회는 제물 바치러 가는 곳이 아니라 하나님을 누리고, 하나님이 주신 은혜를 기억하고, 함께 참된 축제를 누리러 가는 곳이다. 그 축제를 누리기 위해 함께 누릴 공간이 필요하고, 축제의 의미를 살릴 말씀이 필요하고, 음식도 필요하다. 그것을 위해 필요한 재정이 있으니 참여자가 형편에 맞추어 헌금을 하면 되는 것이다.

중요한 것은 반드시 정해진 돈을 내야하는 것이 아니라 하나님 앞에서 '함께' 먹고 즐거워하는 것이다. 현대의 주일예배도 그렇게 하나님을 누리고, 하나님 앞에서 함께 즐거워하는 그 아름다운 축제의 시간이 되어야 한다. 그 축제를 누리는 공간이 필요하고, 그 축제를 위해 책임감있게 말씀을 맡은 자의 생활비도 제공할 필요가 있고, 축제를 함께 누릴 음식과 기타 시설도 필요하다. 그 필요를 충당하기 위해 신자 각자가 선한 양심과 형편에 맞도록 헌금 또는 연보를 하는 것이다.

하나님과 관계를 바르게 맺기 위한 두 번째는 자기 소견대로 하지 않는 것이다.

"주 당신들의 하나님이 당신들에게 유산으로 주시는 땅에 아직 이르지 못하고, 그 곳에서 누릴 안식을 아직 얻지 못한 지금은, 당신들이 소견대로 합니다."(신 12:9, 새번역)

가나안 땅에 들어가기 전에는 자기 소견대로 했다. 가나안 땅의 원주민들도 자기 소견대로 행한다. 그러나 하나님을 섬기는 삶이란 자기 소견이 아니라 하나님의 뜻대로 사는 삶이다. 하나님의 뜻은 무엇일까? 구체적인 삶의 형태가 있을까? 구약시대에는 구체적인 삶의 형태가 율법을 통해 제법 자세하게 명시되었다. 그러나 신약시대에는 주님이 모든 구약의 법들을 완성하셨기에 구약의 구체적인 지시사항들을 문자적으로 다 지켜 행할 필요는 없다.

그러나 그 본질적 의미들은 지켜져야 한다. 그러려면 말씀을 읽고 연구하고 묵상하는 일을 결코 게을리 할 수가 없다. 말씀 안에 하나님의 뜻이 있고, 말씀을 연구하는 과정을 통해 이 시대를 사는 나를 향한 하나님의 뜻을 구체적으로 발견해 갈 수 있기 때문이다. 하나님을 신앙하는 가장 올바른 자세는, 말씀과 다른 세상의 가치관은 단호히 버리고 말씀을 통해 하나님이 누구신지에 대해, 그리고 하나님의 뜻에 대해 계속 알아가고, 가족과 이웃 특히 가난한 이웃과 함께 하나님 앞에서 기뻐하고 즐거워하는 것이다.

고기 먹는 법
(신명기 12:20-32)

1. 고기 먹는 법

가나안 땅에 들어가면 고기를 먹는 문제가 제법 중요한 문제가 될 수 있다. 광야에서는 제사를 드릴 때 외에는 고기를 먹을 수 없었는데, 가나안에서도 그렇게 하기는 쉽지 않기 때문이었다. 고기 문제에 대한 하나님의 답변이다.

"주 당신들의 하나님이 당신들에게 약속하신 대로, 당신들의 땅의 경계를 넓혀 주신 뒤에, 당신들이 고기 생각이 나서 고기를 먹겠다고 하면, 당신들은 언제든지 마음껏 고기를 먹을 수 있습니다."(신 12:20, 새번역)

고기를 마음껏 먹을 수 있다. 그러나 고기를 먹을 때 엄격한 제한 사항도 있었다.

"그러나 어떤 일이 있어도 피는 먹어서는 안 됩니다. 피는 생명이고, 생명을 고기와 함께 먹어서는 안 되기 때문입니다."(신 12:23, 새번역)

피는 생명을 상징하기 때문에 피와 함께 먹어서는 안 된다는 것이었다. 고기는 마음대로 먹되 피와 함께 먹지 말라는 것이 하나님이 말씀하신 고기 먹는 법이었다.

2. 의미

광야 끝자락에서 고지된 '고기 먹는 법'을 현대를 사는 나에게 어떻게 해석하고 적용할 수 있을까? 고기를 물에 오랫동안 담궈 두었다가 살 속에 배인 피가 다 빠져나가도록 해서 먹어야 할까? 젊은 날 그렇게 고기를 먹기도 해보았다. 돼지고기를 안 먹기도 했었다. 그러나 지나고 보니 그런 방식들은 그리스도인의 경건과 전혀 상관없는 행동들이었다고 생각된다. 문자 그대로 지키는 것보다 의미를 파악해서 오늘의 나에게 적용하는 것이 중요하다. 고기를 마음대로 먹되 피와 함께 먹지 말라는 말은 어떻게 이해하고 해석하고 적용해야 할까? 성 어거스틴의 말이 이 문제에 대한 해석을 제공한다고 본다. '사랑하라. 그리고 마음대로 하라.'

그리스도인의 특권은 자유다. 진리가 그리스도인을 자유케 했다. 그러니 마음대로 해도 된다. 즉, 고기를 마음껏 먹어도 된다. 그러나 분명한 제한이 있다. 피와 함께 먹지 말아야 한다는 제한. 약속의 땅으로 들어 온 백성들도 광야에서와 다르게 자유롭게 고기를 먹을 수 있었다. 다만 피를 삼가서 먹지 말아야 한다는 분명한 제한이 존재했다. 나는 이것이 생명의 주권이 주님께 있음을 고백하는, 혹은 드러내는 것이라 생각한다. 고기를 피와 함께 먹지 않음으로 생명이 오직 주님께 달려 있음을 고백했던 것이다. 마치 동산의 모든 나무열매는 마음대로 먹되, 오직 하나 선악을 알게 하는 열매는 먹지 말라고 하셨던 것과 흡사해 보인다.

신약의 시대인 지금, 신자로써 생명의 주관자가 주님이심을 고백하는 행동은 무엇일까? 사랑이 이유가 되어 행동하는 것이다. 하나님을 사랑하기에 그렇게 하고, 하나님을 사랑하기에 그렇게 하지 않는 것이다. 형제자매를 사랑하기에 그렇게 하고, 형제자매를 사랑하기에 그렇게 하지 않는 것이다.

3. 나는?

    어떤 분이 메시지로 연락이 왔다. 교회 공동체에서 받은 상처와 목사님들에게서도 받은 상처가 많다고 했다. 나의 묵상 글을 보고 엄청나게 칭찬을 했다(칭찬임에도 기분이 썩 좋진 않았다). 그리고 설교를 좀 보내달라고 하시기에 반드시 피드백을 한다는 조건으로 설교를 보내드렸다. 이후 통화를 한번 했는데, 통화하면서 가래를 몇 번씩이나 뱉고 초면이라기엔 사용하기 힘든 무례한 단어들을 사용했다. 다른 사람에 대한 섭섭함과 정죄의 말들도 거침없이 쏟아져 나왔다. 어찌할 수 없어서 듣고만 있었다.

    그러다가 어제 갑자기 연락이 와서는, 그렇게 나의 목회에 우호적이던 태도가 돌변해서 나와 내 설교와 묵상을 비난하기 시작했다. 게다가 그 사람은 그렇게 무례하게 말하더니 자신을 차단해 달라고까지 했다. 어이가 없는 상황이었지만 그저 조용히 차단해 드리고 말았다. 그 사람을 설득할 자신이 없었고, 그와 말다툼을 할 마음도 없어서였다.

    '사랑하라. 그리고 마음대로 하라.'라는 표현이 떠올랐다. 나도 마음 가는대로 할 수 있지만, 그 사람과 말로 논쟁하고 싸우는 것은 '사랑'의 원리에 부합되지 않는다 생각했다. 게다가 그 사람을 설득할 능력도 내게 없으니 싸우거나 주장을 펴는 대신 그분을 긍휼히 여기면서 조용히 관계를 정리할 수 밖에 없었던 것이다. 조용한 차단이 잘 한 것인지 아닌지는 잘 모르겠지만, '사랑하라. 그리고 마음대로 하라.'라는 표현의 의미를 나의 삶에 나름 적용해서 행동한 것이었다.

    생명은 오직 주님께만 있다. 즉, 나는 생명에 대해서 사랑할 권리와 의무 밖에 없다. 그 생명을 다루실 분도, 옳고 그름을 주관하실 분도, 내가 아니라 하나님이시다. 그러니 나는 사랑하고 긍휼히 여기고 주께 그 사람의 모든 것을 맡기는 것 외에는 할 수 있는 것이 없다. 주께 의탁하고 미워하지 않는다면, 사람과 생명에 대해서 마음껏 대화하고 교제할 수 있을 것이다. 마음껏 고기를 먹을 수 있음처럼.

흔들리더라도 참된
거룩을 향하자
(신명기 13~14장 묵상)

신앙을 방해하는 사람들

·

구별의식이란?

·

십일조의 이해

이름은 억새지만,
존재는 여리다.

억새는 여려서
작은 바람에조차 흔들린다.
흔들리면서도 피고, 존재하고,
끝까지 살아낸다.

그리고 기어코 아름다워져서
뭇사람들의 기쁨이 되어준다.

흔들리는 일상일 수 있다.
거룩은 흔들리면서 추구하는 길이니,
흔들려도 말씀 붙들고 끝까지 버티면 되리라.

흔들리는 일상 속에서 말씀 안에서 버티다보면
어느새 하늘 아버지의 뜻에
성큼 다가서 있는 날이 오리라.
그날에는 기필코 하늘 아버지의 참된 기쁨이 되리라.

신앙을 방해하는 사람들
(신명기 13장)

신앙을 치명적으로 방해하고 신앙의 길을 잘못 가게 하는 사람들이 있다. 안타깝게도 이들은 대부분 전혀 신앙을 방해할 것처럼 보이지 않아서, 이들과 관계하는 사람들은 자신도 모르는 사이에 넘어질 가능성이 높다. 조심하고 주의하지 않으면 심각한 멸망을 맞이할 수도 있다.

1. 종교지도자들

가장 먼저 언급되는 방해꾼은 종교지도자들이다. 소위 영적인 능력과 권위가 있다고 하는 사람들이 신앙을 치명적으로 방해하는 세력이 될 수 있다.

> "당신들 가운데 예언자나 꿈으로 점치는 사람이 나타나서, 당신들에게 표징과 기적을 일으킬 수 있다고 말하고, 실제로 그 표징과 기적을 그가 말한 대로 일으키면서 말하기를 '너희가 지금까지 알지 못하던 다른 신을 따라가, 그를 섬기자' 하더라도"(신 13:1-2, 새번역)

신령하다고 믿어졌던 예언자, 꿈꾸는 자, 표징과 기적을 일으키는 자들이 이스라엘의 신앙에 치명타를 가할 수 있었다. 예수님 때에도 공식적인 종교지도층이던 바리새인과 서기관들이 신앙에 대해 치명적으로 오도한 채 백성들을 인도했음을 목격한다. 종교지도자는 필요하지만 그들을 맹목적으로 믿고 따라가다가는 낭패를 당한다. 훌륭해 보이는 교회, 훌륭해 보이는 목사, 공식적으로 인정받는 대형교회이거나 그 교회의 리더라고 해도 신앙에 치명적인 해를 끼칠 수 있음을 명심해야 한다. 성도는 분별력을 가지고 종교지도자들의 말과 행동을 분별해야 한다. 유명한 목사나 부흥사여서, 놀라운 은사를 가진 사람이어서, 능력 있는 목회자로 소문나 있어서 아무 질문과 생각없이 따르다가는 자신도 모르게 신앙이 심각하게 왜곡될 수 있다.

2. 가족

신앙의 길에 있어서는 가족도 맹신하면 안 된다. 아무리 사랑하는 사람이라도 신앙의 길을 왜곡하게 할 가능성은 얼마든지 있다. 신앙의 길에 대해서만은 사랑하는 가족의 말이라 해도 성경을 기준삼아 엄밀하게 따져보아야 한다. 가족은 서로 깊은 사랑으로 연합해야 하지만, 가족간의 사랑은 언제나 올바른 신앙의 틀 안에서 기능해야 한다. 가족 중 누군가 그 틀을 벗어난다면, 사랑하기 때문에 오히려 싸워야 할지도 모른다. 틀린 신앙의 길은 결국 망하는 길이기 때문이다. 그래서 주님은 이렇게 말씀하셨나 보다.

"무릇 내게 오는 자가 자기 부모와 처자와 형제와 자매와 더욱이 자기 목숨까지 미워하지 아니하면 능히 내 제자가 되지 못하고"(눅 14:26)

3. 불량배

"주 당신들의 하나님이 당신들에게 살라고 주신 한 성읍에 대하여 당신들에게 소문이 들리기를, 당신들 가운데서 불량한 사람들이 나타나서 그 성읍의 주민을 유혹하여 이르기를 '가서 다른 신들을 섬기자' 하면서 당신들이 알지 못하던 신을 섬기게 하여 주민들로 배교자가 되게 하면"(신 13:12-13, 새번역)

신앙에 치명적인 손해를 끼치는 존재 중 하나로써, 하나님을 떠나도록 유혹하는 사람을 본문에선 불량배라고 부른다. 이단을 말할 수도 있겠다. 이단은 생각보다 가까이에 있다. 삶 속에 깊숙이 들어와서 삶의 어려운 점들을 돌보아주면서 진리를 교묘히 왜곡하면서 유혹한다. 도시 내 평범한 사람들 가운데 있을 수도 있고, 보통 사람들보다 더 친절하고 착해 보이는 사람이 이단으로 끌어 들이는 사람일 수도 있다. 슬프게도 이웃을 조심해야 하는 시대를 우리는 살아가고 있는 것 같다.

4. 결론

도대체 누굴 믿어야 할까? 종교 지도자도 온전히 믿을 수 없고, 가족도 온전히 믿어서는 안 되고, 이웃도 100% 믿을 수 없다면, 이 땅을 대체 어떻게 살아야 할까? 슬프긴 하지만 온전히 사람을 믿어선 안 되는 것이 사실이다. 신명기의 글은 수 천 년 전에 쓰여진 글인데 오늘날에도 거의 그대로 적용이 가능한 것을 보면, 현대만 그런 것이 아니라 거의 전 시대에서 동일하게 적용되는 사실임을 알 수 있다. 태초 이래로 사람은 언제나 믿을 존재가 되지 못한다. 목사라고 해서 믿어서도 안 되고, 가족이라고 해서 온전히 믿어서도 안 된다. 좋은 이웃이라고 해서 마음을 100% 다 내어주어서도 안 된다.

그럼 늘 의심하면서 살아야 할까? 그렇지는 않다. 사람은 믿을 존재가 아니라 사랑할 존재라는 흔한 말을 제대로 적용하기만 해도 오늘 성경이 말하는 이런 오류에 빠지지는 않을 것이다. 목사도 믿을 존재가 아니라 사랑할 존재요, 가족도 믿을 존재가 아니라 사랑할 존재요, 이웃도 믿을 존재가 아니라 사랑할 존재다. 사람이 사랑과 믿음을 동시에 걸 수 있는 존재는 오직 하나님뿐이다. 말씀을 통해서 하나님과 인격적인 교제를 이어나가면서 사람을 분별하며 '사랑'하는 것만이 그리스도인이 걸어가야 할 삶의 방식이 아닐까 싶다.

5. 나는?

알고 지내던 집사님 한 분을 우연히 만났다. 다짜고짜 기도 부탁을 하신다. 상당히 어려운 일을 만났단다. 믿었던 '좋은' 사람에게 굉장히 큰 돈을 빌려주었는데 잠적해 버렸다고 하신다. 마음이 너무 아팠다. 그 분은 마음이 착하고 사람을 너무 잘 믿은 죄(?)로 큰 아픔을 당한 것이다. 목사에게 뒤통수 맞은 이야기는 너무 많이 들어서 이제 새롭지도 않을 정도다. '요즘은 왜 이런 일들이 이토록 많이 생길까?'라는 생각 자체가 오류다. 요즘이 아니라 모든 시대에 있었던 일들이다. 사람을 믿으면 그 사람이 목회자든 가족이든 이웃이든 간에, 분명히 뒤통수를 맞는다. 사람은 믿을 존재가 아니기 때문이다.

이런 삭막한 세상을 어떻게 살까? 삭막한 세상이기에 하나님을 믿어야 한다. 하나님을 '믿는다'는 것은 목사의 말을 신뢰하는 것이 아니라 하나님과 그분의 말씀이신 성경을 신뢰한다는 것이다. 성경에 대한 가르침은 목사에게서 배우면 되지만 배운 그 말씀이 정말 맞는 말씀인지 다시 여러 방법으로 스스로 살펴 보아야 한다. 신앙이 성장한다는 것은 말씀이 내 속에 조금씩 새겨진다는 것이며 말씀이 기준 되어서 삶의 모든 것을 분별하게 된다는 것이다. 사람을 믿는 어리석음에서 벗어나 하나님을 믿고, 말씀을 기준으로 사람을 사랑하면서 분별하는 힘을 가지게 된다는 것이다. 신앙에 도움을 줄 수 있는 사람이 오히려 신앙에 방해를 줄 수 있다는 사실을 잊지말고 오직 말씀을 신앙의 중심에 두어야 할 일이다.

구별의식이란?
(신명기 14:1-22)

"당신들은 주 당신들의 하나님의 거룩한 백성입니다. 주님께서 땅 위에 있는 많은 백성 가운데서 당신들을 선택하여, 자기의 귀중한 백성으로 삼으셨습니다."(신 14:2, 새번역)

하나님은 자기 백성을 거룩한 백성이라고 부르신다. 거룩한 백성이란 '구별된' 백성이라는 뜻이다. 거룩하다는 것은 무슨 의미일까? 거룩한 백성이기에 어떻게 살아야 하는 것일까?

1. 선민의식

이스라엘 백성들은 거룩한 백성이라는 의미를 선민의식과 연결지었다. 하나님이 특별히 선택하신 민족이기에 자신들은 다른 민족보다 우월하다는 생각이다. 그래서 이스라엘은 다른 나라들을 무시하고 깔보며 이방인을 개 취급했다. 거룩한 백성이라는 의미를 완전히 곡해한 결과였다. 무서운 것은 그리스도인도 그럴 수 있다는 점이다. '난 예수 믿고 구원받았지만, 당신은 구원도 못 받았지? 불쌍하고 가련하고 수준 낮은 인간, 쯧쯧.' 이라고 생각하는 사람들을 제법 보았다. 이건 예수 믿는 것에 대해 완전히 잘못 알고 있는 것이다. 선민의식은 병든 생각일 뿐이다.

2. 거룩한 백성의 삶

그럼 거룩한 백성은 어떻게 살아야 할까? 신명기는 두 가지를 말하고 있다.

첫째, 하나님의 뜻과 무관한 삶의 행태에서 벗어나는 것이다.

"당신들은 주 당신들의 하나님의 자녀이니, 죽은 사람을 애도할 때에 몸에 상처를 내거나 앞머리를 밀어서는 안 됩니다."(신 14:1, 새번역)

가나안 민족들의 장례 관습은 몸에 상처를 내고 앞머리를 미는 것이었다. 이는 그들의 종교관을 보여주는 것인데, 죽음에 대한 그들만의 신앙에 근거해서 그런 애도방식이 나온 것이다. 하나님과 관계없는 이러한 이방신의 관습을 본받지 않는 것이 거룩이다. 거룩이란 다른 사람들이 관습에 따라 별 생각 없이 행하는 일들에 대해서도 정신을 일깨워 따져보고 올바른지 판단한다는 것이다. 세상 및 공중권세 잡은 세상 임금에 의한 가치관과 관습에 대해 아무 생각 없이, 비판도 없이 따르는 것은 위험한 태도이다. 거룩이란 당연한 듯 주어진 문화들조차도 면밀하게 살펴서 세상 신을 섬기는 무지와 어리석음에서 벗어나는 행위이다.

둘째, 거룩한 백성의 삶은 일상이 중요하다. 거룩한 백성으로 살아가야 하는 일상의 부분에 있어서 하나님은 음식에 대해 말씀하신다.

"당신들은 주님께서 부정하다고 하신 것은 어떤 것도 먹어서는 안 됩니다."(신 14:3, 새번역)

먹는 것은 가장 일상적인 일이다. 가장 일상적인 일에서도 하나님의 명령을 기억하는 것이 구별된 백성의 삶이다. 일상적인 의식주니까 그럭저럭 나의 편리함과 세상의 모습을 대강 따라가는 것이 아니라, 가끔은 다소 유별나게 보일지라도 하나님의 말씀을 기억하고 지켜가는 것이 거룩한 백성이 살아가야 할 모습이다. 중요한 점은 주님이 먹으라고 하셨기에 먹고, 먹지 말라고 하셨기에 먹지 않는 것, 즉 주님의 명대로 살려는 것이다. 무엇을 먹고 먹지 않고는 본질이 아니고, 주님의 말씀에 순종하느냐 아니냐가 본질이다.

거룩이란 종교적 영역을 긋고 그 영역에서만 잘 하면 되는 것이 아니다. 거룩은 예배당 밖 일상에서 실천하고 일상에서 증명해내어야 하는 신앙인의 절체절명의 과제이다. 어떤 음식을 먹느냐 먹지 않느냐가 중요한 것이 아니라, 일상에서 하나님의 말씀을 기억하고 살아가느냐, 아니면 말씀을 잊고, 무시하고 살아가느냐가 거룩의 표지이다.

3. 나는?

젊은 날 속했던 공동체에서는 거룩을 무척 강조했다. 거룩하려는 일환으로 구약의 음식법까지 지켰다. 돼지고기를 먹지 않는데 김밥조차 그 안에 든 햄 때문에 마음껏 먹지 못했으니, 시중에 먹을 만한 음식이 거의 없었다. 참 곤욕스러웠다. 그런데 문제는 다른 곳에서 발생했다. 그렇게 외적인 노력을 함에도 불구하고 분쟁은 끊이지 않았고, 서로간의 자존심 경쟁은 도를 넘어섰다. 나는 특별히 선택받은 사람이라는 잘못된 선민의식을 모두들 갖고 있어서 그 싸움은 해결의 실마리를 찾을 수 없었고, 결국 그 공동체는 세월이 지나면서 거의 와해되었다.

거룩에 대한 오해는 심각한 오류를 불러일으킨다. 거룩은 음식에서 결정되지 않는다. 잘못된 선민의식도 거룩과 반대되는 길임이 명백하다. 그런 것들과 거룩은 아무 관계가 없다. 거룩이란 세상의 관습에 넋 놓고 따라가지 않는 것이요, 일상 속에서 하나님을 기억하고, 하나님의 말씀을 기억하는 것이다. 그래서 순종의 삶을 살아가는 것이다. 내가 하나님의 것으로 구별된다는 것, 즉 거룩은 순종이다.

나는 무엇으로 살아가는가? 나는 무엇이 구별되었는가? 아니, 무엇으로 구별되려 하는가? 자신을 돌아본다. 이 시대의 오류를 넋 놓고 반복하지 않는 것이 가장 중요한 거룩의 길이리라. 그리고 일상의 중요성을 잊지 않아야 하리라. 교회의 잘못된 모습에 대해서 당연하게 받아들이지 않고, 교우들과 함께 고민하며 바른 길을 찾아가는 것, 나의 일상에서 좀 더 하나님의 백성다운 삶을 찾아가는 것이 내겐 거룩을 추구하는 길이라 믿는다. 내가 목사라서 특별히 더 거룩한 것이 아니라, 교우들과 함께 일상의 거룩을 이루기를 갈망하는 복된 교회를 이루어 가는 오늘이 감사하다.

십일조의 이해
(신명기 14:22-29)

십일조에 대해 가르치는 본문이다. 십일조를 어떻게 이해해야 할까? 해야 할지 하지 말아야 할지, 종교적 의무인지 신앙의 필수요소인지, 구약과 신약에서 십일조의 의미는 같은지 다른지 등 십일조에 대해서는 많은 의문과 질문이 있는 것 같다. 십일조에 대한 몇 가지 주장을 살펴 본다.

1. 십일조 폐지론

십일조 폐지론은 신약 시대에 와서 십일조가 폐지되었다는 관점이다. 신약시대에는 구약의 율법들을 더 이상 지키지 않는다. 옛 율법과 그에 속한 음식 규례들도, 다른 모든 사항들도 신약시대에는 그 의미를 새롭게 해석해서 '영적으로' 지킨다. 그런데 유독 십일조만 문자 그대로 지키는 것은 성경에 대한 오용이기 때문에 십일조도 문자적으로 지키는 것은 폐지되어야 하고, '영적으로' 새롭게 해석해서 지켜야 한다고 주장한다.

2. 십일조 옹호론

"화 있을진저 너희 바리새인이여 너희가 박하와 운향과 모든 채소의 십일조는 드리되 공의와 하나님께 대한 사랑은 버리는도다 그러나 이것도 행하고 저것도 버리지 말아야 할지니라."(눅 11:42)

반대 의견이 있다. 예수님께서도 십일조에 대해서 옹호하시는 말씀을 하셨다는 것이다. 당시 바리새인들은 집안 구석에서 나는 조그만 작물에 대해서까지 아주 세밀하게 십일조를 드렸지만, 공의롭게 사는 것과 하나님에 대한 사랑은 버렸다. 그런 바리새인들의 태도를 책망하시면서 십일조를 하지 말라고 하시지 않고 둘 다 버리지 말라고 하셨다. 그러니 신약시대에도 십일조는 여전히 존속되어야 한다고 주장하는 사람들이 있다.

3. 십일조와 종교세

십일조와 종교세를 연결해서 설명하는 분들도 있다. 유럽교회에서는 십일조가 대부분 폐지되었고, 나라마다 다양한 방법으로 국가에 종교세를 납부하고 있다. 종교세를 통하여 목회자들은 나라로부터 월급을 받을 수가 있다. 여러 자료들을 찾아보니 퍼센트는 낮지만 거의 전 국민이 종교세를 내기 때문에 목회자의 급여를 주고 교회를 운영할 정도의 재정은 확보될 수 있는 것 같다. 물론 재정이 어려워 종교세 납부를 독려하고 홍보하는 교단도 있다고 한다.

4. 무엇이 옳을까?

십일조가 옳은지를 갖고 논쟁하고, 십일조를 하게 하기 위해서 십일조에 대한 각종 정보들을 다 알리지 않는 것은 그다지 바람직하지 않아 보인다. 목회자의 입장이 다르고 성도들의 입장이 다르기 때문에, 목회자의 말만 전적으로 믿는 것도 바람직한 것은 아닌 것 같다. 성도 개개인이 십일조에 대해서 열심히 공부해 볼 필요가 있어 보인다. 이 시대는 돈 문제를 가장 중요한 문제로 여기지 않는가? 그러니 성도 본인이 이 문제에 대해서 공부하는 것이 가장 바람직해 보인다. 각각의 의견들이 만만치 않게 강한 주장들을 가지기 때문에 어느 것이 절대적으로 옳다고 말하기는 어렵다. 무엇이 옳은지 성도 본인이 공부해서 정해야 할 것이다.

5. 그러나...

그러나 매우 중요한 점이 있다. 십일조의 정신이다. 십일조의 정신만은 예전이나 지금이나, 구약시대에나 신약시대에나 변할 수가 없다. 십일조의 정신은 무엇일까?

첫째는 '여호와 앞에서 먹는 것'이다.

"너는 마땅히 매년 토지 소산의 십일조를 드릴 것이며, 네 하나님 여호와 앞 곧 여호와께서 그의 이름을 두시려고 택하신 곳에서 네 곡식과 포도주와 기름의 십일조를 먹으며 또 네 소와 양의 처음 난 것을 먹고 네 하나님 여호와 경외하기를 항상 배울 것이니라."(신 14:22-23)

십일조를 가지고 성전에 모여 하나님 앞에서 먹고 하나님 경외하기를 배우는 것이 십일조의 첫 번째 정신이다. 따라서 십일조는 성도들 모두를 위해 사용되어야 한다. 또한 성도들이 공동체 모임에서 함께 먹고 나누면서 여호와 경외하는 법을 배워야 한다.

둘째는 '레위인을 돌보는 것'이다.

"네 성읍에 거주하는 레위인은 너희 중에 분깃이나 기업이 없는 자이니 또한 저버리지 말지니라."(신 14:27)

레위인은 분배받은 소유지가 없었다. 그들은 성전을 돌보는 사람들로, 그들이 먹고 살 수 있도록 생활비를 주는 것을 십일조에서 해결해야 했다.

셋째는 '가난한 사람들을 돌보는 것'이다.

"당신들이 사는 성 안에, 유산도 없고 차지할 몫도 없는 레위 사람이나 떠돌이나 고아나 과부들이 와서 배불리 먹게 하십시오."(신 14:29, 새번역)

십일조는 성전 재정을 풍요롭게(교회가 부자가 되도록) 하기 위한 재물이 아니고, 목회자 그룹의 배를 불리는 목적으로 사용되는 재물도 아니었다. '가난한 자들'을 돌보는 것은 매우 중요한 십일조 정신의 일부였다. 여호와 앞에서 성도들이 함께 먹고, 레위인과 가난한 자를 돌보는 것이 십일조의 정신이다.

6. 십일조 정신의 적용

그럼 신약시대 성도인 나는 십일조를 해야 할까 말아야 할까? 많은 논쟁이 있을 수 있겠으나 이 문제에 대한 대답은 의외로 간단할 수 있다. 십일조를 하고 안 하고는 각자가 정하면 될 일이다. 그러나 십일조의 정신을 실천하는 것은 오늘날의 신앙에게도 선택이 아니라 필수다. 종교세가 없는 한국의 경우, 교인들의 헌금으로 교회를 운영하고 목회자의 생활비를 책임지고 가난한 자를 돌보는 일을 해야 한다. 성도라면 이런 일들을 할 수 있도록 자신의 최선을 다해 헌금하는 것은 바람직한 태도임에 틀림없다. 그러나 십분의 일을 정확하게 계산해서 하나님께 드리지 않으면 저주 받는다는 말은 억지임에 틀림이 없다.

헌금의 기본 정신은 자발성이다. 하나님의 명에 대한 자발적 헌신(순종)이 전제가 되는 것이다. 개개인이 필요를 느끼는 만큼, 본인에게 교회가 소중한 만큼, 교회가 재정을 사용하는 것의 투명성과 적절성을 전제로 하고 최선을 다해서 자발적으로 헌금하면 될 일이다. 사실 십일조 또는 헌금에 대해 말할 때 더 중요한 것이 있다. 제대로 된 사용이다. 교회들이 돈 때문에 타락하고, 많은 대형교회 목회자들이 지나치게 많은 월급을 받고, 엄청난 재정 비리들을 저질러온 것은 헌금이 제대로 사용되는 것에 관심을 꺼버렸기 때문이라고 생각한다. 이제는 헌금의 사용에 대해서 고민해야 할 때다. 내가 재정 사용에 있어서 가장 중요하게 생각하는 점은 교회의 재정이 너무 많이 남으면 안 된다는 것이다. 교회는 이윤을 남겨야 하는 영업장이 아니다. 주어진 재정을 '잘' 사용하는 것이 교회의 재정 운용의 가장 중요한 원칙이라고 생각한다. 교회가 재정을 잘 사용하지 않는다면, 이를테면 재정이 너무 많이 남거나 크게 쓸모없는 항목에 너무 많이 지출되거나, 목회자의 월급이 지나치게 많다면 반드시 고쳐야 한다. 고쳐지지 않는다면, 교인이 헌금을 다른 곳에 하는 것도 바람직한 일 같다.

대한민국 곳곳에 매우 가난한 목회자들이 매우 많다. 기본적인 생활조차 제대로 못하는 어려운 처지에 있는 개척교회들도 많다. 그들을 돌보는 일을 큰 교회들, 즉 재정이 넉넉한 교회들이 관심을 갖고 일해야 하는데, 교회들이 탐욕이나 이기심 때문에 하지 못한다면 교인들이 직접 나서서 헌금을 그런 방향으로 돌려야 할 것이다. 대한민국, 나아가 전 세계의 모든 교회들이 가난한 목회자들과 고아와 과부들, 그리고 주변의 가난한 사람들을 위하여 교회의 재정을 올바르게 사용하는 것이 무엇보다 중요한 때가 아닌가 싶다.

7. 나는?

십일조에 대해서, 헌금에 대해서 많이 생각해 보았다. 십일조 폐지론과 십일조 옹호론을 왔다 갔다 했었고 그래서 내린 결론이 십일조와 헌금에 대해서 성도 각자의 자발성에 맡기는 것이다. 헌금에 대한 성도들의 전적인 자발성. 그게 말씀의빛교회의 헌금 정책이다. 그래서 헌금봉투는 감사헌금 봉투 하나뿐이다. 성도 각자는 감사헌금 봉투의 빈 칸에 자신의 기도 제목과 감사의 제목과 헌금의 제목을 적어서 자발적으로 헌금을 한다. 초등학생부터 어른에 이르기까지 헌금에 들어간 정성을 봉투에 적힌 기도문을 통해서 본다. 한 초등학생은 헌금봉투 안에 편지지에 기도문을 적기도 한다. 목사인 나는 하나하나 그 기도제목을 읽는다. 때론 마음이 아프고 저리다. 때론 깊은 감동으로 눈물이 흐를 때도 있다. 그렇다. 헌금에서 가장 중요한 것은, '은혜를 받는 것'이다. 그리고 받은 은혜에 감사한 만큼, 교회가 운영되도록 최선을 다해 자발적으로 헌금하면 된다.

그렇게 자발적으로 헌금해서 헌금이 적어진다면 어떡해야 할까? 교회가 돈이 많아야 할 이유가 없으니 헌금이 적어진다면 적은 돈으로 교회를 운영하면 될 일이다. 헌금이 너무 적어서 교회가 문을 닫아야 한다면 어떡해야 할까? 교인들에게 교회의 상황을 알리고 교인들이 헌금을 해서 교회를 살릴 의향이 있다면 살리면 될 것이고, 그럴 의향이 없다면 교회 문을 닫으면 될 일이다. 교인들이 자신의 재정을 희생해서 살릴 가치를 느끼지 못하는 교회가 계속 존재할 이유가 전혀 없다고 생각하기 때문이다. 헌금에서 가장 중요한 것은, 역시 '은혜 받는 것'이다. 소중하게 여길 공동체에 소속이 되는 것이다. 그리고 자발적으로 헌금하는 것이다. 그리고 재정의 초과분은 교회 안팎의 가난한 목회자와 가난하고 소외받는 사람들을 위해서 사용되면 될 일이다.

안식과 절기와 공의
(신명기 15~16장 묵상)

안식년의 적용

•

절기의 적용

•

신앙인의 '공의'

엄마가 된다는 것은
짐을 진다는 것이다.

두 아이의 짐을 등에 짊어졌지만
이 짐이 두 아이에게 안식을 준다는 생각에
마냥 행복하다는 것이다.

무거운 짐 지고 저 먼 길 걸어가는 것도
자식들과 함께여서 그저 기쁨이 된다는 것이다.

목사가 된다는 것은
자신의 안식을 위해 성도를 피곤하게 하는 것이 아닐 터.

오히려 성도들의 안식을 위해
성도의 짐을 내 짐처럼 짊어지고서라도,
성도들과 함께 믿음의 길 걸어가기에
그저 기쁘고 감사한 사람이 되는 것이 아닐까?

안식년의 적용
(신명기 15장)

신명기는 율법을 다시 선포하는 모세의 설교다. 그런데 모세는 과거에 선포했던 율법을 기계적으로 반복하여 선포하지 않았다. 신명기는 새로운 시대에 맞도록 적용해서 선포하는 설교였다. 원 율법 (출 23:10~) 에서 안식년은 7년째 땅의 경작을 쉬는 것으로 선포되었었다. 그런데 신명기에서는 좀 더 해석적으로 강화된 관점으로 선포된다. 모세가 안식년을 그 시대에 적용해서 설교한 것이다. 모세는 안식년을 어떻게 적용했을까? 이 적용을 보면 모세가 얼마나 율법을 열심히 연구하고 묵상했는지 조금 짐작할 수 있을 것 같다.

1. 채무탕감

출 23:11에서는 땅을 '놀리고 묵혀라' 라고 말한다.

"일곱째 해에는 땅을 놀리고 묵혀서, 거기서 자라는 것은 무엇이나 가난한 사람들이 먹게 하고, 그렇게 하고도 남은 것은 들짐승이 먹게 해야 한다. 너희의 포도밭과 올리브 밭도 그렇게 해야 한다."(출 23:11, 새번역)

이 내용을 채무탕감과 연결한 것은 다소 의외다. 연관성을 찾아내기가 쉽지 않기 때문이다. 땅을 '놀리고 묵히다'라는 단어는 히브리어로 '놓아주다'라는 뜻을 가진다. 그러면 출 23:11 은 '여섯 해 동안 땅에게 일을 시켜라. 그러나 일곱째 해에는 놓아주어라.' 라고 해석할 수 있다. 신명기에서 모세는 매 칠 년 끝에는 너희가 '놓아주어라'라고 율법을 해석하고 적용하여 선포한 것이다. 채무를 탕감하는 것은 채권자에게는 엄청난 희생이고 채무자에게는 엄청난 자유다. 가진 사람이 자신의 것을 희생하여 가진 것이 없는 사람에게 자유를 선물하는 것이 율법의 정신이다. 그렇게 하면 누가 복을 받을까? 둘 다 복을 받는다.

> "네가 만일 네 하나님 여호와의 말씀만 듣고 내가 오늘 네게 버리는 그 명령을 다 지켜 행하면, 네 하나님 여호와께서 네게 기업으로 주신 땅에서 네가 반드시 복을 받으리니 너희 중에 가난한 자가 없으리라. 네 하나님 여호와께서 네게 허락하신 대로 네게 복을 주시리니 네가 여러 나라에 꾸어 줄지라도 너는 꾸지 아니하겠고 네가 여러 나라를 통치할지라도 너는 통치를 당하지 아니하리라."(신 15:4-6)

안식년 채무탕감의 명령에 순종하면, 이스라엘에는 가난한 자가 없어지고, 다른 나라에게 꾸어 줄지라도 꾸지 않는, 부족함 없는 삶을 주신다고 약속하신다. 그러므로 모세는 가난한 자에게 꾸어주고 베푸는 것에서 인색하지 말라고 이어서 말한다.

> "네 하나님 여호와께서 네게 주신 땅 어느 성읍에서든지 가난한 형제가 너와 함께 거주하거든 그 가난한 형제에게 네 마음을 완악하게 하지 말며 네 손을 움켜쥐지 말고, 반드시 네 손을 그에게 펴서 그에게 필요한 대로 쓸 것을 넉넉히 꾸어주라."(신 15:7-8)

가난한 자가 존재하는 이유가 무엇일까? 가난하지 않은 사람이 가난한 사람을 도우라는 의미이다. 가난한 자를 도우면서 부자가 구원의 길을 걸어가게 될 것이다. 그래서 부자는 주변에 가난한 사람이 있음을 복으로 여겨야 한다. 그들이 있어야 부자가 구원의 참된 길을 걸어갈 수 있기 때문이다. 교회의 중심이 누구일까? 목사가 아니라, 장로도 아니라, 유력한 어떤 사람도 아니라, 가장 가난하고 가장 약하고 가장 소외된 사람이다. 그 사람이 교회에 존재하는 것은 복이다. 그들을 돌보면서 교인들이 신앙인다운 삶을 살아갈 수 있기 때문이다.

2. 종 해방

"네 동족 히브리 남자나 히브리 여자가 네게 팔렸다 하자 만일 여섯 해 동안 너를 섬겼거든 일곱째 해에 너는 그를 놓아 자유롭게 할 것이요."(신 15:12)

대부분의 신학자들은 '히브리'라는 말이 어느 민족을 지칭하는 단어가 아니고, 땅을 소유한 자들에게 고용당하여 생존을 의지하는, 자기 땅이 없는 사람들을 가리키는 단어라고 말한다. '히브리'가 6년을 일하고 나면 그들에게 자유를 주라고 하나님은 명령하신다. 그런데 히브리에게 '막연한 자유'는 또 다른 큰 위험 상황에 들어가는 것이다. 그래서 경제적으로 자립할 수 있는 어느 정도의 기반이 될 만한 제법 많은 재산을 주고 자유를 주라고 하신다.

"그를 놓아 자유하게 할 때에는 빈 손으로 가게 하지 말고, 네 양 무리 중에서와 타작 마당에서와 포도주 틀에서 그에게 후히 줄지니 곧 네 하나님 여호와께서 네게 복을 주신 대로 그에게 줄지니라."(신 15:13-14)

주인들에게 이 말씀은 단순히 채무를 면제해주는 것에 비할 수 없는 큰 손실이다. 그러나 그간 그의 노동력을 통해 많은 이득을 취해 왔으니, 기쁘게 그 중의 일부를 떼어주는 것이 하나님의 백성이 살아야 할 삶의 방식이었다.

아무 힘이 없는 사람, 돈도 없고 권력도 없는 약자, 노예처럼 자신의 시간과 몸이 억압된 채로 어쩔 수 없이 살아가야 하는 사람들에게 그리스도인은 세상 사람들과 다르게 대해야 한다. 직원의 시간과 노동력을 착취해서 큰 이익을 남기고, 그 돈으로 많은 헌금을 하는 것은 악한 것이다. 그렇게 자신의 배를 불리고 헌금하는 것보다 직원들이 행복하고 즐겁게 일할 수 있도록 최선을 다해 복지를 제공하는 것이 훨씬 더 그리스도인다운 삶이다.

3. 안식년의 적용

모세는 안식년이라는 율법의 항목을 그 시대에 맞도록 탁월하게 해석하여 풀어주었다. 모세의 해석을 통해서 이스라엘에게 매우 중요한 한 가지 가치관이 생겼을 것이다. '히브리'의 범주에 속하는 사람들, 즉 땅이 없어서 자신의 날품을 팔아 살아가는 가난한 이웃들을 어떻게 대해야 하는지에 대해 매우 선명하게 배웠을 것이다.

예수를 믿는다는 것이, '예수 잘 믿어서 천국에 가는 것'이라는 소극적인 이유에만 국한된다면 그 사람의 신앙은 매우 심하게 왜곡될 수 있다. 오히려 이전보다 훨씬 더 이기적인 사람이 될 가능성이 높다. 그런데 율법의 근본 정신 중 하나라고 할 수 있는 안식년과 희년 제도는 인간의 탐욕을 제어하고, 자연과 사람을 긍휼히 볼 줄 아는 눈을 가지게 한다. 그런 아름다운 눈은 가질 생각도 하지 않고, 나만 예수 잘 믿어서 금빛 찬란한 저 천국에 가려고 하는 것은 참으로 무서운 이기심의 발현이다.

4. 나는?

설교자로서 모세의 설교를 보면서, 모세의 고민과 연구와 묵상의 깊이를 본다. 모세의 마음에는 늘 율법이 있었던 것 같다. 아마도 하나님이 주신 율법을 지금 이 땅에서 어떻게 해석하고 적용해야 하는지를 끊임없이 묵상했을 것이다. 그랬기에 이스라엘에게 딱 맞는, 이처럼 적용이 탁월한 이런 설교를 할 수 있었던 것 같다. 나도 설교자로서 일주일 내내 설교할 내용을 상고한다. 매일의 묵상을 바탕으로 주일에 무슨 설교를 해야 할지를 고민한다. 가장 중요한 부분은 역시 '적용'이다. 자본주의의 한가운데를 살아가는 우리 교회 교우들에게 이 말씀은 도대체 어떻게 적용될 수 있을까에 대한 고민이 나의 설교 준비에서 가장 중요한 부분이다.

하나의 예가 있다. 안식년 정신에 대해 묵상하면서, 나는 교회에서 누구에게 주목할까를 정리한 적이 있었다. 묵상의 결과, 내가 주목해야 할 사람은 교회 내에서 가장 약한 사람이었다. 그리고 가장 가난한 사람이었다. 그래서 교회의 중심은 약하고 가난한 사람이라고 성도들에게 설교했다. 안식년 정신에 대한 오늘의, 우리 교회에 대한, 나름의 적용이었다.

어제는 하루 종일 설교를 준비했는데, 흐름도 꼬이고 적용점조차 흐려서 설교의 포인트가 제대로 잡히지 않았다. 설교할 내용을 계속 고민하고 묵상하다가 잠자리에 들기 전 욕실에 들어갔는데, 갑자기 정리가 되는 부분이 있었다. 씻다 말고 얼른 나와서 핸드폰에 정신없이 적었다. 해석과 적용점을 찾은 것이다.

나는 이런 과정이 행복하다. 이 과정을 통해서 얻는 메시지는, 그저 선포용으로 끝나기 마련인 멋있는 설교를 하기 위한 것이 아니라, 그 메시지가 나를 먼저 살리는 것을 느끼기 때문이다. 나는 설교자여서 행복하고, 성경공부 인도자여서 행복하고, 말씀 묵상을 가르치는 강의자여서 행복하다. 이 모든 것들을 준비하기 위해서 열심히 묵상하면서 말씀을 해석하고 적용해 가는 복을 누려가기에 목사의 직분이 너무 감사하고 행복하다. 모세만큼 탁월한 해석과 적용을 해내지는 못하겠지만, 나와 교우들의 삶을 뒤집고 변화시키고 성숙시킬만한 해석과 적용이 있는 설교를 하는 것이 목사로서 꿈꾸는 매우 중요한 소망이다.

절기의 적용
(신명기 16:1-17)

절기를 지키라고 하나님이 말씀하신다. 절기의 의미를 이해하고 나의 삶에 적용해야 할 것인데, 절기를 지키는 것이 오늘날 나의 신앙과 무슨 관계가 있을까? 절기는 왜 지키라고 하셨으며, 절기의 의미는 무엇일까?

1. 기억하라

"유교병을 그것과 함께 먹지 말고 이레 동안은 무교병 곧 고난의 떡을 그것과 함께 먹으라 이는 네가 애굽 땅에서 급히 나왔음이니 이같이 행하여 네 평생에 항상 네가 애굽 땅에서 나온 날을 기억할 것이니라... 너는 애굽에서 종 되었던 것을 기억하고 이 규례를 지켜 행할지니라."(신 16:3,12)

절기의 가장 중요한 목적은 '기억하는 것'이었다. 더 정확하게는 출애굽 때의 두 가지를 기억해야 했다. 하나님이 행하신 놀라운 구원을 기억해야 했고, 구원을 얻기 전의 종된 상태를 기억해야 했다. 하나님이 행하신 구원을 잊지 않는 것이 신앙이다. 하나님이 행하신 구원을 잊지 않는다는 것은 구원이 있기 전 자신의 비참했던 실상을 잊지 않는다는 것이다. 구원만 기억한다는 것은 '나는 구원 받은 사람'이라는 은근한 교만을 만들 수도 있다. 구원 받았다는 것은 구원 받아야 할 만큼 비참한 상태에 있었다는 것이다. 그 비참했던 상태를 잊지 않아야 구원의 소중함과 감격을 잊지 않을 수 있다.

2. 즐거워하라

"네 하나님 여호와께서 택하신 곳에서 너는 이레 동안 네 하나님 여호와 앞에서 절기를 지키고 네 하나님 여호와께서 네 모든 소출과 네 손으로 행한 모든 일에 복 주실 것이니 너는 온전히 즐거워할지니라."(신 16:15)

신앙은 기쁨이요 즐거움이다. 절기를 지키는 가장 중요한 이유는 즐거워하는 것이다. 신앙은 구원의 감격과 기쁨을 누리는 것이다. 기쁨과 즐거움이 없다면 신앙에 큰 문제가 생긴 것이다. 기독교 신앙은 고행과 수도가 본질이 아니다. 기독교 신앙의 본질은 기쁨과 즐거움이다. 의미 없던 삶에 하나님이 의미가 되어 주셨고, 하나님의 사랑을 모르고 처절하고 비참한 삶을 살다 죽을 수밖에 없던 인생에 놀라운 구원을 주셨으니 어찌 기쁘지 않겠는가? 하나님을 기억하고 즐거워하는 것이 절기를 누리는 방식이었다.

3. 드리라

"네 하나님 여호와 앞에 칠칠절을 지키되 네 하나님 여호와께서 네게 복을 주신 대로 네 힘을 헤아려 자원하는 예물을 드리고"(신 16:10)

기억하고 즐거워하는 표현이 있어야 했다. 드리는 것이었다. 하나님이 베푸신 놀라운 구원에 기뻐하며 감격하기에 사람은 무엇을 할 수 있을까? 예물을 드릴 수 있다. 상대에게 무엇을 준다는 것은 사실 특권이다. 기쁨을 표현할 특권, 감격을 표현할 특권. 세상이 줄 수 없는 즐거움을 누림에 대한 감사의 표현인 것이다.

자신은 평생 십일조는 커녕 헌금조차 하지 않고 살았노라고, 왜 목사의 배를 불리는 헌금을 하겠냐고 하시던 분을 만난 적이 있다. 그 분은 불쌍한 분임에 틀림없다. 하나님에 대한 기쁨을 경험한 적이 없거나, 눈물로 헌금을 드릴만큼 은혜를 받은 적이 없거나, 어떤 물질과도 비교할 수 없는 구원의 감격과 즐거움을 맛보지 못했을지도 모른다는 생각에 마음이 아팠다. 억지로 드리는 것은 하지 않아도 된다. 드림은 언제나 즐거움이어야 한다. 나의 비참한 과거를 기억하고, 그 비참한 나의 삶에 대한 하나님의 놀라운 구원을 기억한다면, 감사과 감격과 기쁨과 눈물로 나의 재물을 드림이 어찌 아까울 수 있을까? 헌금은 언제나 '자발적'이어야 한다. 그런데 헌금을 드리고 싶은 자발성이 생긴 적이 거의 없다면 자신의 신앙의 근본을 돌아봐야 할 일이다.

4. 예배

절기는 예배를 통해서 오늘날도 재현될 수 있다. 왜 굳이 매주일 한 공간에 모여서 예배를 드리는 것일까? 매주일 드리는 예배를 통해서 하나님이 하신 일과 비참했던 나의 과거를 기억하고, 성도들과 함께 하나님을 즐거워하고 기쁨과 감사를 표현하며 예물을 드릴 수 있기 때문이다. 혼자서만 기억하고 즐거워하는 것은 불가능에 가깝다. 공동체가 모여 하나님이 하신 일과 나의 비참했던 과거에 대해서 메시지를 통해, 그리고 서로 간의 나눔을 통해서 풍성히 듣고, 그 감격을 표현하고, 그래서 기뻐하고 즐거워하는 날이 주일이다. 그 기쁨과 감격을 누리도록 하시는 하나님께 감사해서 그 감격 때문에 나의 삶의 수고를 통해 얻은 재물의 일부를 하나님께 그리고 공동체를 위해 드리는 날이다.

주일 예배를 왜 올까? '집에 빨리 가기 위해서' 교회 오는 교인들이 많다는 웃을 수만은 없던 이야기를 들은 적이 있다. 매주일 예배를 통해서 나의 죄인 됨과 하나님의 놀라운 구원을 기억할 수 없다면, 그래서 영혼의 참된 기쁨을 누릴 수 없다면, 그래서 드리는 헌금이 아깝다면, 더구나 그 헌금이 누군가의 배를 불리는 곳에 주로 사용된다면, 그 예배는 생명력을 상실한 예배이다. 당연히 생명을 회복할 수 있는 예배를 새로이 찾아야 한다. 예배를 통해서 기억과 즐거움과 드림의 기쁨을 깊이 누려가는 그 예배를 드릴 수 있는 곳을 찾아야 한다. 예배의 문제는 실제로 내가 죽고 사는 문제이기 때문이다.

5. 나는?

나는 바른 설교-내 영혼을 울리는 은혜로운 설교-를 '들어야' 살 수 있는 사람이다. 그래서 설교자가 되면서 가장 염려스러웠던 점이 "매주일 내가 설교를 '듣지 않고' 설교를 하기만 하게 될 텐데, 그러고도 내 영혼의 참된 은혜를 누려갈 수 있을까?"라는 점이었다.

감사하게도 나는 내가 하는 설교를 듣는 첫 번째 청중이다. 개척한 지 3년 반이 되어가는 시점인데, 지금도 여전히 내가 하는 설교를 통해서 내가 은혜를 받지 못하면 죽을 듯이 답답하고 괴로울 것 같다. 목사로 살아가는 지금도 나는 매주일 은혜가 필요하다. 아니, 매일 은혜가 필요하다. 예배의 인도자만 되고 예배자는 되지 않는 그 무서운 일을 절대 하고 싶지 않다. 하나님이 행하신 구원의 놀라움을 기억하고, 나의 죄인 됨을 잊지 않으며, 내가 가진 것을 즐거이 드리는 자세를 결코 놓치지 않는 매주일의 예배가 되기를 간절히 사모한다.

신앙인의 '공의'
(신명기 16:18-17:13)

오늘 본문은 두 가지를 말하고 있다.

1. 공의의 중요성

"네 하나님 여호와께서 네게 주시는 각 성에서 네 지파를 따라 재판장들과 지도자들을 둘 것이요 그들은 공의로 백성을 재판할 것이니라. 너는 재판을 굽게 하지 말며 사람을 외모로 보지 말며 또 뇌물을 받지 말라 뇌물은 지혜자의 눈을 어둡게 하고 의인의 말을 굽게 하느니라."(신 16:18-19)

공의로운 재판은 이스라엘에게 매우 중요하다. 인생은 언제나 장기전이고, 사회는 장기적으로 바라봐야 하기에 공의로운 삶과 재판은 더 없이 중요하다. 그리고 하나님이 살아계신 것을 믿는다면 공의로운 삶과 재판이 유지되는 사회가 되도록 공동체를 조율해 가는 것은 당연한 태도일 것이다. 두 가지 관점에서 공의로움을 세워가야 한다.

먼저, 지도자의 공의다. 지도자가 공의롭게 다스리는지 아닌지 면밀하게 살펴야 한다. 신앙은 개인적이면서 동시에 공동체적이다. 그러므로 그리스도인에겐 사회와 세상을 보는 바른 눈도 매우 중요하다. 바른 눈으로 본다는 것은 '이익'이 아닌 '공의'의 관점으로 보는 것이다. 특정 집단의 경제적인 이익을 나라와 사회의 공익인양 간주하고, 그 집단을 옹호하는 정치를 하는 정치가는 당연히 공의대로 심판 받아야 마땅할 것이다. 사회의 지도자들이 공의로운지 아닌지를 눈을 크게 뜨고 살펴야 한다. 공의로움이 적용되어야할 첫 번째는 언제나 공동체, 즉 '소속된 모두'이기 때문이다.

둘째, 개인적인 공의다. 지도자의 공의뿐 아니라 개인적으로 공의를 추구하는 삶도 매우 중요하다. 개인이 모여서 사회를 이루는 것이니 개인이 공의롭지 못하고서는 공동체가 공의로울 수 없다. 개인의 구체적인 일상에서 사람을 외모로 보지 않고, 뇌물을 받지 않고, 부당한 이익을 거부해야 한다. 그래야 지혜가 어두워지고 말이 굽게 나가는 치명적 오류를 피할 수 있다.

2. 제사장의 판단

"죽일 자를 두 사람이나 세 사람의 증언으로 죽일 것이요 한 사람의 증언으로는 죽이지 말 것이며… 네 성중에서 서로 피를 흘렸거나 다투었거나 구타하였거나 서로 간에 고소하여 네가 판결하기 어려운 일이 생기거든 너는 일어나 네 하나님 여호와께서 택하실 곳으로 올라가서, 레위 사람 제사장과 당시 재판장에게 나아가서 물으라 그리하면 그들이 어떻게 판결할지를 네게 가르치리니"(신 17:6,8,9)

심각한 죄를 지어서 공동체에 해를 끼친 사람을 어떻게 정죄하고 심판해야 할지를 가르치고 있다. 한 사람의 증언으로는 정하지 못하고 두세 사람의 증언이 있어야 했다. 쉽게 처리하기 어려운 재판에 대한 판결은 제사장과 재판장에게 나아가 물어야 했다. 이것을 신약시대인 지금에는 어떻게 적용해야 할까? 목사가 제사장이니까 목사에게 가서 묻고 목사의 판단에 무조건 따르면 되는 것일까? 그건 어리석은 생각이다. 그것처럼 무지한 생각이 없다. 신약시대에는 모든 성도가 왕 같은 제사장이다. 당연히 교회 공동체의 모든 결정은 모든 성도들이 함께 해야 한다. 성도 한 사람, 한 사람의 생각이 공동체의 결정 가운데 들어가야 하는 것이다. 모든 성도의 판단이 제사장의 판단이다. 그러므로 지금 시대의 교회는 민주적으로 운영되어야 한다.

이렇게 두 가지를 지켜나가면 하나님이 주시는 땅을 차지할 것이요(신 6:20), 하나님께서 그 공동체를 지키시고 복 주셔서 무법하게 행하는 자가 없어질 것이다(신 7:13).

3. 나는?

역사와 정치에 대한 공부는 스스로 하지 않고, 한쪽에서 주장하는 관점을 그대로 흡수하여 역사와 정치를 보고, 그것이 진리인양 외치는 것을 목사가 해야 할 일이라고 믿는 사람들이 제법 많이 보인다. 소름 끼칠 정도로 무섭다. 목사라는 사람들이 말씀에 삶을 걸지 않고 정치적 관점에 삶을 걸고 있는 듯해서 슬프기도 하다. 그것도 왜곡되고 치우쳐 잘못된 정치사회적 관점에 말이다. 공의로움을 추구해야 하기에, 한쪽으로 치우치면 안 되는 사람이 그리스도인이다. 양쪽을 다 살펴서 잘 하고 잘못하는 것을 공정하게 판단해야 한다. 그리스도인이라면 자신의 신념이나 관점이나 정치적 방향이 기준 되지 않고, 오직 성경을 기준으로 세상을 살펴서 판단해야 한다. 특히 정치적 관점에는 조심스러워야 한다. 목사가 정치적 관점을 가질 수는 있으나, 공적인 교회 강의나 설교에서 그 관점을 설파한다면 목사의 자격을 의심해 봐야 할 것이다. 목사는 정치를 말하는 사람이 아니라, 성경을 연구하고 가르치고 설교하는 사람이다. 정치적 관점은 개인적인 대화의 자리에서는 얼마든지 피력할 수 있겠으나,

교회적인 공적 발언에서는 엄격하게 금지해야 마땅하다. 목사의 말은 영향력이 있는데, 그가 하나님의 말씀이 아니라 정치를 말한다면 그는 목사를 그만 두고 정치를 하는 것이 맞겠다.

나는 교회를 잘 모른다. 사실 목회도 잘 모른다. 개척한지 3년 반. 그것이 나의 목회 경력의 전부다. 그래서 나는 성경을 기준으로 하려 애쓴다. 성경 말고는 아는 것이 거의 없기 때문이다. 성경을 살펴보니 헌금은 자발적이어야 한다고 판단되어서 헌금 봉투는 한 종류로 만들었고, 헌금 시간을 따로 두지 않았다. 성경을 살펴보니 목사만 제사장이 아니라 모든 성도가 제사장이라고 판단되어서, 예배를 마치는 시간의 축도를 성도들과 다 같이 한다. 2직분제 (목사, 집사)가 성경적이라고 믿는 침례교의 교리에 동의와 설득이 되기에, 말씀의빛교회에는 집사만 있다(다른 교회에서 권사, 장로 직분을 받으신 분들이 자발적으로 흔쾌히 집사로 불러 달라고 해주셔서 얼마나 감사한지 모른다).

부족하지만 최대한 민주적 운영을 하려고 애쓴다. 아무리 생각해도, 각자 동등한 제사장 자격이 있는 모든 성도들의 의견을 수렴하고 논의하는 것이 가장 성경적이라고 믿어지기 때문이다. 완벽하게 한다는 것은 애초에 이 땅에선 불가능한 것이니, 이렇게 한 걸음씩 성경적이라고 생각되는 길을 성도들과 함께 걸어가려 한다. 함께 의논하고 고민하고 결정하면서 걸어간다면, 다소 잘못된 결정이 생긴다 해도, 성경에서 바른 길을 찾으면 다시 길을 수정할 수 있으리라 믿는다. 성경을 기준으로 모든 성도가 주인 되어서 함께 고민하고 함께 세워가는 공동체를 꿈꾼다. 그 걸음을 시작했는데 시작이 좋은 것 같다. 끝까지 이 걸음을 잘 걸어가길 소원한다. 성령께서 함께 해주시길 간절히 소원한다.

왕, 레위인, 선지자
(신명기 17~18장 묵상)

주변의 다른 민족 같이

·

목사는 없어져야 한다?

·

변치 않는 원리 : 선지자

10월의 장미라니
이해가 쉽지 않다.

그러나 꿋꿋이 피어있고,
하늘을 향하기까지 한다.

5월.
그 장미의 계절이 아니면 어떠랴?

10월이라도 그저 필 수 있으니 감사하고,
피어서 빛을 향할 수 있으니 기쁘다.

30대, 40대가 아니라, 50대.
이 늦은 나이면 어떠랴?

그저 삶을 꽃 피울 수 있고,
말씀을 통해 타인의 신앙과 삶에 작은 도움을 줄 수 있으니,
기쁠 따름이다.

늦었지만 필 수 있어서,
목사로 살아갈 수 있어서,
성도들과 함께 말씀의 사람이 되어갈 수 있어서
그저 감사할 따름이다.

주변의 다른 민족 같이
(신명기 17:14-20)

1. 사람 왕을 원치 않는 하나님

하나님은 자기 백성이 주변 민족과 같이 되길 원하지 않으신다. 주변 민족들처럼 '왕'을 갖지 않길 원하셨다. 사람을 왕으로 두면 백성은 왕을 섬겨야 하고, 왕은 백성을 착취하게 된다. 그 구조에 빠지면 왕과 백성 모두가 하나님만이 참되신 왕이라는 사실을 잊을 가능성이 높기 때문이다. 그래서 하나님은 자기 백성을 위하여 사람 왕을 두는 것을 원치 않으신 것이었다.

2. 그래도 왕을 원한다면?

그러나 이스라엘은 가나안에 들어가 사람 왕을 원할 것이 분명했음을 하나님은 아신 모양이다. 주변 모든 민족들이 사람 왕을 갖고 있기 때문이다.

"주 당신들의 하나님이 주시는 그 땅에 들어가서 그 땅을 차지하고 살 때에, 주위의 다른 모든 민족같이 당신들도 왕을 세우고 싶다는 생각이 들거든"(신17:14, 새번역)

하나님의 뜻은 분명하다. 그래도 끝까지 사람 왕이 없이 오직 하나님만 왕 삼는 것이다. 그러나 하나님은 모세를 통하여 다른 말씀을 주신다.

"당신들은 반드시 주 당신들의 하나님이 택하신 사람을 당신들 위에 왕으로 세워야 합니다."(신17:15, 새번역)

사람 왕을 세우지 못하도록 하지 않으시고 세울 것을 허락하신다. 하나님의 뜻이 아님에도 왕 세우는 것을 허락하시는 이유가 뭘까? 여기서 무슨 교훈을 얻어야 할까? 사람은 하나님의 뜻을 100% 순수하게 따를 수 없다. 죄인이기 때문이다. 그런데 하나님은 무조건 자신의 뜻에 복종하라고 윽박지르지 않으신다. 연약해서 할 수 없다면, 할 수 없는 바로 그 자리를 인정해주신다. 왕을 두는 것이 결코 바람직하지 않지만, 백성들이 왕을 그토록 간절히 원한다면 왕을 가진 바로 그 자리에서 다시 시작하게 하신다. 내가 연약해서 할 수 없어 주저앉은 자리가 있다면 이 본문을 통해 기억해야 한다. 바로 그 자리에서 다시 시작하게 하시는 하나님의 은혜를.

3. 그 자리에서 시작하는 방법

다시 시작하는 그 자리에서 무엇을 해야 하는 것일까? 이미 하나님의 뜻이 아닌 길을 선택했으니 열심히 해봐야 의미가 없는 것일까? 성경의 가르침은 그렇지 않다. 하나님의 뜻이 아닌 왕을 세울 때 그 왕이 어떠해야 할지를 상세히 가르쳐주신다. 왕이 해야 할 일을 통해, 세상에서 또는 교회에서 오늘날 지도자의 자리에 서게 되는 사람에게도 적용됨직한 원리를 가르쳐 주신다.

첫째, 겨레 가운데서 세워야 한다.

"당신들은 반드시 주 당신들의 하나님이 택하신 사람을 당신들 위에 왕으로 세워야 합니다. 당신들은 겨레 가운데서 한 사람을 왕으로 세우고, 같은 겨레가 아닌 외국 사람을 당신들의 왕으로 세워서는 안 됩니다."(신 17:15, 새번역)

교회의 리더는 그 교회 내에서 나오는 게 바람직하다고 교회 공동체에 적용이 가능할 것 같다. 교회 공동체 안에서 함께 신앙생활하면서 공동체로부터 인정받는 사람을 교회의 리더로 세우는 것이 가장 바람직한 모습일 것 같다. 그러나 현실에서 리더가 세워지는 과정은 그렇지 못할 때가 많은 것 같다. 공동체의 시각이나 뜻과는 크게 관계없이 자신이 홀로 원해서 신학교를 가거나, 본인은 별 생각도 없었는데 부모나 담임목사가 가라고 해서 신학교를 가는 경우, 그 사람이 목사가 되고나면 스스로도 혼동스러울뿐더러 그 사람의 신앙과 인품을 전혀 모른 채로 이력서 한 장과 설교한 두 번으로 교회는 그를 리더로 받아들여야 하는 것이 지금의 제도인데, 이런 측면에서 지금의 목사제도와 청빙제도는 염려가 되는 부분이 많다.

둘째, 군마를 많이 가지려 하지 말아야 한다.

"왕이라 해도 군마를 많이 가지려고 해서는 안 되며, 군마를 많이 얻으려고 그 백성을 이집트로 보내서도 안 됩니다. 이는 주님께서 다시는 당신들이 그 길로 되돌아가지 못한다고 말씀하셨기 때문입니다."(신17:16, 새번역)

왕이 되면 그도 다른 나라의 왕처럼 되고 싶어 할 것이다. 그러나 하나님의 백성들을 이끄는 리더는 이방 나라의 왕과 달라야 함을 가르치신다. 군마가 그의 힘이 아니라, 오직 하나님만 그의 힘임을 잊지 말아야 한다는 뜻일 것이다. 돈과 권력은 허상이다. 돈과 권력을 추구하면 결국 돈과 권력으로 인해 추하게 망하고 말 것이라고 시편기자는 말했다. 왕이라도 하나님의 백성이다. 왕이라도 오직 하나님만 자신의 힘으로 삼아야 한다. 그 사실을 잊지 않아야 올바른 리더일 수 있다.

셋째, 왕비와 은금을 많이 가지지 않아야 한다.

"왕은 또 많은 아내를 둠으로써 그의 마음이 다른 데로 쏠리게 하는 일이 없어야 하며, 자기 것으로 은과 금을 너무 많이 모아서도 안 됩니다."(신17:17, 새번역)

당연히 고대의 왕들은 많은 아내와 넘치는 재물을 가졌다. 그러나 하나님의 백성된 왕은 결코 그래선 안 된다. 돈과 아내를 많이 두고서는 하나님을 의지하는 것이 거의 불가능하기 때문이다. 오늘날 목회자들의 타락은 주로 이 두 가지에서 일어난다. 돈과 성. 사실 목회자만의 문제는 아니다. 모든 성도들이 가장 시험에 잘 빠지는 것이 돈과 성이다. 왕에게 주는 교훈은 오늘날의 목회자에게 주는 메시지임이 분명하고, 동시에 왕된 제사장들인 일반 성도에게도 유효한 메시지다.

넷째, 왕에게 무엇보다 중요한 것이 있다.

"왕위에 오른 사람은 레위 사람 제사장 앞에 보관되어 있는 이 율법책을 두루마리에 옮겨 적어, 평생 자기 옆에 두고 읽으면서, 자기를 택하신 주 하나님 경외하기를 배우며, 이 율법의 모든 말씀과 규례를 성심껏 어김없이 지켜야 합니다."(신 17:18-19, 새번역)

하나님 나라의 왕은 세상의 왕들과 전혀 달라야 했는데, 왕임에도 평생 동안 배워야 했다. 무엇을 배울까? 율법을 통해 하나님을 경외하기를 배워야 했다. 왕도 율법을 배우고 실천함에 있어서는 예외가 아니었다. 왜 율법을 배우는 것이 왕의 의무가 되어야 했을까?

"마음이 교만해져서 자기 겨레를 업신여기는 일도 없고, 그 계명을 떠나서 좌로나 우로나 치우치지도 않으면, 그와 그의 자손이 오래도록 이스라엘의 왕위에 앉게 될 것입니다."(신17:20, 새번역)

왕도 하나님의 백성이라는 사실에는 예외가 아니었다. 또한 오직 하나님의 말씀만이 그의 교만을 막아주고, 치우치지 않게 해주고, 그래서 오래도록 왕위를 유지하고, 그 나라를 유지할 수 있게 해주기 때문이다.

4. 나는?

갑자기 고민이 찾아왔다. '나는 목사를 잘하고 있나?'하는 고민이었다. 교회를 세우고 예배당이 생겼는데 나는 정작 예배당에 주2회 정도 간다. 주일 예배와 평일 하루 정도다. 집이 멀고 아직 다른 생업을 하고 있어서 어쩔 수 없는 상황이긴 하지만, 문득문득 마음이 조금씩 불편해지려는 것도 사실이다. 열심히 뭔가 기획해서 교회를 '부흥'시켜야 하는 것 아닐까? 하는 생각도 혹 들어온다.

말씀을 펼쳐들고 놀란다. 내 고민에 대한 대답이 말씀에 줄줄줄... 내가 목회를 '잘' 해서 교회를 부흥시켜야 한다는 생각은 전혀 바른 생각이 아니다. 왕을 허락하시면서도 끝까지 말씀하시는 그 내용들이 하나님이 진짜 원하시는 것들이다. 나는, 그리고 우리 교회는 그 원리를 지켜 가야 한다.

내(우리) 교회를 크게 키우는 것, 그래서 내(우리)가 힘을 가지는 것. 그것은 결코 교회가 갈 방향이 아니다. 교회는, 그리고 목사인 나는 가야 할 방향이 분명하다. 말씀을 붙들고 말씀대로 살아가는 것이다. 교회는 커지면 감사하고 커지지 않아도 무한 감사다. 커지든 커지지 않든 상관없이 말씀 붙들고 살아가면 되기 때문이다. 말씀을 통해 하나님과 인격적인 교제를 하고, 그래서 스스로 은혜를 생산해내는 신앙인으로 성도들이 한 명 한 명 세워지기만 하면 된다. 말씀만이 중요한 이유는 분명하다.

"마음이 교만해져서 자기 겨레를 업신여기는 일도 없고, 그 계명을 떠나서 좌로나 우로나 치우치지도 않으면, 그와 그의 자손이 오래도록 이스라엘의 왕위에 앉게 될 것입니다."(신17:20, 새번역)

마음이 교만해져서 다른 이들을 업신여기면서 하나님의 계명을 떠나면 그게 가장 크게 망하는 것이요, 말씀을 묵상하고 붙들고 순종하기를 힘쓰면 그보다 복되고 안전한 삶이 없기 때문이다. 이 길을 잘 걸어가기만 하는 내가 되길 그리고 말씀의빛교회가 되길 소원한다.

목사는 없어져야 한다?
(신명기 18:1-14)

1. 레위인의 존재

이스라엘 모든 족속은 땅을 자기 몫으로 분배 받을 것이다. 그러나 레위인은 땅을 분배받지 못한다. 그 이유를 모세는 이렇게 말했다.

"그들이 그들의 형제 중에서 기업을 가지지 않을 것은 여호와께서 그들의 기업이 되심이니 그들에게 말씀하심 같으니라."(신 18:2)

여호와께서 레위인의 기업이 된다는 것은, 레위인들은 다른 지파들처럼 자기 땅을 소유하고 경작하는 일을 하는 게 아니라 성전에 관련된 일들을 하고 율법을 가르치는 일을 해야 했기 때문에, 백성들이 성전에 드리는 제물과 헌물의 일부로 그들의 삶을 영위해야 한다는 뜻이었다. 하나님은 왜 이런 제도를 두셨을까? 사람이 자신의 일을 하면서 성전도 돌보고 율법까지 연구한다는 것은 불가능에 가깝기 때문이었다. 성전과 제사와 율법에 완전히 몰입하는 사람이 있어야 했다. 그래야 이스라엘에 여호와 신앙이 제대로 자리를 잡을 수 있고, 이 다음 구절에서 경고하는 일들이 발생하지 않도록 막을 힘이 이스라엘 무리에게 생길 수 있기 때문이었다.

2. 가증한 행위를 본 받지 말라

앞의 레위인 이야기와 연결이 잘 안 되는 내용을 모세가 연이어 말한다.

"네 하나님 여호와께서 네게 주시는 땅에 들어가거든 너는 그 민족들의 가증한 행위를 본받지 말 것이니, 그의 아들이나 딸을 불 가운데로 지나게 하는 자나 점쟁이나 길흉을 말하는 자나 요술하는 자나 무당이나, 진언자나 신접자나 박수나 초혼자를 너희 가운데에 용납하지 말라, 이런 일을 행하는 모든 자를 여호와께서 가증히 여기시나니 이런 가증한 일로 말미암아 네 하나님 여호와께서 그들을 네 앞에서 쫓아내시느니라."(신 18:9-12)

신명기 전체에서 계속 강조하는 내용은 '약속의 땅에 들어가면 그 땅의 원주민들의 행위를 본받지 말라'는 것이다. 사람은 보고 듣는 것과 주변의 사람들에게 영향을 받기 마련이다. 가나안의 풍속에 영향 받을 가능성은 더 많았는데, 하나님은 눈에 보이지 않는 반면 가나안의 신들은 눈에 보이는 형상을 갖고 있기 때문이다.

그들의 가증한 행위를 본받지 않으려면 어떻게 해야 할까? 하나님에 대해서 더 깊이, 더 많이 알아야 하고, 성전과 제사에 대해서도 표면적인 의미를 넘어서서 더 깊은 내면적, 영적 의미들을 더 깊이 알아가야 한다. 날마다 생업을 위한 노동을 하면서도 율법을 깊이 연구하고 묵상하고 여호와 신앙의 깊은 의미들을 스스로 알아가는 것은 결코 쉬운 일이 아니다. 그러니 율법을 깊이 연구하고 묵상하고 여호와 신앙의 깊은 의미들을 깨달아 그것을 백성들에게 전달하는 사람이 있어야 백성들이 여호와 신앙을 지켜갈 수가 있고, 이방 신들의 유혹을 이겨낼 수가 있다. 레위인은 그들이 신앙을 지켜갈 수 있도록 돕는 사람들이었고 그들은 신앙이 지켜지지 않으면 망할 민족이었다. 이것이 이스라엘에게 레위인이 필요한 이유이자 백성들이 드리는 제물과 헌물의 일부로 레위인들의 생계를 해결해주어야 하는 이유였다.

3. 목사와의 연결

　　레위인은 오늘날의 목사와 연결될까? 제사장도 오늘날의 목사와 연결될까? 레위인과 제사장을 애써 목사의 직분과 연결하고 '주의 종' 운운하면서 굉장한 영적인 의미를 부여하는 목사들이 많다. 그렇게 강조하면서 목사직분을 특권 계급화 해왔다. 그건 분명히 틀린 것이다.

　　그러나 '목사는 레위인이 아니다'라고 주장하는 것은 100%옳은 것일까? 거기에는 동의가 되지 않는다. 목사가 레위인과 비슷한 면이 많이 때문이다. 특권 의식과 계급 의식만 뺀다면, 목사가 말씀과 교회에 전념하면서 성도들의 신앙을 위해 기도와 말씀으로 섬기는 것은 잘못된 일이 아니다.

　　사실 레위지파와 제물과 헌물의 일부를 나누라는 것은, 레위인이 특권층이어서가 아니라 사회적 약자이기 때문이라는 측면이 강하다는 생각이 든다. 그들은 하나님의 명령 때문에 스스로 생업을 할 수 없는 사람들이었기 때문이었다. 그래서 사회적 약자인 고아와 나그네를 돌보라는 말에, 레위인을 돌보라는 말이 함께 붙어 나오는 것이다.

> "너희 중에 분깃이나 기업이 없는 레위인과 네 성중에 거류하는 객과 및 고아와 과부들이 와서 먹고 배부르게 하라 그리하면 네 하나님 여호와께서 네 손으로 하는 범사에 네게 복을 주시리라."(신 14:29)

4. 목사 제도는 없어져야 할까?

　　교회 개혁을 주장하는 사람 중에 "신약시대인 지금은 모든 신자가 제사장이니 목사라는 직분을 없애야 한다"고 주장하는 사람들이 있다. 일반신도가 설교를 하면 되니, 월급을 주는 목사를 둘 필요가 없다고 한다.

'목사가 권력화, 계급화, 신분화 되어버린 현재의 모습을 보며 얼마나 안타깝고 화가 났으면 그런 주장을 할까?'하는 마음이 들어 이해도 되지만, 동의는 되지 않는 주장이다. 목사가 없다면, 즉 말씀 연구와 기도와 교우들의 신앙을 돌보는 일에 집중하는 사람이 없다면, 성도들의 신앙의 수준은 형편없이 낮아질 것이고, 결국 기독교 신앙은 세상에 깊이 동화되고 말 것이다.

목사들이 이렇게 많음에도 기독교 신앙이 이처럼 타락한 것은 안타까운 노릇이지만, 그것은 목사 제도가 존재하는 것이 잘못이 아니라, 목사에 대한 개념이 잘못된 탓이다. 목사 제도에서 잘못된 부분을 고쳐 가야 될 일이다. 교회에서 누군가 말씀을 가르치고, 교인들을 대표하는 사람이 있다면, 그 대표를 대부분의 교우들이 인정한다면, 사실 그가 목사의 직무를 하고 있는 것이다. 사실 갑질을 하고 큰 소리 치고, 탐욕과 정욕으로 나쁜 짓을 일삼는 목사는 많이 만나보지 못했다. 내가 만난 대부분의 목사들은 먹고 살 생활비조차 부족한 경우가 많았고, 생업을 따로 가지고서도 기쁨으로 목사의 직무를 감당하기도 하고, 어떤 분은 교회에서 주는 사례를 감사함으로 받아서 최선을 다해 아름답게 말씀으로 교회를 섬기신다. 그들 대부분은 약자들이었다. 약해서 약자인 분도 있었고 교회와 신앙을 위해서 스스로 약하게 되신 분들도 있었다. 기득권 력을 부여잡은 악한 목사들을 제외하면 지금도 구석구석에서 교우들의 아픔을 자신의 아픔으로 부둥켜안고 전전긍긍하면서 말씀과 기도에 집중하는 좋은 목사님들이 많아 보인다. 눈에 보이는 대형교회들이 기독교의 명맥을 유지하는 것이 아니다. 오히려 눈에 보이지 않는 구석구석에서 자신의 직무에 깊이 감사하며 섬기는 목사님들이 기독교의 생명을 유지하고 있는 것이다. 목사 제도가 없어져야 하는 것이 아니라, 바른 목사가 더 많아지고, 교인들이 바른 목사를 분별할 눈을 가져야 하는 것이다.

5. 레위인의 기업이 여호와라는 또 다른 의미

"레위 사람은 이스라엘의 온 땅 어느 성읍에 살든지, 그에게 간절한 소원이 있어서 살던 곳을 떠난다 하더라도, 그가 주님께서 택하신 곳에 이르면, 그 곳이 어디든지, 하나님 앞에 서서 섬기는 다른 모든 레위 사람 형제와 다름 없이, 주 하나님의 이름으로 직무를 수행할 수 있습니다. 그는 조상에게서 물려받은 것을 팔아서 얻는 수입이 있다고 하더라도, 다른 제사장과 같이 몫을 나누어 받아야 합니다."(신 18:6-8)

레위인에게 중요한 특징이 있다. 레위인은 어느 한 지역에서 영원토록 섬길 수도 있지만, 자신이 원하는 다른 지역이 있다면 그 곳으로 가서 섬길 수도 있었다. 즉 그들은 정해진 땅에서 평생 살아야 하는 것이 아니었다. 그들의 기업은 오직 여호와 하나님이기 때문이었다. 지역이 중요한 것이 아니라, 여호와 하나님을 섬기는 것이 중요한 사람들이 레위인이었다. 레위인이 목숨 걸 것은 어떤 지역이나 어떤 씨족이 아니라, 오직 여호와 하나님이었다.

바른 목사, 좋은 목사를 구별할 여러 관점이 있지만, 중요한 한 가지 관점은, 그의 가장 중요한 관심사가 어디에 있느냐이다. 바른 목사의 가장 중요한 관심사는 오직 하나님이어야 한다. 오직 말씀이어야 한다. 오직 은혜여야 한다. 오직 하나님, 말씀, 은혜가 필요한 사람들이 있다면 어디든 가서 섬길 마음이 넘치는 사람이 바른 목사임에 틀림없다.

변치 않는 원리 : 선지자
(신명기 18:15-22)

모세가 이스라엘에게 선지자 역할을 했다. 그런데 위대한 선지자요 리더였던 모세는 약속의 땅에 들어가기 전에 죽게 될 것이다. 앞으로 리더와 선지자를 잃은 이스라엘은 어떻게 될 것인가?

1. 선지자를 세우시는 하나님

모세 이후 각 시대마다 하나님은 선지자를 세우셨다. 선지자는 미래에 대한 궁금증과 두려움을 종교적으로 이용하는 사람이 아니다. 선지자는 자신의 말을 하는 사람도 아니고 미래를 점치는 사람도 아니다. 오직 하나님의 음성을 '전달'하는 사람이다.

"내가 그들의 형제 중에서 너와 같은 선지자 하나를 그들을 위하여 일으키고 내 말을 그 입에 두리니 내가 그에게 명령하는 것을 그가 무리에게 다 말하리라."(신 18:18)

하나님의 말씀과 뜻을 하나님께로부터 받아서 가감 없이 전달하는 사람이 선지자였고, 하나님의 백성 가운데에 선지자는 항상 필요했다.

2. 개개인이 직접 하나님의 말씀을 들으면 안 될까?

왜 꼭 선지자를 따로 세워야 했을까? 하나님은 영이시니, 개개인에게 직접 말씀하셔도 좋지 않을까? 그 이유를 신명기는 이렇게 말하고 있다.

"이것이 곧 네가 총회의 날에 호렙 산에서 네 하나님 여호와께 구한 것이라 곧 네가 말하기를 내가 다시는 내 하나님 여호와의 음성을 듣지 않게 하시고 다시는 이 큰 불을 보지 않게 하소서 두렵건대 내가 죽을까 하나이다 하매"(신 18:16)

이스라엘은 직접 하나님의 말씀을 듣기를 두려워한다. 하나님의 영광을 직접 보는 것도 두려워한다. 인간의 그 연약함을 하나님이 존중하고 배려해 주셔서 선지자를 세우신다. 선지자(대언자)를 세우시는 또 다른 이유가 있다. 신자들도 각자 하나님을 만나고 하나님의 말씀을 들을 수 있으나 그 음성은 검증되어야 한다. 사람이란 자기 무의식이나 자기 생각을 하나님의 음성으로 착각할 수도 있고, 하나님과 관계없는 영적 현상들도 하나님과 쉽게 결부시킬 수 있기 때문이다. 직접 하나님의 음성을 듣는 것은 문제가 아니지만 선지자를 통해 개개인이 듣는 그 음성이 옳은지 아닌지를 좀 더 조심스럽게 분별할 필요가 있는 것이다. 자신이 체험했다고 해서 하나님의 음성을 절대화해서는 안 되고, 선지자를 통하여 공동체에 들려주시는 하나님의 뜻에 자신의 들은 하나님의 음성을 조율하면서 이스라엘 백성은 신앙이 바르게 자라갈 수 있었을 것이다.

3. 선지자도 검증이 필요하다

그러나 선지자에 대해서도 검증이 필요함을 분명히 말씀하신다.

"만일 어떤 선지자가 내가 전하라고 명령하지 아니한 말을 제 마음대로 내 이름으로 전하든지 다른 신들의 이름으로 말하면 그 선지자는 죽임을 당하리라 하셨느니라."(신 18:20)

선지자라는 명찰이 붙었다 해서 다 옳을 수 없다. 본문은, 삿된 소리를 하거나 자신의 탐욕을 따라 예언하는 잘못된 선지자가 있을 것이라고 하며 그런 선지자는 죽임을 당할 것이라고 한다. 하나님의 저주를 받는 선지자가 있음을 알아야 한다. 옳은 선지자인지 아닌지 검증을 해야 하는 이유다. 성경에 드러난 이스라엘 역사를 보면 잘못된 예언을 하는 예언자들이 굉장히 많았음을 살펴볼 수 있다. 선지자에 대한 검증을 하지 않으면 어떻게 될까? 당연히 선지자와 함께 망하게 될 것이다. 거짓 선지자의 말에 대해서는 '제 마음대로 말한 것이니 두려워하지 말아야' 할 것이다(신 18:22).

4. 오늘날에의 적용

오늘날 선지자는 누구일까? 예언의 은사를 받아서 미래를 예언하는 사람일까? 그런 사람은 점쟁이일 가능성이 높다. 더 안타까운 것은 소위 '예언'되었던 예언들이 이미 틀렸음에도 아직도 그 사람을 좇는 것을 멈추지 않는 이들도 많다는 것이다. 선지자라고 칭함을 받는 그 사람은 이미 죽음의 길로 걸어가고 있는 것이요, 그를 추종하는 사람들도 동일한 길을 가고 있는 것이다.

각 교회마다 설교를 맡은 사람을 오늘날의 선지자로 받아들이는 것이 타당할 것 같다. 하나님의 말씀인 성경을 연구해서, 성경을 통해 하나님의 말씀을 전달하는 사람이기 때문이다. 선지자를 검증해야 했던 것처럼 설교자의 설교도 검증해야 한다. 하나님의 뜻을 바르게 전달하는 것인지 아닌지에 대해 성경을 기준으로 생각하고 따져보고 검증해 봐야 한다. 자칫 그 설교자와 함께 망하는 길을 갈 수도 있기 때문이다.

설교자 자신은 어떻게 해야 할까? 자신의 설교가 하나님의 뜻에 부합되는 것인지 아닌지 두려워하는 마음으로 말씀을 깊이 연구해야 할 것이다. 잘못 전하면 죽은 목숨이기 때문이다. 가끔씩 여러 기독교 방송을 통하여 들려오는 설교를 들으면서 너무 화가 나기도 하고 두렵기도 하다. 그런데 정작 그들은 '죽임을 당하리라'라는 하나님의 저주가 전혀 두렵지 않나보다. 말도 안 되는 이기적이고 탐욕적인 설교를 저토록 아무렇지도 않게 하는 것을 보면. 도대체 저 사람이 하나님을 믿는 것인지 의심스러울 때도 많다. 검증하지 않고 무턱대고 믿으면, 속아서 죽음의 길로 가게 될 가능성이 높은 시대다. 하나님의 말씀을 빙자해서 자신의 탐욕을 추구하는 삯꾼들이 너무 많기 때문이다. 설교자는 '바르게 전하는 것'에 삶을 걸어야 할 것이고 청중은 바른 설교자를 찾아서 바른 메시지를 듣는 것에 삶을 걸어야 할 것이다.

5. 나는?

나는 일반 성도였다가 목사가 된 지 이제 11개월 차이고, 설교자로 살아온 지는 3년 반쯤 되어간다. 일반 성도였을 때 경기도로 이사하고 나서 바른 설교, 생명이 있는 설교를 찾아서 교회들을 얼마나 찾아다녔는지 모른다. 힘들게 찾은 교회에서 거의 매주일 말씀의 은혜를 누렸다. 그러던 어느 주일에 부목사 한 사람이 설교했는데, 횡설수설 도무지 무슨 말을 하는지 이해하기 어려운 설교를 했다. 나는 숨이 막힐 듯 힘들었다. 도무지 이대로는 견딜 수가 없어서 다음 예배 시간에 다른 부목사가 설교하는 예배에 다시 참여했다. 그리고 겨우 숨이 쉬어지는 경험을 한 적이 있었다. 예배 때 선포되는 말씀의 중요성을 뼈저리게 느꼈던 시간이었다.

지금 나는 설교자로 살아가고 있다. 설교자로써 내가 두렵고 답답할 때가 있다. 설교를 준비할 때 잘 안 풀리는 경우다. 하나님의 뜻을 제대로 파악하지 못하고 있음을 의미하기 때문이다. 그리고 설교를 마친 후,

하나님의 뜻을 바르게 전했는지 스스로 검증을 해 볼 때가 또한 두렵다. 감사하게도 아직까지는 설교를 준비하는 모든 시간이 행복했다. 설교문을 다 작성하고도 나와 청중을 향한 하나님의 음성이 아니라는 생각이 들어서 설교문을 폐기하고 다시 작성했던 적도 제법 있었지만 그 시간들조차도 행복했다. 말씀을 들고 선다는 감격이 아직은 내 속에서 식지 않고 있고, 바르게 전하지 못하면 죽는다는 두려움도 내 속에서 사라지지 않고 있다.

성도들에게는 강조하고 또 강조한다. 말씀을 맹목적으로 받아들이지 말고 생각하고 검증해 봐야 한다고. 생각하고 검증해서 하나님의 말씀이라는 믿음이 생기면 반드시 순종해야 하지만, 어떤 부분에서 하나님의 말씀이 아닌 것 같다는 생각이 들면 언제든지 나에게 말해 달라고 한다. 그래야 성도들도 살고 나도 살기 때문이다. 함께 죽는 길로 가기는 싫기 때문이다. 선지자 역할을 하는 설교자에 대해서 검증해야 할 책임이 그리스도인에게 있다. 설교자에게는 자신의 삶과 설교를 스스로 검증하고, 성도들에게도 검증 받아야 할 책임이 있다. 그것만이 성도와 설교자가 함께 생명의 길로 걸어갈 수 있는 유일한 방법이다.

10
CHAPTER

도피성과 생존경쟁
(신명기 19~20장 묵상)

도피성이 왜 중요할까?

·

생존 경쟁에서 하나님 의지하기

꽃들이 활짝 피었다.
벌들이 날고, 나비들이 날아다닌다.
사람들도 몰려들어 거의 북새통이다.
아름다움을 감상하는 이곳도 거의 생존경쟁인 듯하다.

걸어서 아름다운 꽃을 감상하는 일이
너무 힘들어 피곤해질 즈음,
잠시 휴식할 정자가 보인다.
도망치듯 정자로 달려가서 앉는다.

생존경쟁의 치열함에서도
쉼을 얻을 정자가 필요하다.
말씀이라는 안식처,
예수라는 도피성.

도피성이 왜 중요할까?
(신명기 19장)

약속의 땅에 들어가면 도피성을 지으라고 말씀하신다. 땅이 넓어지면 도 피성도 늘려가야 한다고 하신다. 아무리 생각해도 이해가 되지 않는다. 도피성이 왜 이렇게 중요한 것일까? 이스라엘 백성 중에서 사람을 부지 중에 죽일 사람이 도대체 얼마나 된다고 이처럼 엄정하게 도피성에 대해 서 말씀하시는 것일까? 도피성의 중요성에 대해서 생각해 본다.

1. 누구나 죄 지을 가능성이 있다

실제로 부지중 살인을 할 사람은 그다지 많지 않을 것이다. 그러나 혹 시라도 부지중에 죄 지은 사람은 도무지 구제의 방법이 없다. 의도하고 살인을 한 사람은 죄에 대한 대가를 자신의 죽음으로 치러야 한다. 그러 나 실수로 사람을 죽였음에도 구제 방법이 전혀 없다면 그건 공의가 아 니다. 공의롭기 위해서는 억울한 보복을 당하는 사람이 없어야 한다. 가 능하면 억울한 사람이 한 사람이라도 없도록 만든 법이 도피성 법이다.

그러면 죄를 짓지 않은 사람에게 도피성은 무의미할까? 나는 살인을 절대 저지를 사람이 아닌데, 도피성을 세워서 내 세금을 엉뚱한 곳에 축 낸다는 생각을 한다면 그건 정당한 생각일까? 그렇지 않다. 사람은 누구나 죄 지을 가능성을 갖고 있기 때문이다. 부지중 사람을 죽일 가능성은 매우 낮지만, 그럴 가능성이 전혀 없는 사람은 없다. 그러므로 도피성은 이스라엘 백성 모두와 밀접한 관련이 있다. 그러면 도대체 도피성이 나와는 무슨 상관이 있을까? 나는 도피성이 필요한 사람일까? 신약시대에 도피성은 무슨 의미이며 나에겐 무슨 상관이 있을까?

2. 신약시대 도피성의 필요성

지금에는 도피성이 필요 없다. 법 제도가 잘 갖추어져 있어서 살인을 하면 재판으로 시시비비를 정확하게 판단할 것이기 때문이다. 이런 시대에 나에게 도피성은 무슨 의미일까? 나는 죄를 지을 가능성을 언제든지 가지고 있다. 하루를 끝내는 시간에 자신의 하루를 돌아보거나, 아침 묵상 시간에 어제 일을 돌아보면 죄의 가능성이 내 속에 가득 차 있음을 발견할 때가 많다. 비록 실제로 죄를 짓지는 않았어도 무수한 죄의 생각들이 내 맘을 지배했음을 깨닫는다. 그런 것들 때문에 나는 행복하지 못하게 된다.

이 문제를 해결할 방법이 있을까? 이 무거운 죄책감으로부터 자유로울 방법이 있을까? 죄책감이 없어질 방법은, 오직 양심이 무뎌지는 수밖에 없을 것 같은데, 양심이 무뎌지는 것은 신앙인에게 죽음이 아닌가? 당연히 양심은 더 예민해져야 하는 것이 신앙인의 삶의 바른 방향이니 다른 해결책이 있어야만 한다. 그제서야 도피성의 필요성을 깨닫는다. 나는 나의 죄책으로부터 피할 곳이 필요하다. 나는 나의 죄의 절망으로부터 피할 성이 필요하다. 이 문제를 해결하지 못하면, 나는 절망의 구렁텅이에서 한 걸음도 빠져나오지 못한다. 내가 무의식중에 행하는 것은 대부분 죄이기 때문이다.

3. 도피성

신약시대인 지금도 도피성이 있을까? 부지중에 지은 나의 죄, 미움, 욕심, 정욕, 판단, 정죄, 교만 등 무수하게 지은 그 죄들을 들고 도망칠 도피성이 나에게 있을까? 거의 모든 아침마다 마음이 갈급하다. 오늘 무슨 말씀을 주실지 기대하는 마음이 크다. 분주했던 어제의 마음과 부지중 죄에게로 기울었던 나의 내면이 말씀 앞에서 드러난다. 말씀 속에서 주님을 바라본다. 주의 긍휼을 갈망하며 기도한다. 말씀이 나의 내면을 정돈하고 새롭게 해 주시길 기도한다.

맞다. 나의 도피성은 주님이시다. 날 위해 십자가에 죽으신, 바로 나의 이 죄들을 위해 십자가에 죽으신 나의 주님이 나의 도피성이다. 말씀이 나의 도피성이다. 말씀을 통해서 만나는 주님이 나의 도피성이다. 어제의 그 무수한 부지중의 죄들을 안고 말씀이라는 도피성, 주님이라는 도피성으로 도망간다. 주님만이 나의 피할 바위이시며, 나의 안전한 성이시다. 말씀을 통해 만나는 주님만이 나의 도피성이시다.

4. 그제서야 이해되는 구절

그제서야 이해가 되는 구절이 있다.

> "네 하나님 여호와께서 네게 기업으로 주신 땅 가운데에서 세 성읍을 '너를 위하여' 구별하고"(신 19:2)

도피성이 '너를 위하여' 필요한 것이라고 말씀하셨다. 나는 살인이라는 죄를 짓지 않을 것 같은데 '너를 위하여' 도피성이 필요하다고 말씀하신 것이다. 나를 위하여 꼭 필요한 것이 도피성이다. 지금 이 시대에서 그리스도인에게 꼭 필요한 것이 도피성이다. 예수 그리스도라는 도피성, 말씀이라는 도피성, 말씀을 읽고 묵상하는 가운데 만나는 예수 그리스도가 나에게 진정한 도피성이 된다. '나를 위한' 도피성이다. 내가 매일 말씀을 묵상하는 이유는, 성도들에게 말씀 묵상을 강조하고 또 강조하는 이유는, 말씀을 통해서 직접 주님을 만나는 것 외에는 도피성을 경험할 수 없기 때문이다. 그리고 도피성의 경험은 기독교 신앙의 가장 근본적 경험이기 때문이다. 오늘도 도피성의 생명을 누린다. 나의 죄를 깨닫고 고백하고, 말씀의 은혜 속에서 나를 용서하시고 사랑하시는 그 주님의 사랑 안에 머문다. 그래서 하루를 살아갈 힘을 얻는다. 주님의 사랑이 나의 도피성 되어 의미와 가치가 충만한 삶으로 인도하심을 누린다.

생존 경쟁에서 하나님 의지하기
(신명기 20장)

삶은 전쟁과 같다. 생존을 위한 삶의 여정은 결코 전쟁보다 약하지 않기 때문이다. 생존 경쟁에서의 원리를, 이스라엘의 전쟁원리를 통해서 배운다.

1. 말과 병거

세상의 원리는 말과 병거에 의지하는 원리이다. 말과 병거가 많으면 이길 확률이 절대적으로 올라가기 때문에 고대 근동에서는 제국의 자랑이 말과 병거였다. 그럼 오늘날의 생존 경쟁에서 탁월한 자랑은 무엇일까? 돈과 권력이다. 돈과 권력을 쥔 자는 온갖 갑질을 불법적으로 행하고도 무사하다. 그러니 세상 사람들이 돈과 권력에 집착하는 것은 말과 병거에 의지했던 고대 근동의 제국의 모습과 같이 너무 당연한 일로 보인다. 그러나 하나님의 백성은 달라야 한다. 어떻게 달라야 할까?

"네가 나가서 적군과 싸우려 할 때에 말과 병거와 백성이 너보다 많음을 볼지라도 그들을 두려워하지 말라 애굽 땅에서 너를 인도하여 내신 네 하나님 여호와께서 너와 함께 하시느니라."(신 20:1)

이미 애굽 땅에서 나올 때, 말과 병거를 완전히 극복한 놀라운 체험을 했던 이스라엘이었다. 하나님이 함께 하셔서 말과 병거를 완벽하게 물에 수장하셨다.

"이 때에 모세와 이스라엘 자손이 이 노래로 여호와께 노래하니 일렀으되 내가 여호와를 찬송하리니 그는 높고 영화로우심이요 말과 그 탄 자를 바다에 던지셨음이로다."(출 15:1)

그래서 이스라엘은 말과 병거가 아니라 하나님을 두려워해야 했고, 하나님의 말씀에 삶을 걸어야 했다. 하나님이 함께 하시면 더 이상 두려워할 것이 없는 사람들이 하나님의 백성들이었다. 그렇다면 돈과 권력의 영향력이 완전히 지배하는 세상에서 돈과 권력이 아니라 하나님을 의지하는 것은 치열한 생존 경쟁의 현장에서도 적용되어야 한다.

2. 이웃사랑

"책임자들은 백성에게 말하여 이르기를 새 집을 건축하고 낙성식을 행하지 못한 자가 있느냐 그는 집으로 돌아갈지니 전사하면 타인이 낙성식을 행할까 하노라. 포도원을 만들고 그 과실을 먹지 못한 자가 있느냐 그는 집으로 돌아갈지니 전사하면 타인이 그 과실을 먹을까 하노라. 여자와 약혼하고 그와 결혼하지 못한 자가 있느냐 그는 집으로 돌아갈지니 전사하면 타인이 그를 데려갈까 하노라 하고, 책임자들은 또 백성에게 말하여 이르기를 두려워서 마음이 허약한 자가 있느냐 그는 집으로 돌아갈지니 그의 형제들의 마음도 그의 마음과 같이 낙심될까 하노라 하고"(신 20:5-8)

그렇지 않아도 전세가 불리한데 하나님은 분명한 사정이 있는 사람은 전쟁에 참여하지 못하게 하신다. 생존 경쟁에서 하나님을 의지한다는 것은, 매우 중요한 한 가지를 포함한다는 것을 보여주는 구절이다. 모든 사람을 생존 경쟁을 위한 도구로 인식하는 기업의 논리와는 전혀 다른 가치관이 하나님의 백성의 모임에는 작동한다. 생존 경쟁의 치열함 속에서도 이웃의 상황을 배려하고 형제의 사정을 고려해야 한다는 것이다. 전쟁의 승패가 하나님께 달렸다는 것을 완전히 믿지 않으면 이런 조치는 시도조차 불가능할 것이다. 손해와 이익의 관점에서 사람을 보고 사람을 수단화하는 것은 그리스도인의 삶의 방식이 전혀 아니다. 아무리 전쟁을 치러야 하는 급박한 상황이어도 형제를 배려하고 이웃을 사랑하는 것은 전쟁에서 이기는 것보다 더 본질적인 것이다.

3. 전쟁의 목적

전쟁의 목적은 살리는 것일까, 죽이는 것일까? 세상의 전쟁의 목적은 분명한 것 같다. 상대는 죽이고 나는 살고. 그러나 하나님의 백성에게 전쟁의 목적은 다르다. 가능하면 다 살리는 것이다. 상대도 살고 나도 살고. 그래서 함께 살 방법을 제안해야 하지만, 상대가 함께 살자는 제안을 거절하면 어쩔 수 없이 전쟁을 치러야 할 것이다.

> "네가 어떤 성읍으로 나아가서 치려 할 때에는 그 성읍에 먼저 화평을 선언하라. 그 성읍이 만일 화평하기로 회답하고 너를 향하여 성문을 열거든 그 모든 주민들에게 네게 조공을 바치고 너를 섬기게 할 것이요, 만일 너와 화평하기를 거부하고 너를 대적하여 싸우려 하거든 너는 그 성읍을 에워쌀 것이며"(신 20:10-12)

전쟁의 목적은 삶이다. 함께 사는 것이 우선이다. 그러나 상대방이 세상의 가치관에 깊이 물들어서 끝까지 '넌 죽고, 난 살아야 해'라는 태도를 견지한다면 어쩔 수 없이 전쟁을 치러야 할 것이다. 세상과 달리 그리스도인에게는 전쟁의 목적이 죽자는 것이거나, 죽이자는 것이 아니다. 오히려 살리고 사는 것이다. 생존 경쟁에서도 동일한 목적을 잊지 말아야 할 것이다.

4. 일단 전쟁을 하면?

그리스도인은 생존 경쟁의 현장에서 언제나 부드럽고 온유하며 언제나 져주어야 하는 것일까? 그렇지 않다. 형제와 이웃을 배려하고 함께 살기 위해서 최선의 노력과 제안을 하지만, 그럼에도 그 제안이 받아들여지지 않는다면, 그때부터는 전쟁에 돌입해야 한다. 일단 전쟁에 돌입하면 최선을 다해 치열해야 한다.

"네 하나님 여호와께서 그 성읍을 네 손에 넘기시거든 너는 칼날로 그 안의 남자를 다 쳐죽이고, 너는 오직 여자들과 유아들과 가축들과 성읍 가운데에 있는 모든 것을 너를 위하여 탈취물로 삼을 것이며 너는 네 하나님 여호와께서 네게 주신 적군에게서 빼앗은 것을 먹을지니라."(신 20:13-14)

생존 경쟁에서 무조건 져주는 것이 능사일 수 없다. 최선을 다해서 일상의 삶을 치열하게 살아내는 것도 그리스도인에게 너무나 중요한 삶의 모습이다.

5. 나는?

젊은 날 이런 기도를 했었다. "치열한 삶을 살아가면서도, 하나님과의 관계를 최우선으로 삼는, 말씀을 묵상하고 말씀을 살아내는 삶을 사는, 그리스도인의 모범을 보이는 사람이 되게 해 주세요."라는 기도였다. 겁없는 기도였고 무모한 기도였다는 것을 나중에야 깨닫게 되었다. 내 삶이 끊임없이 치열하게 이어졌기 때문이다. 학원 강사라는 무한한 경쟁의 상황 속에서 치열하게 매일의 일상을 살아내야 했고, 남들이 안주하며 쉴 때에도 교재를 연구하며 동영상 강의를 수강하면서 치열하게 실력을 갖추어야 했다. 신학공부를 하려고 경기도로 이사 오는 과정도 치열했고,

경기도에서 학원을 운영하면서도 매일을 치열하게 살아가야 했다. 그야 말로 치열한 생존 경쟁이었다. 그 치열함 속에서 학생들을 가르치면서도 학생들을 사랑하는 시도를 끝없이 했었다.

몇 년 전, 새로운 학원을 인수할 때 담배 피는 아이들 3명이 학원에 등록하러 왔었다. 전(前)원장은 학원 이미지가 나빠지니까 그 학생들은 학원에 발을 들이지 못하게 하는 것이 좋겠다고 조언했다. 그 아이들을 불러서 말했다.

"너희들 담배피지?"

"아니요~."

"다 알고 묻는 것이니 솔직히 말해라."

"네, 핍니다."

아이들은 이미 풀이 죽어 있었다. 내가 다시 말했다.

"어른들과 선생님들이 너희를 어떻게 보냐?"

"포기했죠. 거의 쓰레기로 볼걸요?"

"너희들 쓰레기 맞냐?"

"아뇨~!"

"그럼 쓰레기가 아님을 증명해 보일 수 있겠냐?"

아이들이 의아한 표정으로 나를 쳐다보았다.

"담배는 피지만 공부 열심히 하는 학생, 담배를 피지만 착한 학생, 담배는 피지만 예절 바른 학생이 될 수 있겠냐구?"

아이들은 환호성을 지르듯이 말했다.

"넵~~~~!"

그 다음날 아이들은 담배 피는 친구들 10명을 더 데리고 왔다. 그 13명의 아이들을 한 반으로 만들어 특별 관리를 했다. 방학이 되면 그 아이들

데리고 펜션에 놀러가고, 시험 끝나면 학원 바닥에 라면박스 깔고 고기 구워 먹으면서 하룻밤을 놀아주고, 담배 필 곳이 없어서 고민하길래 학원 화장실 한 칸을 흡연실로 내어주기도 했다. 그렇게 그 아이들과 소통해 나가면서 학원에서 공부를 시켰다. 시험을 쳤고, 결과가 나왔다. 20점 받던 아이가 2개월 만에 60점을 받고, 50점 받던 아이는 80점을 받는 등의 놀라운 변화들이 일어났다.

펜션에 갔을 때, 이 중학생들은 내가 잠이 들기를 기다렸다가 1시간을 걸어가 편의점에서 술을 사고, 다시 1시간을 걸어와서 펜션 베란다에서 술을 마셨다. 내가 잠에서 깨어 소리를 지르면서 야단을 쳤을 때, 한 녀석이 잠자리에 누우면서 이런 말을 했었다.

"선생님. 고맙습니다. 이 학원 절대 안 떠날 겁니다. 선생님은 우릴 믿어줬어요."

술주정 그만하고 디비져(?) 자라고 소리를 질렀지만, 마음으로는 눈물을 흘렸다. 이 아이들이 어른이 되어서, 그들이 살던 동네에 변두리 학원 원장 한 명이 있었는데, 그 사람은 자신들을 사람 취급해주었다고 추억한다면, 이 아이들의 삶이 조금은 달라지지 않을까 생각했다. 생존 경쟁의 치열함 속에서, 그 피 흘리는 전쟁터에서(학원 운영으로 살아남는 것은 그야말로 전쟁이었다) 그 아이들과의 추억은 힘들었지만 따뜻한 기억으로 남아 있다.

생존 경쟁의 현장에서 포기하는 것은 그리스도인의 자세가 아니다. 생존 경쟁은 치열하게 치러야 한다. 그러나 따뜻한 사랑을 잊지 말아야 한다. 조화시키기 어려운 두 가지를 아름답게 조화시키는 것이 그리스도인의 멋진 숙제가 아닐까 싶다.

율법이 요구하는
따뜻한 사람
(신명기 21~22장 묵상)

기독교는 종교가 아니라 삶이다

•

율법이 요구하는 사람

•

간음금지법 안에 숨어 있는 정신

온통 누렇게 익어가는 청보리인데
그 안의 한 송이 코스모스는
얼마나 이질적인가?

그 소외를 온 몸으로 느끼지만
당당하게 자신의 청초함을 나타낸다.
그래서 아름답다.

삶은 온통 차갑고 이기적이다.
자신을 희생해서 상대를 돌보는
따뜻함을 찾아보기 어렵다.

세상이 차갑고 매몰찰수록
소박하게나마 따뜻함을 나타낼 일이다.
세상의 차가움과 대조되어
따뜻함이 더욱 두드러질 것이고,
그 참된 가치가 더욱 빛나리니.

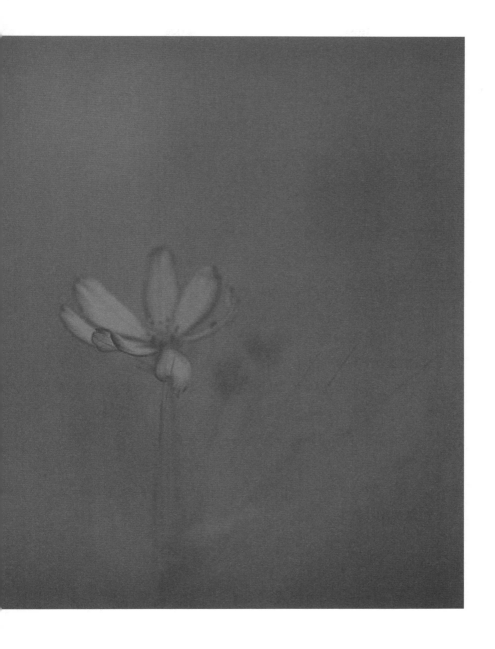

기독교는 종교가 아니라 삶이다
(신명기 21장)

기독교의 큰 위기가 있다. 기독교가 종교화되었다는 사실이다.

1. 기독교의 종교화

　기독교 신앙에 대한 심각한 오해를 매우 가까운 사람들에게서도 본다. 삶에 종교적인 어떤 행위들을 많이 가지는 것을 신앙이 좋은 것으로 착각하는 경우다. 하루에 방언기도를 2시간 이상 하는 것, 일주일 내내 교회에 수시로 가서 예배하는 것, 새벽기도를 빠지지 않는 것, 교회에서 많은 봉사를 하는 것, 교회에 헌금을 많이 하는 것 등을 가지고 신앙이 좋다는 기준으로 삼는다. 이런 종교적 행위들이 나쁘거나 죄악은 아니지만, 이런 종교적 행위들이 기독교 신앙의 본질이라고 믿는 것은 매우 나쁜 것이다. 기독교 신앙은 결코 종교가 아니기 때문이다.

2. 그러면?

　그러면 기독교란 무엇일까? 태초에 하나님은 '기독교'가 아니라 '천지'를 창조하셨다. 하나님은 기독교를 종교로 만드신 적이 없으시다. 하나님은 기독교라는 종교를 만드신 것이 아니라, 그저 세상을 만드셨고,

사람을 만드셨고, 세상을 살아가는 바른 삶이 무엇인지 사람들에게 가르치셨다. 기독교는 종교가 아니라 삶이다. 가장 바른 삶이 무엇인지를 하나님은 성경을 통하여 사람에게 가르치고 있다.

3. 바른 삶

신명기 21장은 여러 가지의 인간의 불행이나 악행의 상황을 다룬다. 어느 하나도 '종교적인' 상황이 아니다. 그저 삶의 불행이나 악행의 상황들이다. 구체적인 상황들을 살펴본다.

첫째, 미해결 살인사건을 다룬다.

"네 하나님 여호와께서 네게 주어 차지하게 하신 땅에서 피살된 시체가 들에 엎드러진 것을 발견하고 그 쳐 죽인 자가 누구인지 알지 못하거든"(신 21:1)

살인사건의 범인을 모를 경우에 그 사건은 '미해결 상태'로 두는 것으로는 부족하다. 그래서 이 죄책과 오염을 해결하고 공동체의 혐의를 벗기는 의식을 제시한다.

"그 피살된 곳에서 제일 가까운 성읍의 모든 장로들은 그 골짜기에서 목을 꺾은 암송아지 위에 손을 씻으며, 말하기를 우리의 손이 이 피를 흘리지 아니하였고 우리의 눈이 이것을 보지도 못 하였나이다."(신 21:6-7)

둘째, 여성 전쟁 포로의 문제를 다룬다.

"네가 만일 그 포로 중의 아리따운 여자를 보고 그에게 연연하여 아내를 삼고자 하거든, 그를 네 집으로 데려갈 것이요 그는 그 머리를 밀고 손톱을 베고, 또 포로의 의복을 벗고 네 집에 살며 그 부모를 위하여 한 달 동안 애곡한 후에 네가 그에게로 들어가서 그의 남편이 되고 그는 네 아내가 될 것이요, 그 후에 네가 그를 기뻐하지 아니하거든 그의 마음대로 가게 하고 결코 돈을 받고 팔지 말지라 네가 그를 욕보였은즉 종으로 여기지 말지니라."(신 21:11-14)

고대 근동 지역의 문화 속에서 포로라는 존재는 인권이 전혀 없었다. 포로는 잡은 사람 마음대로 할 수 있었던 시대였다. 그런 시대에 여성 포로에 대해서 법을 정해 주셨다. 마음대로 겁탈하거나 첩으로 삼아서는 안 되고 그녀를 원한다면 아내의 지위를 부여해야 했다. 그럴 경우에도 부모와 이별하는 애도 기간을 주어야 했고, 한 달간의 애도 기간 중에는 이 여인과 성관계를 하지 못했다. 후에 남자의 마음이 변하면 자유인으로 놓아주고 포로로 팔아 버릴 수 없도록 법을 규정했다. 종교적인 내용이 아니라, 삶의 문제, 인권의 문제를 가르치신 것이다.

셋째, 상속의 권리에 대해 다룬다. 일부다처, 혹은 일부이처의 경우에 더 사랑받는 아내의 아들과 사랑받지 못하는 아내의 아들을 차별하지 못하게 규정했다. 아들에 대한 편애로 인한 불공정한 분배의 문제도 간섭하고 있는 것이다.

"어떤 사람이 두 아내를 두었는데 하나는 사랑을 받고 하나는 미움을 받다가 그 사랑을 받는 자와 미움을 받는 자가 둘 다 아들을 낳았다 하자 그 미움을 받는 자의 아들이 장자이면, 자기의 소유를 그의 아들들에게 기업으로 나누는 날에 그 사랑을 받는 자의 아들을 장자로 삼아 참 장자 곧 미움을 받는 자의 아들보다 앞세우지 말고, 반드시 그 미움을 받는 자의 아들을 장자로 인정하여 자기의 소유에서 그에게는 두 몫을 줄 것이니 그는 자기의 기력의 시작이라 장자의 권리가 그에게 있음이니라"(신 21:15-17)

넷째, 패역한 자식의 운명에 대해 다룬다. 아들이 아버지의 변덕에 의해 고통당해서는 안 됨과 마찬가지로 부모도 아들의 고칠 수 없는 행동에 의해 고통당해서는 안 된다. 심각한 비행을 일삼는 아들의 경우에는 가족에게 해를 끼칠 뿐 아니라, 가족 전체의 미래까지 위협할 수 있다. 부모가 아들을 최선을 다해 훈육했으나 감당이 안 될 경우 장로들에게로 그 사건을 가져간다. 자녀의 비행의 아픔을 부모 혼자만 짊어지지 않게 하는 법이다. 공동체가 진지하게 자녀 문제에 대한 사회적 책임을 수행한다.

> "사람에게 완악하고 패역한 아들이 있어 그의 아버지의 말이나 그 어머니의 말을 순종하지 아니하고 부모가 징계하여도 순종하지 아니하거든, 그의 부모가 그를 끌고 성문에 이르러 그 성읍 장로들에게 나아가서, 그 성읍 장로들에게 말하기를 우리의 이 자식은 완악하고 패역하여 우리말을 듣지 아니하고 방탕하며 술에 잠긴 자라 하면, 그 성읍의 모든 사람들이 그를 돌로 쳐 죽일지니 이같이 네가 너희 중에서 악을 제하라 그리하면 온 이스라엘이 듣고 두려워하리라."(신 21:18-21)

구약성경 전체를 통하여 이 법은 시행된 적이 없었다. 이 법은 최후의 보루였던 셈이다. 청소년 비행의 문제는 단순히 그 가족만의 문제가 아니라, 사회 전체가 책임지게 하는 진지함이 하나님이 주신 법에 배어 있다.

위 네 가지의 상황에 대한 법은 중요한 특징이 있다. 당시의 법의 수준, 도덕의 수준을 훨씬 뛰어넘는다는 사실이다. 냉혹하게 일을 처리하기만 하거나 단호하고 엄격하기만 한 법이 아니라, 따뜻한 인간성이 드러나는 법이라는 점이다. 기독교 신앙은 종교적인 범주를 삶에 만들어 더 많이 종교화 되는 것이 결코 아님을 보여준다. 오히려 기독교 신앙은 바른 삶을 강조하고 요구한다. 당시의 어떤 법보다 높은 도덕 수준을 요구하고, 비교할 수 없이 따뜻한 인간성을 가지도록 하는 법을 주셨다. 즉, 가장 인간다운 인간이 되는 것이 기독교 신앙의 추구하는 바이다.

4. 나는?

　좋은 교회라 여기고 다녔던 교회가 있었다. 목사님 설교가 좋았고, 찬양이 뜨거웠고, 여러 전도 프로그램들이 좋았다. 그래서 많은 성도들이 열정적으로 신앙 생활하는 교회였다. 그런데 안타까운 점이 있었다. 성도들이 교회에 너무 자주 간다는 점이었다. 아니, 교회가 이런 저런 프로그램들을 만들어서 거의 매일 교회로 성도들을 불러들인다고 해야 맞지 않을까 싶었다. 교회에 성도가 늘어났고 재정도 늘어났다. 그런데 시간이 흐르면서 이상한 현상들이 발생했다. 성도들이 인품이나 성품이 좋아지는 쪽이 아니라, 더 종교적 열심을 내는 쪽으로 변해갔고, 그것을 교회는 신앙의 성숙이라 불렀다. 담임목사님은 처음에 약속했던 분립에 대한 약속을 지키지 않았고, 교회에 이런저런 문제들이 생겼고, 많은 성도들과 리더 그룹들이 교회를 떠나기 시작했다. 그러나 일정 규모를 갖추게 된 교회에는 새로운 교인들이 계속 유입되었고, 안타깝게도 그 교회는 여전히 그런 방향으로 운영되고 있다. 이런 모습으로 교회가 운영되는 것이 바른 것일까에 대해서 의문이 많다. 이런 모습이 아니라, 일상에서 가장 사람다운 사람, 따뜻한 사람으로 살아가도록 독려하고 격려하고 도전을 주고 자극을 주며, 구체적인 바른 삶을 살기를 함께 고민하는 공동체가 되어야 바른 교회의 모습이 아닐까 싶다.

　예배당이 생겼지만, 말씀의빛교회는 여전히 일주일에 한 번만 예배한다. 아직은 더 많이 모일 이유를 찾지 못해서이고, 일상과 삶에서 그리스도인다워지는 것, 따뜻하고 바른 삶을 살아내는 것이 많이 예배하는 것보다 비교할 수 없이 중요하다고 믿기 때문이다. 앞으로 상황이 되어서 예배나 성경공부를 위해서 지금보다는 자주 모일 일이 있을 수는 있겠으나, 신앙의 목적을 결코 왜곡하지는 않으려 한다. 신앙의 목적은 더 종교적인 인간으로 사람을 바꾸는 것이 아니라, 바른 삶을 살아가도록, 사람다운 삶을 살아가도록, 따뜻한 마음을 가진 사람이 되도록 하는 것임을 결코 잊지 않으려 한다.

율법이 요구하는 사람
(신명기 22:1-12)

율법에 이런 내용이 있다는 사실이 놀랍다. '율법'이라는 단어의 어감이 주는 딱딱함은 사실 율법에 대한 심각한 오해 때문이고, 후에 바리새인들이 율법을 잘못 사용했기 때문이 아닐까 싶다. 신22:1-12에서 요구되는 인간상은 명백하다. '따뜻한 사람.' 그러면 어떤 사람이 율법이 요구하는 사람이며, 어떤 사람이 따뜻한 사람일까? 하나님의 백성에게는 어느 정도의 따뜻함이 필요할까?

1. 못 본 체하지 말고

"네 형제의 소나 양이 길 잃은 것을 보거든 '못 본 체하지 말고' 너는 반드시 그것들을 끌어다가 네 형제에게 돌릴 것이요, 나귀라도 그리하고 의복이라도 그리하고 형제가 잃어버린 어떤 것이든지 네가 얻든 다 그리하고 '못 본 체하지 말 것이며' 네 형제의 나귀나 소가 길에 넘어진 것을 보거든 '못 본 체하지 말고' 너는 반드시 형제를 도와 그것들을 일으킬지니라"(신 22:1-4)

못 본 체하지 말라는 말을 세 번이나 반복하고 있다. 나와 직접 상관이 없는 일에 대해서 관여하지 않으려는 사람의 본성에 역행하라고 명령하고 있다. 타인을 돌본다는 말은 타인의 소유를 돌보고 도움이 필요할 때는 실제적인 도움을 준다는 뜻이다. '다 그리하고(do the same)'라는 표현은 못 본 체하지 말아야 하는 것은 소나 나귀에서 끝나지 않고, 무한히 많은 것들에 확장하라는 가르침이다. 관여하지 않으려는 본성을 넘어서서 다른 사람들의 어려움에 대해서 실제적 도움을 주는 '따뜻한 사람'이 되라고 율법은 가르치고 있다.

2. 여자는 남자의 의복을 입지 말 것이요

"여자는 남자의 의복을 입지 말 것이요 남자는 여자의 의복을 입지 말 것이라 이같이 하는 자는 네 하나님 여호와께 가증한 자이니라."(신 22:5)

이 본문은 여자에게 바지 착용을 금지하는 말씀이 아니다. 패션에 관한 말씀이 아니라, 복장 도착을 포함하여 진탕 먹고 마시는(orgiastic) 의식들이나, 이교도들의 예배에서 일어나는 성 역할의 혼돈에 관해서 엄중하게 경고하는 말씀이다. 그래서 '가증하다'고 정의를 내린다. 현대로 말하자면, 술에 취해 거의 제정신이 아닌 상태로 머리에 넥타이를 묶고 난리를 부리면서 춤추고 노래하는 그런 상태를 피하라는 의미쯤이 되지 않을까 싶다. 진탕 먹고 마시는 상태가 되는 것은, 따뜻한 사람이 되는 것에 대해서 치명적인 방해가 된다.

3. 어미새와 새끼에 대하여

"길을 가다가 나무에나 땅에 있는 새의 보금자리에 새 새끼나 알이 있고 어미 새가 그의 새끼나 알을 품은 것을 보거든 그 어미 새와 새끼를 아울러 취하지 말고, 어미는 반드시 놓아 줄 것이요 새끼는 취하여도 되나니 그리하면 네가 복을 누리고 장수하리라."(신 22:6-7)

알을 품은 새를 보고 새와 알을 동시에 취하지 말라고 한다. '꿩 먹고 알 먹고'라는 우리나라 속담에 정면으로 반대되는 내용의 율법이다. 따뜻한 사람이 되는 것은 야생동물에게까지 확장되어야 하는 것이다. 왜 한낱 동물에게까지 따뜻함을 가져야 하는 것일까? 그 이유를 로마서를 통해 살펴본다.

> "그 바라는 것은 피조물도 썩어짐의 종 노릇 한 데서 해방되어 하나님의 자녀들의 영광의 자유에 이르는 것이니라. 피조물이 다 이제까지 함께 탄식하며 함께 고통을 겪고 있는 것을 우리가 아느니라."(롬 8:21-22)

피조물이 사람의 타락으로 인하여 탄식하면서 고통을 겪고 있음을 알아야 하고, 피조물도 탄식하면서 회복의 날을 기다리고 있음도 알아야 한다. 그 사실을 안다면 동물과 식물을 포함하는 모든 피조물에 대해서도 따뜻하게 대할 수밖에 없다.

4. 나는?

하나님의 백성을 향한 율법을 읽고 있으면 가슴이 따뜻해진다. 소위 '법'에 이런 따뜻함이 있다는 사실에 감동이 된다. 율법의 정신은 공의와 정의이지만, 냉랭한 공의나 정의가 전혀 아니다. 따뜻함을 잃지 않는 공의와 정의를 하나님은 요구하고 계시고, 그 따뜻함이 하나님의 백성이 가져야 하는 가장 중요한 자질 중 하나이다. 하나님의 성품이 따뜻함이기 때문이다. 지루해야 마땅한 법조문 속에서 이런 따뜻함을 만나는 것은, 하나님의 법이기 때문에 가능한 것 아닐까 싶다.

차가운 세상, 냉정한 사회, 냉혹한 현실이 무서워서 어찌해야 할 바를 모르고 절망하며 울었던 날들이 있었다. 감사하게도 그 절망을 이길 통로가 있었는데, 매일 말씀을 묵상했고, 묵상하는 말씀 속에서 나를 따뜻하게 바라보시고 사랑으로 품어주시는 하나님을 만나는 것이었다. 말씀을 통해서 나를 사랑하시는 사랑의 하나님을 만나지 못했다면 나는 그 절망에서 벗어나지 못했으리라. 어제 한 분을 만났다. 대화 도중에 그 분도 나도 울컥 눈물이 났다. 따뜻함을 상실한 목회자들과 성도들의 현실, 사람의 마음을 따뜻하게 회복하는 능력이 상실된 말씀, 그래서 힘들어지는 교회 생활에 마음이 아파서였고, 그런 차갑고 냉정하고 이기적인 모습이 하나님의 모습은 아니어서 감사해서였고, 따뜻한 사랑으로 우리에게 다가오시는 하나님을 여전히 만나고 있음에 감격해서였다.

죄인인 사람, 그래서 냉정하고 차갑고 이기적일 수밖에 없는 사람이 따뜻해질 방법이 무엇이 있을까? 오직 한 가지뿐이다. 나를 따뜻하게 사랑하시는 하나님을 만나는 것이다. 그 사랑의 온기가 나의 차가움을 녹여야 한다. 하나님의 사랑의 따뜻함에 녹고 또 녹아야만 세상과 사람을 대하는 나의 마음 자세가 따뜻해질 수 있다. 그 사랑의 정신이 고스란히 녹아 있는 율법의 따스함에 감격한다. 그 따스함이 오늘을 살아갈 희망이다.

간음금지법 안에 숨어 있는 정신
(신명기 22:13-30)

간음하지 말라는 일곱 번째 계명에 대해서 자세히 풀어 설명하고 있다. 이 규율에는 몇 가지 중요한 정신이 발견된다.

1. 가정의 고결함

　결혼과 성과 간음, 간통, 강간, 근친상간 등와 관련하여 비교적 자세한 규율을 말하고 있다. 하나님은 가정을 고결하게 여기신다. 가정을 깨는 문제는 가볍게 처리할 수 있는 문제가 아니다. 여러 사람이 죽고 사는 문제가 될 수 있으므로 매우 진중하게 증명해내지 않으면 가정을 깰 수 없도록 규정하고 있다. 처녀가 아니라고 결혼한 아내를 고소함에 있어서, 거짓으로 고소하지 못하도록 강력한 무고 억제책을 제시하고(신 22:13-19), 그 고소가 사실이라면 여자는 죽임을 당해야 했다(신 22:20-21). 유부녀와 남자가 동침하면 둘 다 죽어야 했고(신22:22) 약혼한 여자의 간음과 강간에 대해서도 매우 엄중하게 다루고 있는데(신 22:23-27), 강간죄를 살인죄와 동일하게 간주한다(신 22:26). 아버지의 아내를 취하는 것을 강력하게 금하고 있기도 하다(신 22:30). 성에 대하여 이처럼 강력하게 규정을 하고 있는 것은, 성이 가정과 연결되기 때문이요, 가정이 세상에서 가장 고결해야 하는 기본 단위이기 때문이다.

2. 약자를 보호함

또 하나 중요한 정신이 엿보인다. 약자를 보호하는 강력함이다. 고대 근동 사회는 철저히 남성 중심의 사회였다. 즉, 남자가 자신의 힘을 휘둘러 여자를 학대하는 것이 그다지 큰 문제가 되지 않는 사회였다. 결혼, 성에 관계된 법에 있어서 하나님이 절대약자인 여자를 강하게 보호하는 것을 볼 수 있다. 처녀가 아니라는 고소가 있으면 증거를 통해서 고소를 뒤집을 수 있도록 한 규정이나, 거짓고소였음이 드러나면 평생 이혼을 금지하는 규정은 아내의 명예를 지켜줄 뿐 아니라, 그녀와 이혼하려는 남편의 바람을 거슬러 그녀에게 미래의 안전을 제공한다.

이외의 다른 규정들도 고대근동 사회의 기준으로 보자면 파격적일 정도로 여성의 입장을 대변해주고 있다. 이렇듯 법령에 숨은 하나님의 의도는 생각하지 않고, 문자 그대로 현대에까지 적용하려는 것은 매우 어리석은 시도다. 현대사회의 일반통념을 기준으로 약자인 여성을 훨씬 더 배려하는 쪽으로 이 법을 적용해야 율법의 정신을 올바르게 적용하는 것이 될 것이다. 성경은 철저히 약자의 편이다.

3. 나는?

어릴 때 별로 행복하지 못한 가정에서 자랐다. 부모님이 사이가 그다지 좋지 못하셨기에 어린 시절 나에게 가정은 불안과 슬픔과 우울의 장소였다. 그 때 마음에 품었던 생각이 있다. '내가 결혼하면 반드시 행복한 부부생활을 할 것이다'라는 생각이었다. 주변에서 많은 사람이 그런 결심을 하는 것을 보았는데, 그 결심에도 불구하고 여전히 불행한 결혼생활을 하는 것을 보았다. 감사하게도 나는 예수를 믿게 되었고, 예수를 믿는 아내를 만나게 되었다. 그러나 행복한 결혼생활을 하고 싶다는 갈망을 지켜내는 것이 결코 쉽지 않음을 결혼생활 중에 알게 되었다. 결혼 생활을 통하여 나와 아내는 부딪히는 부분들이 많았다. 감사하게도 예수를 믿는다는 사실을 통하여 이 부딪힘들을 어렵게나마 해결해 올 수 있었다. 아내는 나를 용납해 주었고, 나도 아내를 용납해 주는 과정을 통하여 서로를 향한 신뢰를 오랫동안 쌓아올 수 있었다.

참기 힘든 상황이 찾아오면 묵상하는 말씀을 통하여 깨닫게 되는 점이 있었다. '나 같은 죄인을 주님이 무조건 용서하고 용납하셔서 내가 새 생명을 얻었지 않은가? 그 용서와 용납을 받았는데 사랑하는 아내의 이 작은 허물을 용서하고 용납하지 못할 이유가 어디 있겠는가?' 결국 예수를 믿는다는 사실과, 거의 매일 말씀을 묵상해왔다는 사실이 우리 부부의 결혼관계를 지킨 것이다. 인내의 열매는 달다고 했던가? 아들들이 자신들의 삶을 따로 열심히 살고 있는 지금의 이 상황에서 아내와 나는 둘만의 이 시간들을 행복하게 보내고 있다.

가정은 자신의 모든 것을 걸고 지킬 가치가 있는 가장 소중한 공간이다. 부부의 관계는 자신의 생명조차 걸고 지킬 가치가 충분한 가장 고결한 관계이다. 부부의 관계와 가정의 고결함을 지키기 위해서 믿음의 헌신과 사랑의 수고를 아끼지 않는 것은, 행복이라는 가장 큰 보상을 얻는 가장 가치 있는 헌신이다. 그런데 그 사랑과 헌신의 힘이 죄인인 사람에게서 나올 수 없다. 한계가 분명해서 더 이상 참을 수 없는 지점이 반드시 나타나기 때문이다. 나를 향한 하나님의 무한하고 이해하기 어려운 사랑을 깊이 알게 될수록 배우자를 향하여 이해하기 힘든 정도의 사랑과 헌신을 기꺼이 베풀 수 있게 된다. 결혼과 가정의 고결함을 지키는, 그래서 행복한 결혼생활을 유지하는 가장 큰 비결은 예수를 잘 믿는 것이요, 말씀의 사람이 되는 것이다.

12
CHAPTER

약자는 강자만큼
중요하다
(신명기 23~24장 묵상)

위트있는 선포

•

상 주시는 이심을 믿어야

•

너를 위하여 축복하리니

© Photograph & written by YoonYong

신명기 묵상집 _ **말씀으로 삶을 열다**

하늘은 캔버스가 되고,
흐려진 나뭇잎과 나뭇가지와 잠자리가
그림을 그린다.

삶은 캔버스가 되고,
내 삶과 다른 누군가의 삶이 어우러져
그림을 그려간다.

주인공만으로는 그림을 구성하지 못한다.
조연들이 있어야 작품이 되기에,
어쩌면 조연이 주연보다 더 중요할 수도 있다.

주인공처럼 보이는 부자와 강한 사람들과
조연처럼 보이는 약자와 가난한 사람들이
삶에서 아름답게 조화되어야 좋은 작품이 된다.

그래서 어쩌면 삶에서 참된 주인공은
조연으로 보이는 약자들 일지도 모를 일이다.

위트있는 선포
(신명기 23:1-18)

신명기 23장은 현재는 적용이 상당히 어려운 본문들이다. 고자가 여호와의 총회에 들어오지 못하고, 사생자와 일부 외국인도 그러하고, 몽정과 대변에 대한 이야기가 나오고, 성판매자에 대한 이야기도 나온다. 현대인인 나의 눈에는 일부는 받아들여지고, 일부는 파격적이기도 하고, 일부는 당연하게 여겨지기도 한다. 어쨌든 현대인에게 이해되기 어려운 본문들임은 분명하다. 본문을 묵상하면서 나에게 의미 있는 두 가지를 발견한다.

1. 위트있는 선포

포로기 이전의 이스라엘은 혈연과 땅이 언약 공동체의 중요한 요소였다. 고자는 자녀를 낳아 가문을 이을 능력이 없었고, 외국인은 자기 소유의 토지가 없었는데, 이 사실이 그들이 총회에서 배제되는 요인이었을 수 있었다. 그런데 이사야서에서는 이 부분에 대한 폐기를 말한다.

> "외국 사람 가운데 여호와께 온 사람이 "여호와께서 나를 여호와의 백성으로 받아 주지 않으실 것이다"라고 말하지 못하게 하여라. 고자가 "보아라, 나는 마치 마른 나뭇가지와 같아서, 자녀를 낳지 못한다"라고 말하지 못하게 하여라. 여호와께서 이렇게 말씀하셨다. "나의 안식일을 지키고, 내

가 기뻐하는 일을 행하고, 내 언약을 굳게 지키는 고자들에 대하여는, 내가 내 성전과 성벽 안에서 그들의 이름과 명성이 기억되도록 하겠다. 그것이 그들에게는 자녀를 두는 것보다 더 나을 것이다. 내가 그들에게 영원한 이름을 주어 영원토록 잊혀지지 않도록 하겠다. 나에게 나아와 나 여호와를 섬기며, 나의 이름을 사랑하며, 기꺼이 나 여호와의 종이 되며, 안식일을 더럽히지 않고 지키며, 나와 맺은 언약을 굳게 지키는 외국인에 대하여는, 내가 그들을 내 거룩한 산으로 인도하고, 내 기도하는 집에서 기쁨을 누리게 하겠다. 그들이 내 제단 위에 바치는 태워 드리는 제물인 번제물과 희생 제물을 내가 받을 것이다. 내 집은 온 백성이 모여 기도하는 집이라 불릴 것이기 때문이다." 쫓겨 간 이스라엘 백성을 모으시는 여호와께서 이렇게 말씀하셨다. "내가 이미 모인 사람들 외에 다른 사람들을 더 모아들이겠다."(사 56:3-8, 쉬운성경)

고자와 외국인이 가진 무능력으로 인한 절망은 이제 하나님을 굳게 붙드는 신앙을 통하여 완전히 극복 가능하게 되었다. 사도행전 8장에 에디오피아 여왕의 내시가 빌립을 만나 침례를 받는 이야기는 하나님의 위트 넘치는 선언이다. 하필이면 그가 '외국인'이었을 뿐 아니라 '고자'였다는 사실은, 초대교회 공동체의 성격을 분명히 보여주는 것 같다. 지금껏 배제되었던 부류들이 - 고자와 외국인까지 - 모두 참여하는 거룩한 하나님의 나라를 분명히 선포하고 있는 것이다.

하나님의 백성이 되는 것을 매우 쉽고 당연하게 여기며, 그래서 복음조차 값싸게 여기는 현대의 분위기는 매우 잘못된 것이다. 복음은 값싼 것도 아니고 하나님의 백성 되는 것이 싸구려가 아니다. 절대 하나님의 총회에 들어가지 못할 '이방인'인 내가 하나님의 백성이 되었다는 것은, 거룩한 유머다. '하나님의 백성으로 받아주지 않으실 것이다'라는 절망만이 내가 가질 수 있는 유일한 감정이었다. 나는 이방인인데다가 말할 수 없는 죄인이기 때문이다. 그런데 이 절망을 극복할 수 있는 길을 내어주신 것이다. 나의 힘과 능력으로는 절대로 만들 수 없는 그 놀라운 길을 하나님이 직접 내어주셨다. 하나님 자신의 죽음으로.

월터 브루그만이 쓴 '마침내 시인이 온다'의 한 구절로 인해 깊은 감격이 몰려온다.

"죄책 때문에 생긴 통증은 배상 이후에도 남아서 선행, 의지력, 적극적 사고, 낭만적 심리학으로도 제거되지 않는다. 그 통증은 성스러움의 영역으로 들어감으로써만 제거된다. 그 영역으로 들어가는 것은 쉬운 일도 아니고 뻔한 일도 아니다. 우리가 아무리 많은 노력을 기울여도 죄책은 해결되지 않는다. 그런 죄책은 하나님의 자기희생을 필요로 한다."

이처럼 하나님의 자기희생을 통하여 나의 삶에, 그리고 온 인류에 새로운 구원의 길을 여셨다.

2. 청결은 경건 다음으로 중요하다

"당신들 가운데 누가 밤에 몽설하여 부정을 탔을 때에, 그 사람은 진 밖으로 나가서 머물러 있어야 합니다. 해가 질 무렵에 목욕을 하고, 해가 진 다음에 진으로 들어올 수 있습니다. 당신들은 진 바깥의 한 곳에 변소를 만들어 놓고, 그 곳에 갈 때에는, 당신들의 연장 가운데서 삽을 가지고 가야 합니다. 용변을 볼 때에는 그것으로 땅을 파고, 돌아설 때에는 배설물을 덮으십시오. 주 당신들의 하나님은 당신들을 구원하시고 당신들의 대적들을 당신들에게 넘겨주시려고, 당신들의 진 안을 두루 다니시기 때문에, 당신들의 진은 깨끗하게 유지되어야 합니다. 주님께서 당신들 가운데로 다니시다가 더러운 것을 보시면 당신들에게서 떠나시고 말 것이니, 그런 일이 일어나지 않도록 당신들의 진을 성결하게 하십시오."(신 23:10-14. 새번역)

청결은 경건 다음으로 중요하다는 옛말은 결코 무시할 말이 아닌 것 같다. 하나님은 인간이 세균의 존재를 알기 오래 전에 이미 청결의 문제를 거룩의 문제와 연결지어 설명하셨다. 거룩이라는 의미를 부여해야 청결의 문제를 심각하게 받아들일 것이고, 그래야만 이스라엘 공동체가 세균으로 인한 각종 질병과 특히 전염병으로 인하여 당할 고통을 예방할 수 있기 때문이지 않았을까 생각한다. 신체적 청결, 의식적 정결, 도덕적 거룩은 서로 관련을 지을 필요가 있다. 거룩과 건강을 연결 지어 설명하신 분이 하나님이시기 때문이다.

김포에서 학원을 운영할 때, 예배 처소가 필요한 교회에게 주일에 공간을 빌려드린 적이 있었다. 무료로 공간을 빌려드리고, 복사기와 냉난방기를 무료로 마음껏 사용하게 해드렸다. 그런데 무료로 공간과 복사기를 빌려드린 것보다 내가 훨씬 더 큰 이익을 보았었다. 목사님이 학원 공간을 너무 깨끗하게 청소해주셨기 때문이다. 청소하시는 분을 불러서 하는 것보다 더 깨끗했다. 지금 서울 천호동에 예배당이 생기고 나서 마음이 가장 불편한 부분이, 내가 직접 청소하기 어렵다는 현실이다. 집에서 한 시간을 운전해 가야 하는 거리이다 보니 일부러 청소하러 교회에 가기가 어렵다. 어쩔 수 없이 가까이 계신 성도님들이 청소를 하시는데, 가끔 기쁘게 청소하는 모습을 사진 찍어 보내주시고, 눈물 흘리며 예배당 구석구석을 닦으셨다는 고백을 듣는다. 그 모습과 고백에 나는 마음으로 눈물 흘린다. 내가 꿈꾸던 공동체의 모습이기 때문이다. 가장 허드렛일을 하는 곳이 가장 불평불만이 많은 곳이다. 그런데 허드렛일을 하면서 허드렛일로 보지 않고, 소중한 하나님의 일로 본다는 것이 신앙의 성숙도를 보여

주는 것이다. 그래서 부엌에서 밥하고 설거지하는 분들, 추위와 더위를 정면으로 겪으면서 주차 봉사하는 분들, 그리고 교회 구석구석을 힘들게 청소하는 분들이 감사와 감격으로 그 일들을 하는 교회를 꿈꾸었었다. 그런데 저절로 그런 공동체가 되어가고 있으니 감사와 감격이 넘칠 수밖에.

내 힘으로 된 것이 아니어서, 하나님이 하셨다고 고백할 수밖에 없는 공동체여서 더더욱 감사하다. 거룩과 청결의 연결을 성도들의 거룩한 헌신을 통해서 보고 있다. 목사보다 성숙한 성도들을 만나는 것은 목사의 가장 큰 복이 아닐까 싶다. 그 복을 나같이 부족하고 못난 목사가 누리고 있다. 주일 아침이다. 곧 만날 그 모든 성숙한 성도들로 인하여 마음이 설렌다.

상 주시는 이심을 믿어야
(신명기 23:19-24:9)

1. 그리스도인이 믿어야 할 두 가지

"믿음이 없이는 하나님을 기쁘시게 하지 못하나니 하나님께 나아가는 자는 반드시 그가 계신 것과 또한 그가 자기를 찾는 자들에게 상 주시는 이심을 믿어야 할지니라."(히 11:6)

그리스도인이라면 두 가지를 믿어야 한다. 첫째, 하나님이 계신다는 사실. 둘째, 하나님은 자기를 찾는 자들에게 상 주시는 분이라는 사실. 이 두 가지를 믿는 것이 신앙이라고 말할 수 있는데, 이 두 가지를 믿는다는 것은 삶을 남다른 모습으로 만들어낸다. 하나님이 계신 것과, 그를 찾는 자들에게 상 주시는 분이심을 믿으면 삶이 어떤 모습들이 될까?

2. 상 주시는 이심을 믿을 때 나타나는 삶의 모습들

신명기 후반부로 가면서 삶의 구체적인 모습들에 대한 율법의 규례들을 가르치고 있다. 오늘 본문에서 말하는 내용들은 주로 약자에 대해, 가진 자들이 손해 보는 것에 관한 이야기들이다. 경제적 약자인 형제에게 돈을 꾸어주면 이자를 받지 말 것, 자신의 포도원에 배고픈 자가 들어가 음식을 먹어도 그가 포도를 그릇에 담아가지만 않으면 괜찮도록 한 규정,

채무자의 필수품은 담보물로 잡지 말 것, 형제는 종으로 삼지 못하도록 한 규정, 아내를 마음대로 하던 고대근동 사회의 문화와 달리 이혼하면 증서를 주어서 아내의 살 길을 막지 말도록 한 규정 등이다. 가진 자들은 자신이 조금 손해를 보면서라도 약자를 보호해주어야 했다.

어떻게 해야 약자를 보호하는 것이 아깝지 않을까? 오늘날 같은 극단적 자본주의 사회에서 이런 태도로 살아가는 것이 과연 가능은 한 것일까? 대부분의 큰 부자들은 약자들에게서 착취하다시피 해서 자신의 재산을 불려온 것이다. 약자들의 노동력을 착취하고, 약자들의 돈을 착취하고, 약자들의 생존권을 쥐고 약자들에게 온갖 갑질까지 하면서 가진 자들은 약자를 괴롭히는 존재들로 군림하게 된 사회가 오늘날 내가 살아가고 있는 자본주의이다. 이런 사회에서 '약자를 보호하는 가진 자'로 살아가려면 한 가지 믿음이 반드시 필요하다. 이 믿음이 없으면 결코 약자를 배려할 수 없다. 하나님이 '자기를 찾는 자들에게 상 주시는 분'이심을 믿는 믿음이다. 손해를 보면서까지 약자를 배려하면서 하나님의 살아계심을 믿을 때, 하나님은 반드시 그에게 상 주실 것이다. 그 믿음이 있어야 사회는 건강하게 유지될 수 있고, 그 어떤 공동체라도 약자가 중심이 되어 아름답고 건강한 공동체로 세워져 갈 것이다.

3. 나는?

교회를 개척한 지 3년 반이 되어간다. 그동안 교인들에게 강조했던 내용 중 하나가, '교회의 중심은 약자'라는 사실이었다. 목회자인 나는 가장 약한 지체가 누군지 살펴서 그 지체에게 관심을 가장 많이 기울이려 노력했다. 왜 그랬을까? 가장 유력한 교인, 가장 부자인 교인, 가장 힘이 세고 능력이 있는 교인에게 집중하고픈 마음이 누구에게나 있기 마련이다.

목회자인 나도 예외는 아닐 것이다. 그래서 나는 의도적으로라도 더 약한 지체에게 관심을 가장 많이 가지려 했다. 타락하지 않기 위해서였다. 그리고 더 중요한 것은, 하나님이 살아계심을 믿기 때문이었고, 약자 중심으로 생각하는 것이 하나님을 찾는 나의 노력이었다.

그렇게 의도적으로라도 약자에게 관심을 기울이면 유력한 교인과 부자인 교인과 교회에 여러모로 유익을 끼칠 수 있는 교인에게 집중하려는 마음에서 벗어날 수 있게 될 것이라 믿었다. 그래서 가장 약한 지체 한 명에게 가장 큰 관심을 기울였는데, 그 결과는 의외였다. 그 약한 지체는 든든하게 세워져갔고, 약하지 않아서 교회의 중심이 될 줄 알았던 교인들은 교회를 떠나갔다. 그래서 교회가 거의 없어질 위기를 맞이하기도 했으나 오히려 서울로 예배당을 얻어 옮기게 되었고, 보다 성숙한 성도들과 만나게 되었다. 나에게 '하나님을 찾는 행위' 중 하나는, 유력한 교인이 아니라 가장 약한 교인에게 집중하는 것이다. 그러면 하나님이 반드시 상 주실 것을 믿는다.

유력한 교인에게 집중하면 그 유력한 사람으로부터 여러 가지 좋은 것은 받을지 모르지만, 하나님으로부터 받을 상은 없을 것이다. 그러나 하나님을 찾기 위해서 약자에게 집중하면 하나님이 상 주실 것이다. 사람에게는 상 받지 않아도 좋다. 그러나 하나님께는 반드시 상 받고 싶다. 그러기 위해서 이전한 교회에서도 나는 가장 약한 성도가 누군지 찾고 있고, 그 분께 집중하려 노력하고 있다. 교회의 중심이 가장 약한 지체여야 함을 더 확실히 믿게 된다. 약한 지체에게 집중하면서 사실은 내가 가장 큰 위로와 생명을 얻기 때문이다.

너를 위하여 축복하리니
(신명기 24:10-22)

1. 약자를 위한 명령

'불우이웃돕기'를 극단적으로 싫어하는 사람을 본 적이 있다. 자신도 자신의 힘으로 죽도록 노력해서 겨우 먹고 살게 되었는데, '불우이웃'도 자신의 힘으로 죽도록 노력하면 얼마든지 먹고 살 수 있는데 왜 자신이 도와야 하냐고 했다. 성경적인 관점이 아닌 것은 분명해 보인다. 성경은 약자, 가난한 자들에게 자비를 베풀 것을 다양한 관점으로 설명한다. 오늘 본문은 약자에게 자비를 베풀 다양한 관점들 중 몇 가지이다.

이웃에게 꾸어줄 때 전당물을 직접 가지지 말 것, 해 질 때에 그 전당물을 돌려줄 것, 가난한 품꾼을 학대하지 말고 품삯을 당일에 줄 것, 과부의 옷을 전당 잡지 말 것, 나그네와 고아와 과부를 배려할 것(신명기 24:10-22의 내용) 등, 하나님은 약자의 편인 것이 분명해 보인다. 가진 자는 손해 볼 수밖에 없고 약자, 가난한 자, 고아와 과부, 품꾼, 나그네들은 조금이라도 이익을 보게 하는 것이 율법의 정신이다. 매우 세세한 부분까지 지적하시면서 약자를 배려하라는 따뜻한 음성을 하나님은 율법을 통해 자기 백성에게 들려주고 있다.

2. 약자에게 자비를 베풀어야 하는 이유

왜 약자에게 자비를 베풀어야 할까? 가난하고 소외당하는 사람들은 왜 특별대우를 받아야 하는 것일까? 그들이 약하기 때문이요, 그들은 누군가 돌보고 혜택을 주지 않으면 생존 자체가 어렵기 때문이다. 하나님을 믿는다면, 하나님의 백성이라면, 하나님의 성품을 조금이라도 안다면 약자에 대해서 긍휼을 베풀 수밖에 없을 것이다. 그런데 약자에게 자비를 베풀어야 할 더 중요한 이유가 있다. 하나님께서 명확하게 말씀하고 있는 부분이다.

"그리하면 그가 그 옷을 입고 자며 너를 위하여 축복하리니 그 일이 네 하나님 여호와 앞에서 네 공의로움이 되리라... 그가 너를 여호와께 호소하지 않게 하라 그렇지 않으면 그것이 네게 죄가 될 것임이라."(신 24:13, 15)

약자와 가난한 자가 드리는 축복과 호소를 하나님이 모두 들으신다. 하나님은 하나님의 백성들의 기도를 들으시지만, 특히 가난하고 약하고 소외된 자들의 기도를 들으신다. 그들이 축복하면 그 축복을 들으시고 공의로 인정해주시고, 반대로 그들이 억울함과 피해를 호소하면 그 호소에 따라 사람을 정죄하신다. 그러니 약자에게 축복의 기도를 받기 위해서라도 약자에게 자비와 긍휼을 베풀어야 할 것이다.

3. 누구의 축복 기도를 받아야 할까?

목사의 축복 기도를 받는 것을 영광으로 아는 교인들이 많다. 그렇게 가르치고 배워왔으니 어쩌면 당연할 수도 있다. 거액을 준비하고 유명한 목사의 심방을 받고 축복 기도를 받았다는 이야기는 나에게 큰 충격이었다. 그런 무당 같은 목사가 실제로 존재한다는 사실이 충격이었고, 그 사람이 대한민국에서 내로라하는 유명 목사라는 사실은 더 큰 충격이었다.

큰 착각이다. 목사는 교인보다 신분적으로 특별한 존재가 아니다. 목사만 제사장의 축복기도를 하는 존재일 수 없다. 신약시대에는 모든 신자가 제사장이기 때문이다. 그래서 말씀의빛교회에서는 예배 후의 축복기도를 목사가 손을 들고 하는 것이 아니라, 모든 성도가 함께 한다. 함께 서로를 축복하는 것이 올바른 축도라고 믿기 때문이다. 그럼 누구로부터 받는 축복이 성경적으로 가장 효력이 클까? 오늘 본문에 의하면 가난한 자, 약자, 소외받는 자들로부터의 축복이다. 그들에게서 축복의 기도를 받기 위해서라도 그들에게 자비를 베풀어야 한다. 그것이 하나님이 원하시는 삶일 것이다.

4. 나는?

모임을 위해 부산에 내려갔다. 부산역 앞 카페에서 사역을 위해 한 분과 만남을 가졌다. 대화 중에 할아버지 한 분이 들어오셨다. 이런 저런 사정을 호소하시면서 천원만 달라는 쪽지를 보여주시면서 손님들 사이를 돌아다녔다. 예전에는 그런 분들을 보면 그 저의를 의심했다. '뒤에서 나쁜 놈들이 조직적으로 저 사람들을 착취할거야. 저 사람을 돕는 것은 나쁜 조직의 배를 불리는 거야'등의 생각을 하면서 지갑을 열지 않는 나의 행동을 합리화했었다. 그 때와 생각이 달라졌기에, 나는 지갑에 있는 천 원짜리를 다 드려야겠다고 생각하고 지갑을 열어보았더니 천 원짜리가 두 장이 있었다. 그 두 장을 드렸다. 할아버지는 연신 고개를 숙이며 고마워하셨다. 카페 안을 다 돌아다니셨으나 내가 드린 2천원이 전부인 듯 보였다. 나가면서 내 얼굴을 보며 활짝 웃으시면서 다시 연신 고개를 숙이며 감사를 표하셨다. 2천 원에 비할 수 없는 그 활짝 웃는 미소가 나에게 말할 수 없는 부끄러움을 주었고, 그럼에도 그 미소가 나를 향한 축복의 기도가 되길, 그래서 하나님께서 나를 조금이나마 긍휼히 여겨주시길 기도하는 마음이었다. '만 원짜리를 드릴 걸' 하는 아쉬움이 생기면서, 가난한 분을 향한 나의 인색한 마음을 회개했다.

물론 교회 안에 있으면 온갖 이상한 사람들이 와서 구걸을 하기도 하고, 심지어는 반 협박을 하면서 목사님들께 돈을 뜯어간다는 말을 여러 번 들었다. 그런 상황은 판단이 쉽지 않을 것이다. 그러나 어찌 되었든 나의 일상에서 가난한 자들과 약자들에 대한 자비와 긍휼을 잊지 말아야겠다는 생각을 한다. 나의 주머니의 인색함이 못내 부끄럽지만, 그럼에도 그 할아버지의 미소는 잊혀지지 않는다.

올바른 예배,
올바른 삶
(신명기 25~26장 묵상)

여호와 앞에 가증한 삶

•

헌금에 대하여

부전나비들의 만남은
바람이 불어도,
사람이 옆을 지나가도 흔들림 없다.

이 만남이 있어야
헤어진 후의 삶도
힘차게 살아갈 수 있기 때문일 터.

사람의 삶에도 만남이 주는 힘이
삶의 현장을 바르게 살아가게 한다.

영혼의 깊은 회복을 주는
하나님과의 만남을 포기하고서도
삶을 바르게 살아갈 방법은 없다.

여호와 앞에 가증한 삶
(신명기 25장)

1. 가증한 삶

여호와 앞에 가증한 삶이 무엇인지 알면 여호와 앞에 정결한 삶이 무엇인지도 알 수 있으리라. 신명기 25장은 가증한 삶이 무엇인지 조목조목 말해주고 있다. 공정한 재판을 하고, 40대 이상은 때리지 말고, 곡식 떠는 소에게 망을 씌우지 말고(일만 시키고 먹을 것을 못 먹게 하는 짓), 형사취수(兄死取嫂) 제도를 지키고(개인의 이익보다 공동체의 이익 우선), 공정한 저울을 사용하라고 가르치고 있다. 이런 것들을 지키지 않으면 하나님 앞에 가증하다.

제사를 제대로 못 드리고, 예배를 소홀히 하고, 헌물을 제대로 바치지 않는 것 등은 가증한 일의 목록에 없다. 즉, 하나님 앞에 가증함은 모두 종교적인 문제가 아니라 일상의 삶의 문제이다.

2. 일상의 삶만 정결하면 될까?

그러면 사람들은 오해한다. 일상만 바르고 정결하게 살면 되겠다고. 그건 하나님의 의도가 아니다. 왜 그럴까? 일상의 구체적인 삶을 율법의 목록대로 빈틈없이 지킨 것처럼 보였던 사람들이 있었다. 바리새인들이었다. 그들의 병폐는 외식이었다. 즉, 눈에 보이는 것들은 빈틈없이 지켰지만, 그 내면은 죽은 것들과 썩은 것들로 가득했다. 탐욕과 욕심과 교만이 가득 찬 내면을 그대로 가지고 있으면서, 겉으로는 거룩한 척했던 사람들이 바리새인들이었다. 겉과 속이 다 깨끗해야 한다. 그런데 둘 다 깨끗하게 되는 그 어려운 과업을 누가 해낼 수 있을까? 사람이 어찌 겉과 속이 다 깨끗할 수 있을까? 사람은 그럴 수가 없는데 말이다. 도대체 어찌해야 할까?

3. 겉과 속이 모두 정결할 방법

겉과 속이 모두 정결하려면 필수적인 조건이 있다. 내가 절대로 그럴 수 없는 존재임을 아는 것이다. 하나님 앞에 정직한 사람은 자신에게 하나님이 언제나 필요하고, 속죄의 은혜가 필요한 존재임을 고백할 수밖에 없다. 그래서 필요한 것이 제사, 즉 예배다. 외식하기 위해서가 아니라, 내가 죄인이라는 그 본질을 잊지 않기 위해서 신앙적인 절차들이 필요하다. 예배와 제사를 통하여 하나님 앞에 나아가고, 하나님께 나의 죄와 악함을 고백하고 씻음 받을 수 있다.

진실된 신자는 삶의 영역에서 가증함을 벗어나려 최선의 노력을 다한다. 그런데 성공할 때도 있지만, 실패할 때도 많다. 때론 겉으론 잘 했는데 마음속에서 미움이 사라지지 않는다. 분노와 정욕과 탐욕이 스멀스멀 올라오는 자신의 추한 내면을 종종 보기도 한다. 그래서 참 신자는 예배의 자리를 사모한다. 내 삶에서 드러난 그 악한 내면과, 조금 실천을 하기도 했으나 실천해내지 못한 것이 더 많아서 아프고 슬픈 마음으로 주의 긍휼을 구하기 위해 예배의 자리를 사모한다. 예배의 자리를 소홀히 여긴다는 것은 이 소중함을 잘 모른다는 것이다. 자신이 하나님이 없어도 그럭저럭 잘 살아갈 존재임을 은근히 믿고 있는 것이다. 그런 사람은, 아무리 삶이 좋아 보여도 하나님 앞에서 가증함을 벗어날 수 없다.

4. 나는?

나는 가증한 삶인가 아닌가? 말할 것도 없이 나의 삶은 너무나 가증하다. 겉으로는 제법 바르게 살아가고 있는 것처럼 보일지 몰라도 나는 나의 내면의 추함을 너무 잘 안다. 그래서 '그저 삶만 잘 살아내라'는 말이 신앙적인 말이라고 믿지 않는다. 그저 삶만 잘 사는 것이 나에게는 불가능했기 때문이다. 지금도 여전히 내 삶이 별로라고 생각되는 부분이 있지만, 예전에 비해서는 많이 달라졌다. 내가 달라졌다면 그 이유와 방법은 분명하다. 내가 절대로 달라질 수 없는 존재임을, 죄의 구렁텅이에서 한 걸음도 벗어날 수 없는 존재임을 나 자신에게서 너무나 많이 보아왔다는 사실이다. 하나님 아니면, 성령의 능력이 아니면, 말씀의 능력이 내 관절과 골수와 영과 혼을 찔러 쪼개지 않으면 나는 아무런 가능성이 없음을 깊이 알았다는 사실 하나 뿐이다. 그래서 나는 예배에 생명을 걸었고, 말씀 묵상에 삶을 걸었다.

지금은 목사이니 좀 편안한 마음일까? 목사이니 어쩔 수 없이 예배의 중요성을 강조할까? 나는 전혀 그러지 않는다. 나는 지금도 주일 예배를 통하여 내가 살고 싶어서 예배를 중요하게 여긴다. 나는 여전히 갈급하다. 여전히 목마르다. 하나님이 아니면, 말씀이 아니면, 말씀의 검이 나를 쪼개지 않으면 나는 여전히 패역하고 완악한 바리새인처럼 살 수밖에 없기 때문에 헐떡이는 심정으로 예배를 사모한다. 말씀을 묵상하는 자리를 사모한다. 그래서 목사로서 내가 성도들에게 원하는 것도 이것 한 가지 뿐이다. 성도들이 하나님께 목마르길, 말씀에 목마르길, 말씀의 검이 영과 혼과 관절과 골수를 찔러 쪼개는 그 경험을 사모하여 말씀 앞으로 모여들고, 말씀을 묵상하는 자리에 나아가길 원한다. 그 한 가지만 있으면 한 걸음씩 내면과 삶이 좋아져 갈 수 있다고 믿기 때문이다. 가증한 삶을 벗어나는 길, 가증한 내면을 벗어나는 길은 오직 그 길 밖에 없음을 믿기 때문이다.

헌금에 대하여
(신명기 26장)

헌금은 신앙 생활에서 제법 중요한 요소인 듯하다. 성경 곳곳에 헌금에 대해서 말하고 있기 때문이다. 그런데 신앙인들이 가장 많이 오해하고 있는 부분이 헌금이라는 것은 슬픈 일이다. 가장 아름다운 신앙의 행위인 헌금의 개념을 이토록 변질시킨 것이 기독교 신앙의 타락에 큰 몫을 한 것이 아닐까 싶다. 헌금에 대해서 몇 가지를 생각해 본다.

1. 헌금을 할 때 가장 중요한 것

헌금 자체가 중요한 것이 아니라 헌금의 정신이 중요하다. 똑같은 헌금을 드려도 그 정신이 어떠냐에 따라 헌금의 가치는 결정이 된다. 어떤 정신으로 드려야 할까?

"너는 또 네 하나님 여호와 앞에 아뢰기를 내 조상은 방랑하는 아람 사람으로서 애굽에 내려가 거기에서 소수로 거류하였더니 거기에서 크고 강하고 번성한 민족이 되었는데, 애굽 사람이 우리를 학대하며 우리를 괴롭히며 우리에게 중노동을 시키므로, 우리가 우리 조상의 하나님 여호와께 부르짖었더니 여호와께서 우리 음성을 들으시고 우리의 고통과 신고와 압제를 보시고, 여호와께서 강한 손과 편 팔과 큰 위엄과 이적과 기사로 우리를 애굽에서 인도하여 내시고, 이곳으로 인도하사 이 땅 곧 젖과 꿀이 흐르는 땅을 주셨나이다. 여호와여 이제 내가 주께서 내게 주신 토지 소산의 맏물을 가져왔나이다 하고 너는 그것을 네 하나님 여호와 앞에 두고 네 하나님 여호와 앞에 경배할 것이며"(신 26:5-10)

헌금을 드림에 있어서 가장 중요한 것은 '하나님께 대한 감사'이다. 이스라엘 백성이 첫 소산을 드릴 때 자신의 걸어온 과거 전체를 돌아보며 하나님이 어떻게 도우시며 인도하셨는지를 고백한다. 첫 소산은 반드시 하나님께 드려야 한다든지 헌물이라는 물질이 중요하다기 보다는 헌물을 통하여 자신의 삶을 돌아보고 그 삶 전체에 함께 하신 하나님의 손길을 생각하고, 그 하나님께 감사하는 마음이 중요한 것이다. 헌금에 있어서 가장 중요한 것은 '감사의 마음'인데, 무엇에 대해서 어떻게 감사한지 자신의 삶 전체를 돌아보며 생각하고 돌아보고 그 감사를 표현할 기회가 현대에는 헌금하는 시간이다.

말씀의빛 교회는 헌금 봉투 종류가 하나뿐이다. 감사 헌금. 어떤 종류의 헌금도 감사의 헌금이어야 한다고 믿기 때문이다. 그리고 헌금을 드릴 때, 헌금 봉투에 감사의 제목을 적는 것을 중요하게 여기시라고 말씀드린다. 헌금 속에 감사의 마음을 담기 위함이다. 한 초등학생 아이는 하나님께 드리는 편지를 봉투 속에 넣어 헌금과 함께 드리기도 했다. 예배 후에 봉투에 적힌 감사와 기도의 제목을 읽어보는 것은 목사로서 누리는 큰 기쁨이다. 나도 헌금 봉투에 감사제목을 적으면서 눈물을 흘리기도 한다. 적는 그 행위를 통하여 나의 삶을 돌아보고, 나의 삶 속에 깊이 개입하셔서 인도하시는 하나님의 선하신 손길을 보기 때문이다.

2. 헌금의 사용

헌금은 어디에 어떻게 사용해야 할까? 성경은 매우 중요한 사용처를 가르친다.

"셋째 해 곧 십일조를 드리는 해에 네 모든 소산의 십일조 내기를 마친 후에 그것을 레위인과 객과 고아와 과부에게 주어 네 성읍 안에서 먹고 배부르게 하라."(신 26:12)

헌금의 사용처 중에서 가장 중요한 곳은 레위인과 객과 고아와 과부를 먹이고 배불리는 것이다. 스스로 벌어서 먹을 환경도 안 되고 힘도 없는 사람들을 하나님의 공동체는 먹여야 했다. 그 중요한 가치에 헌금이 쓰이지 않는다면, 그 공동체는 병든 공동체임에 틀림없다. 그런데 헌금을 이렇게 사용하고서야 비로소 할 수 있는 기도가 있다.

"원하건대 주의 거룩한 처소 하늘에서 보시고 주의 백성 이스라엘에게 복을 주시며 우리 조상들에게 맹세하여 우리에게 주신 젖과 꿀이 흐르는 땅에 복을 내리소서 할지니라."(신 26:15)

드리기만 했다고 해서 복 달라는 기도를 해서는 안 되고, 드린 헌금이 레위인과 고와와 과부와 객을 먹여 배불리는 곳에 올바르게 사용되고 있는지를 확인해야 한다. 그러고 나서야 복을 달라는 기도를 할 수가 있다. 하나님이 복 주시는 사람은 많은 헌금을 한 사람이 아니라, 헌금을 하고 그 헌금이 성경의 가치에 따라 바르게 쓰이도록 하는 사람이다. 당연히 헌금을 성경의 가치에 따라 바르게 쓰는 공동체가 중요하다. 자신이 속한 공동체가 그 헌금의 정신을 제대로 수행하지 못한다면, 그럼에도 여러 사정 때문에 그 교회를 떠날 수가 없다면, 적어도 헌금의 일부나 많은 부분을 오늘날 '가난한 레위인과 고아와 과부와 객'에 해당되는 사람을 찾아 그들을 돕고 후원하는 곳에 드리는 것이 좋을 것이다.

어느 집사님이 자기 교회가 예배당을 건축하면서 선교 헌금으로 드려진 헌금조차 모두 건축 헌금으로 쏟아 붓는 것을 보고, 내게 황당함을 호소하셨다. 그리고 선교 헌금을 중단했다고 말씀하셨다. 어려움 가운데 있는 신실하고 가난한 목사님을 소개해 드렸고, 그 집사님은 선교 헌금을 그 목사님께 보내드리고 있다. 이런 움직임이 많이 일어난다면 한국의 교회가 조금이라도 더 건강해지지 않을까 싶다.

3. 명령에 복종?

"오늘 네 하나님 여호와께서 이 규례와 법도를 행하라고 네게 명령하시나니 그런즉 너는 마음을 다하고 뜻을 다하여 지켜 행하라."(신 26:16)

모세가 이스라엘 백성에게 '하나님의 명령에 복종하라'고 말한다. 왜 이렇게 말하는 것일까? 하나님도 강요와 억압으로 복종하게 하는 이방 신들과 같은 방식으로 사람을 대하시는 것일까? 그럴 리가 없다. 하나님의 법을 지켜 행하라는 명령은, 하나님의 사랑의 표현이자 동시에 하나님의 명령을 따르는 삶만이 참된 생명으로 인도하는 길이기에 정당하다. 하나님의 법을 행하는 것만이 이 땅에서 참되고 행복한 삶을 누릴 유일한 방법이기 때문에 하나님은 명령의 형태로 자기 백성에게 강하게 권고하시는 것이다. 하나님의 법을 행하지 않으면, 하나님이 따로 심판을 행하시지 않아도 그 삶 자체가 파멸과 불행과 어두움의 결과를 만들어 낸다. 하나님의 법에 따르고 순종하면 그 삶 자체가 행복과 만족과 감격을 만들어낸다. 하나님이 사람을 그렇게 만드셨기 때문이다. 하나님과 하나님의 말씀을 사랑하고 청종하고, 거기에 순종하며 살아가도록.

나는 왜 매일 말씀을 묵상하는 것에 이토록 삶을 거는 것일까? 말씀이 없는 삶의 불행과 어두움을 맛보았기 때문이요, 그 실패와 두려움과 슬픔과 절망을 다시 맛보기 싫기 때문이다. 그리고 말씀을 알아가고, 깨달아가고, 그래서 말씀에 순종해가는 삶의 놀라운 기쁨과 행복과 감격을 조금씩 누려왔고, 이제는 그 풍성함 속에 거하기 때문이다.

어제는 아내와 이런 대화를 했다.
아내가 말했다.
"여보. 신명기 설교 계속하니 힘들지 않아요?"
"왜? 신명기 설교 듣기 힘들어요? 내가 설교를 너무 못해서?"
"아니, 그게 아니라... 비슷한 본문 내용인 것처럼 보이는데, 매번 다른 내용의 설교를 하기가 얼마나 어려울까 싶어서요."
내가 다시 말했다.
"여보, 걱정 말아요. 내겐 다 달라요. 똑같지 않아요. 설교할 것이 너무 많아서 고민인데? 설교를 준비하고 설교를 하는 과정이 내겐 너무 행복해요. 이러고 살아갈 수 있다는 사실이 기적인 걸."

나는 왜 설교가 행복할까? 한 가지 때문이다. 말씀의 능력을 알기 때문이다. 말씀이 주는 기쁨과 감격을 알기 때문이다. 그 놀라움을 누려가는 것이 삶의 가장 큰 기쁨이기 때문이다. 그 기쁨과 행복과 감격을 나누는 것이 설교인데, 설교가 힘들 리가 없고 재미없을 리가 없다. 하나님의 말씀을 알아가고, 깊이 이해하게 되고, 그래서 저절로 순종의 삶을 살아가게 되는 이 놀라운 복을 누려감이 내겐 기쁨이요 감격이다. 아직까지는 그렇다. 앞으로도 계속 그럴 것 같고, 그렇기를 소망한다. 말씀을 제대로 묵상하고 알아 가면 헌금을 포함한 모든 신앙의 영역들에서 건강한 신앙인이 되어갈 것이라 믿는다. 억지로 하는 복종이 아니라, 생명을 얻는 경험 때문에 감사함으로 순종의 삶을 살게 될 것이다.

복보다 중요한 저주
(신명기 27~28장 묵상)

아스라이 핀 한 송이가
거친 삶에 지쳐 숨이 차게 달려온 나를
고요히 반긴다.

반짝이는 이슬에 둘러싸인,
소박하지만 빛나는 자태를
넋을 잃고 쳐다본다.

저주에 가까운 거친 삶에 지치고 힘들고 아파서,
새벽에 말씀을 펼쳐 들고 묵상했다.
고요하게 말씀은 나를 반겼다.

행복이 꽃송이와 이슬에 있는 줄 알았는데,
어느새 가슴 깊이 옮겨와 있다.

그저 객관적 진리인 줄만 알았던 말씀이
어느새 가슴 깊이 행복으로 자리 잡는다.

삶의 저주를 이기는 새벽이슬 같은 말씀의 능력.

말씀은 살아있다
(신명기 27장)

1. 말씀의 살아있음

"너희가 요단을 건너 네 하나님 여호와께서 네게 주시는 땅에 들어가는 날에 큰 돌들을 세우고 석회를 바르라. 요단을 건넌 후에 이 율법의 모든 말씀을 그 위에 기록하라 그리하면 네 하나님 여호와께서 네게 주시는 땅 곧 젖과 꿀이 흐르는 땅에 네가 들어가기를 네 조상들의 하나님 여호와께서 네게 말씀하신 대로 하리라."(신 27:2-3)

요단을 건너서 얻을 땅, 즉 하나님이 주시는 땅은 세겜 땅이었는데, 그 땅은 옛날에 아브라함에게 약속하신 땅이었다.

"아브람이 그 땅을 지나 세겜 땅 모레 상수리나무에 이르니 그 때에 가나안 사람이 그 땅에 거주하였더라. 여호와께서 아브람에게 나타나 이르시되 내가 이 땅을 네 자손에게 주리라 하신지라 자기에게 나타나신 여호와께 그가 그 곳에서 제단을 쌓고"(창 12:6-7)

말씀은 생명력이 있다. 하나님이 말씀하신 것은 반드시 이루어진다. 단시일 내에 이루어지지 않을지는 몰라도 때가 되면 반드시 이루어지고야 마는 것이 하나님의 말씀이다. 하나님이 아브라함에게 약속하신 말씀은 살아있어서 아브라함이 죽고 수많은 세월이 지난 후에 아브라함의 후손들에게 성취가 되었다. 말씀은 살아있어서 반드시 현실 속에 실현된다. 그 말씀의 살아 있음과 그 능력을 믿는 사람이 그리스도인이다. 말씀에 관심이 없으면서, 말씀이 아닌 다른 것들에만 관심을 가지면서, 자신이 그리스도인이라고 생각하는 것은 큰 착각일 수 있다.

2. 말씀의 엄중함

말씀은 살아있을 뿐 아니라 엄중하다. 에발산과 그리심산에 각각 6지파씩 위치시킨 뒤에 축복을 선언하면 그리심산에 선 백성들이 '아멘'하고, 저주를 선언하면 에발산에 선 백성들이 '아멘'을 했다. 신명기 27장에는 12가지의 저주를 언급하고 있다. 이 저주를 언급하고 선포하면, 이 저주를 듣는 이스라엘 6지파는 '아멘'으로 화답을 했다. 저주의 선포에 대해서 '아멘'을 하기는 쉽지 않다. 당연히 매우 엄숙한 마음일 것이다. 하나님의 말씀은 사람에게 복 주기를 원하신다. 그러나 하나님의 말씀을 거부하면 저주 가운데 거하게 된다. 하나님이 그 사람을 저주하신다기 보다는, 말씀을 거부하는 삶 자체가 저주의 삶이 된다. 말씀의 살아있음의 또 다른 면이다. 말씀을 무시하고 관심 갖지 않고 거부하면 그 삶은 반드시 저주의 삶이 되고 말 것이다. 하나님의 말씀은 엄중하다.

3. 나는?

어제는 모 대학의 기독학생회 예배에서 설교를 했다. 예배 전 찬양 중에 '하나님의 사랑을 사모하는 자' 라는 곡이 있었다. 찬양하는데 마음에 깊은 감격이 몰려왔다. '너의 작은 신음에도 응답하시고' 라는 가사 때문이다. 20대 후반 무렵에 삶에 큰 어려움을 당하고 교회를 옮겼었다. 교회를 옮긴 첫 날에 그 교회에서 이 찬양을 불렀고, '너의 작은 신음에도 응답하시고'라는 가사 앞에서 마음을 주체할 수 없어서 엉엉 소리 내어 울었었다. 그로부터 20여년이 흘렀고, 지금 나의 삶의 스토리를 돌아보니, 실제로 나의 작은 신음까지도 성실하게 응답하셨다는 사실을 현실에서 생생히 발견한다.

그 20여 년 동안 나는 무엇을 했을까? 먹고 살기 위해서 치열했고, 가족을 건사하느라 힘겨웠고, 생존하느라 버거웠다. 그러나 그 모든 치열함과 버거움 가운데에서 한 가지는 놓지 않으려 몸부림쳤다. 말씀이었다. 놓지 않으려 했다기보다는 놓을 수가 없었다. 말씀마저 놓으면 죽을 것 같았기 때문이다. 말씀 하나만 붙들고 살았던 그 시간들을 보내고 나서 지금 나는 이렇게 말씀을 전하는 삶을 살아가고 있고, 말씀만을 전할 뿐인데 영혼들이 실제로 살아나고 회복되고 있음을 보고 있다. 그리고 행복한 교회를 이루어가고 있다.

지난 시간들을 돌아보니 신음했던 시간들이 많다. 감사하게도 나는 그 신음들을 하나님을 향해 쏟아내었다. 말씀을 묵상하고, 묵상한 말씀을 가지고 하나님께 말할 때, 나의 신음을 적나라하게 쏟아냈었다. 그 신음들을 하나도 흘려버리지 않으시고, 신실하게 응답해 오셨음을 오랜만에 그 찬양을 부르며 깨달았다. 정말로 말씀이 살아 있고, 말씀에는 능력이 있음을 그 모든 시간을 통해서 경험해 온 것이다.

앞으로 나는 무엇을 하며 살아갈까? 지금 가장 행복한 시간들을 보내고 있는데, 이 행복을 계속 누려가기만 하면 되리라. 말씀을 묵상하고 연구하고, 내 삶에 적용하고, 그 모든 과정을 설교와 성경공부를 통해서 나누고, 그 말씀이 사람의 영혼을 살리는 것을 보는 이 놀라운 행복 속에 살아가기만 하면 되리라. 말씀은 살아있어서 나를 살렸고, 말씀은 살아있어서 다른 분들도 살릴 것을 믿는다. 그래서 행복하게 말씀 안에만 거하기만 하면 되리라. 말씀이 있어서, 말씀의 은혜를 누리고 있어서, 나의 신음을 말씀을 통해 하나님께 드릴 수 있어서, 그 신음에 신실하게 응답하시는 하나님이 나의 하나님이셔서 나는 감사하고 행복하고 감격스럽다.

제사냐, 젯밥이냐?
(신명기 28:1-14)

젊은 시절 들었던 나이 드신 장로님들과 권사님들의 기도 중 잊혀지지 않는 기도가 있다. 어찌 그리 암기를 잘 하시는지, 신명기 28장의 내용을 줄줄줄 기도하셨다. "주님. 이 아들이 성읍에서도 복을 받고, 들에서도 복을 받게 하시고, 광주리와 떡 반죽 그릇이 복을 받게 하시고, 들어와도 복을 받고 나가도 복을 받게 하시고, 적군이 한 길로 왔으니 일곱 길로 도망하게 하소서." 그리고 이런 기도도 하셨다. "많은 사람에게 꾸어줄지라도 꾸지 않게 하시고, 머리가 될지언정 꼬리가 되지 않게 하시며, 위에만 있고 아래에 있지 않게 하소서." 어찌나 유창하게 줄줄줄 기도하시는지, '도대체 저런 멋진 기도는 어떻게 똑같이 하시나?' 라고 생각했다. 그런데, 어느 순간부터 이 기도의 문제점이 발견되었다. 이 기도는 제사보다 젯밥에 관심을 갖는 오류가 있는 기도였다.

1. 젯밥

복을 비는 기도였기에 나쁘지 않다고 볼 수도 있으리라. 이 놀라운 복들이 누군가에게, 특히 사랑하는 사람에게 주어진다는 것은 너무나 기쁜 일이리라. 그래서 이런 복을 빌어주는 거야 뭐 그리 나쁜 일이겠는가? 그러나 이 기도의 분명한 잘못은 성경을 잘못 읽었다는 점에 있다.

"성읍에서도 복을 받고 들에서도 복을 받을 것이며, 네 몸의 자녀와 네 토지의 소산과 네 짐승의 새끼와 소와 양의 새끼가 복을 받을 것이며, 네 광주리와 떡 반죽 그릇이 복을 받을 것이며, 네가 들어와도 복을 받고 나가도 복을 받을 것이니라. 여호와께서 너를 대적하기 위해 일어난 적군들을 네 앞에서 패하게 하시리라 그들이 한 길로 너를 치러 들어왔으나 네 앞에서 일곱 길로 도망하리라."(신 28:3-7)

이 구절은 모두 '~ 받을 것이다' 또는 '도망하리라' 등의 미래형으로 말한 것이다. 모세가 하나님의 말씀을 전달한 것인데, 이렇게 되게 해 달라고 기도하라고 하신 것이 아니라, 어떤 조건이 갖춰지면 '저절로' 이렇게 되리라고 말씀하신 것이다. 즉, 이렇게 되게 해 달라고 기도해야 할 것이 아니라, 이렇게 할 수 있는 조건을 갖추어야 할 일이다. 그러니 이런 결과만 두고 기도의 제목을 삼는 것은 엄밀한 의미에서는 제사보다 젯밥에 관심을 가지는 틀린 태도의 신앙행위요, 잘못된 기도일 수 있다.

2. 제사

그러면 젯밥이 아닌 제사는 무엇일까? 즉 이 말씀의 본질은 무엇일까? 이 문장은 전형적인 조건문으로 쓰여져 있다. '~ 한다면, ~ 될 것이다.' 라는 구조이다. 조건절의 내용이 갖추어지기만 하면, 귀결절의 내용은 저절로 이루어지는 것이다. 그러니 당연히 귀결절의 내용이 아니라, 조건절의 내용에 관심을 가지고 집중해야 한다. 그 조건절의 내용이 무엇일까?

"네가 네 하나님 여호와의 말씀을 삼가 듣고 내가 오늘 네게 명령하는 그의 모든 명령을 지켜 행하면, 네가 네 하나님 여호와의 말씀을 청종하면 이 모든 복이 네게 임하며 네게 이르리니"(신 28:1-2)

귀결절의 내용은 엄청나게 많고 길다. 그러나 조건절은 짧고 간단하다. 기도하기도 더 쉽다. 귀결절의 어려운 내용을 다 외워서 기도하기보다 조건절로 기도하면 얼마나 더 쉽고 명료할까? 누군가를 축복할 때, 그 축복이 참된 축복이 되려면, 귀결절이 아니라 조건절로 기도하는 것이 훨씬 바르고 정확하고 효력 있는 기도가 될 것이다. 그 기도는, '이 아들이 하나님의 말씀을 듣고 지키는 아들이 되게 하소서.' 가 되어야 할 것이다. 이 짧은 기도를 하면, 그 뒤의 모든 복의 내용을 기도해주는 것보다 훨씬 더 강력하고 근본적이고 바른 기도가 될 것이다. 이 조건만 갖추어지면 뒤의 그 복잡한 내용의 복들은 저절로 주어지는 것이라고 성경이 분명히 말해주고 있지 않은가? 문제는 '복'이 아니라, '말씀'이다.

3. 정말 '복'보다 '말씀'?

정말 복보다 말씀이 더 중요할까? 이 말씀을 믿기는 쉽지 않으리라. 수많은 교회들, 수많은 목사들이 외친 설교들은 복의 중요성을 강조하고 있기 때문이다. 말씀을 읽고, 배우고, 묵상하고, 순종하는 것이 아니라, 교회에 충성 봉사하면, 헌금 제대로 하면 하나님의 넘치도록 '복'을 줄 것이라고 그토록 강조해 왔으니, 복보다 말씀이 중요하다는 것을 믿기는 분명 쉽지 않을 것이다. 그러나 성경의 내용으로 돌아가야 한다. 목사가 외치는 말이 아니라 성경이 말하는 것을 믿어야 한다. 성경은 분명히 말하고 있다. 하나님의 말씀을 귀담아 듣고, 하나님의 명령을 주의 깊게 지키면 (신 28:1) 하나님이 이 모든 복을 줄 것이라고.

이런 복을 참으로 받고 싶다면, 교회 행사에 충심으로 봉사해야 하는 것이 아니라, 목사의 말에 순종해야 하는 것이 아니라, 오직 말씀을 귀담아 듣고, 열심히 읽고, 말씀의 의미가 무엇인지 깊이 묵상해야 하고, 그 말씀이 이 시대를 살아가는 나에게는 도대체 무엇을 의미하는지를 기도

하며 발견해야 하고, 발견하고 깨달은 대로 주의 깊게 지켜가야 한다. 그렇게 살아가는 사람에게는 그 뒤에 약속된, 축복의 내용들이 분명히 응하게 될 것이다.

그리스도인이라면, 그 말씀을 믿고 그 말씀에 자신의 운명을 걸어야 한다. 그리스도인이라면, 당연히 말씀의 사람이어야 한다. 말씀에 삶과 운명을 다 걸고 살아가는 사람만이 바른 그리스도인이라고 말할 수 있을 것이다. 이렇게 살아가는 삶이 얼마나 중요하면, 오늘 본문의 마지막에 다시 한 번 강조하고 있다.

"오직 너는 내가 오늘 네게 명령하는 네 하나님 여호와의 명령을 듣고 지켜 행하며, 내가 오늘 너희에게 명령하는 그 말씀을 떠나 좌로나 우로나 치우치지 아니하고 다른 신을 따라 섬기지 아니하면 이와 같으리라."(신 28:13,14)

더 관심 가져야 할 '저주'
(신명기 28:15-35)

사람들은 복에만 관심 가진다. 복은 열심히 외워서 기도한다. "들어가도 복을 받고 나가도 복을 받게 하시고..." 라고 기도한다. 그러나, 그 뒤에 길게 나오는 저주에는 관심이 없다. 저주는 외울 생각도 없다. 그러나 사실은 저주에 더 관심을 가져야 하고, 저주를 더 열심히 외워야 한다.

1. 저주를 외워야 하는 이유

사실 복은 외울 필요조차 없다. 말씀을 읽고 묵상하고 귀 기울여 듣고, 그 말씀대로 지켜 행하기만 하면 그 모든 복들은 '저절로' 주어지기 때문이다. 그러나 저주는 열심히 외워야 한다. 왜 복은 외우지 말고 저주는 외워야 할까? 사람의 삶은 복보다 저주를 받는 경우가 더 많기 때문이다. 사람은 죄인이어서 삶이 자신의 뜻대로 되지 않는 경우가 더 많다. 이 세상도 악한 곳이어서 내가 원하는 대로 환경이 절대로 흘러가지 않는다. 내 뜻대로 되지 않는 세상, 내가 원하는 것과 반대로 하는 환경이 모두 저주라는 사실을 알아야 한다.

즉, 저주의 내용을 외우고 있다면, 그 저주의 삶이 나의 현실이 될 때, 이 현실이 저주라는 사실을 깨달을 수 있다. 저주를 외우고 있지 않으면 저주가 임하여도 저주인지도 모르기에, 미련하게 계속 저주의 삶을 살아갈 것이다. 저주의 여러 모습이 신명기 28:15~35에 나열되어 있다. 읽고 또 읽어서 거의 외우다시피 알고 있어야 한다. 그래야 이런 저주가 나의 삶에 주어질 때, 속히 깨달을 수 있다. 그리고 돌이킬 방법을 찾을 것이다. 복이 아니라 저주를 외워야 한다.

2. 저주에서 돌이키는 방법

저주를 외워야 하는 또 다른 이유는, 내 삶이 지독하게 무너졌을 때 그것이 하나님이 말씀하신 저주의 삶임을 깨닫기만 하면, 분명히 그 저주를 돌이킬 방법이 있기 때문이다. 그 방법이 무엇일까?

"네가 만일 네 하나님 여호와의 말씀을 순종하지 아니하여 내가 오늘 네게 명령하는 그의 모든 명령과 규례를 지켜 행하지 아니하면 이 모든 저주가 네게 임하며 네게 이를 것이니"(신 28:15)

저주의 삶이 되는 이유가 하나님의 말씀을 순종하지 않고, 그의 명령과 규례를 지키지 않음이다. 저주의 삶에서 돌이키는 방법도 매우 단순하다. 하나님의 말씀에 순종하고, 그의 명령과 규례를 지키는 것이다. 삶의 방향을 말씀 쪽으로 완전히 바꾸면 된다. 오늘 본문에 나열된 저주의 삶 중에 단 하나라도 발견이 된다면 속히 자신을 돌아보아야 한다. 그리고 얼마나 말씀에서 멀어져 있는지, 얼마나 말씀에 관심을 갖지 않고 살아가고 있는지, 얼마나 말씀을 무시하고 살아가고 있는지를 돌아보아야 한다. 그리고 돌이키면 된다. 말씀을 열심히 듣고 읽고 묵상하고, 말씀을 나에게 적용하고 적용된 말씀에 순종하는 것에 집중하면 된다. 그렇게 하면 하나님의 약속대로 반드시 삶이 회복될 것이다. 저주가 변하여 복이 되고 말 것이다.

3. 나는?

　성읍에서도 저주를, 들에서도 저주를, 광주리와 떡반죽 그릇이 저주를, 몸의 소생과 토지의 소산과 양의 새끼가 저주를, 들어와도 저주를 받고 나가도 저주를 받으리라(신 28:15-19)는 말씀이 내게 적용되던 때가 있었다. 죽어라 일을 하는데 삶은 더 힘들어졌고, 통장에 잔고는 없고, 아들도 말썽을 피우고... 도통 삶의 출구가 보이지 않던 시절이었다. 죽고 싶다는 생각이 나도 모르게 불쑥 들곤 했던 시절이었다. 총체적인 혼란과 무너짐 속에서 돌이켜 과연 복된 삶이 될 수 있을까? 과연 그것이 가능할까? 하고 의심이 생길 정도로 삶의 총체적 위기였다. 아내도 나도 하나님께로 돌아가려고 몸부림쳤다. 아침에는 말씀을 묵상하여 마음을 새롭게 하고, 저녁에는 교회의 저녁 기도회에 가서 기도하고, 길을 걸으면서는 하나님께 탄식하고, 그렇게 하나님께 매달리고 또 매달렸다. 그렇게 말씀과 기도로 하나님께로 돌아가려고 노력하면서 깨닫게 되는 것이 있었다. 내가 참으로 하나님을 멀리 떠나 있었다는 사실이었다. 매일 말씀을 묵상한다고는 했지만, 그리고 주일에 열심히 교회에서 봉사는 했지만, 나는 하나님을 엄청나게 멀리 떠나 있었던 것이다.

　사실을 알고 깨닫고 나서는 더 하나님께 매달렸다. 말씀에 더 깊이 들어갔다. 말씀 하나만이 나를 살릴 수 있음이 믿어졌다. 내 삶에 더 이상의 소망은 없었기 때문이다. 그리고 나서 10여 년의 세월이 흘렀다. 그때의 눈물이 변하여 희락과 기쁨이 되어 있는 현실을 본다. 저주가 사라지고 복된 일들이 하나씩 일어나는 삶을 본다. 성경에 저주를 더 길게 적어둔 이유를 알겠다. 이 저주 중 하나라도 자신에게 적용이 된다면 빨리 깨닫게 하시기 위함이다. 깨달아서 말씀으로 돌아가게 하기 위함이다. 말씀으로 돌아가기만 하면 저주가 변하여 복이 되기 때문이다. 저주를 길게,

자세히 나열하심도 하나님의 지극한 사랑임이 분명하다. 그 사랑을 누릴 수 있어서, 그 사랑의 의도 안에 있어서, 그래서 저주에서 복으로 삶을 전환할 수 있어서 참으로 하나님께 감사하다.

앞으로도 삶에는 문제가 생길 수 있으리라. 그 문제가 신명기에 기록된 '저주'의 형태를 띈다면 그것이 판별식이 되어 하나님과의 관계, 말씀과의 관계를 돌아볼 수 있으리라. 그러니 그 저주조차도 복이 될 수 있으리라. 그러니 저주조차도 감사이리라.

이토록 맹렬한 저주를
말씀하시는 이유
(신명기 28:36-57)

읽어갈수록 이런 생각이 든다. '이건 너무 심하잖아. 어떻게 이런 저주까지...' 하나님이 자기 백성에게 말씀하시는 저주치고는 너무나 심하다는 생각이 읽어가면서 계속 생긴다. 사랑의 하나님이 맞는지 의문스럽기까지 하다.

1. 맹렬한 저주

저주의 맹렬함은 충격적이다. '놀림과 비방거리가 되고, 종자를 뿌려도 메뚜기가 먹을 것이고, 포도원을 심고 가꾸어도 벌레가 먹어서 포도를 따지 못할 것이고, 감람나무도 수확하지 못할 것이고, 자녀가 포로가 될 것이고, 나무와 토지소산은 메뚜기가 먹을 것이고, 주변 이방인은 높아지고 너는 점점 낮아질 것이다.'라고 말씀하시는 내용은 오히려 덜하다. 심각하지만 받아들일 만하다. 그러나 뒷부분으로 갈수록 충격이 커진다.

적군에게 에워싸이고 공격받아 곤란을 당하므로 네 자녀의 살을 먹을 것이다. 온유하고 연약한 남자까지도 아내와 자녀를 미워하다가 자기가 먹는 자녀의 살을 남에게 나눠주지 않을 것이다. 온유하고 연약한 부녀도 자기가 낳은 자녀의 살을 먹을 것이다(신 28:36-57의 내용). 충격이다. 아무리 저주라도 그렇지 이건 너무한 것 아닌가 싶다. 하나님이 이토록 잔인하신 분이었나 하는 생각이 절로 든다.

2. 맹렬한 저주의 이유

이렇게 맹렬한 저주를 말씀하시는 이유가 도대체 무엇일까? 그 이유는 분명하다. 말씀에 순종하지 않으면 결국은 이렇게 될 것이기 때문이다. 또한 말씀에 순종하지 않고 저주를 피해갈 방법은 결코 없기 때문이다. 무엇보다 중요한 이유는, 이런 최악의 저주를 만났을 때에라도 돌이킬 방법이 있음을 알려주시기 위함이다. 즉 저주를 하시고자 함이 아니라, 저주의 삶이 되지 않게 하시고자 함이다. 이런 저주의 삶이 되지 말라고 하나님께서 엄중하게 경고하시는 것이다. 하나님의 저주의 경고를 받아들이는 것이 지혜일 것이다.

3. 하나님이 저주하실까?

질문이 생긴다. 하나님의 말씀을 무시하고 거부하면 하나님이 직접 이런 저주를 내리시는 것일까? 라는 질문이다. 그럴 리가 없다고 나는 믿는다. 하나님은 사랑의 하나님이 분명하시기 때문이다. 그럼, 이런 저주가 삶에 오지 않을까? 그건 너무 순진한 생각이다. 말씀을 듣지 않고, 알지도 않고, 그래서 순종하지 않는다면 나의 삶에 반드시 이런 저주가 임한다. 하나님이 저주를 내리셔서가 아니라, 말씀을 거부하는 삶 자체가 이런 저주를 부른다. 아니, 더 엄중하게 말한다면 말씀을 거부하는 삶 자체가 이미 저주의 삶이다. 그래서 신명기는 이렇게 표현한다.

"네가 네 하나님 여호와의 말씀을 청종하지 아니하고 네게 명령하신 그의
명령과 규례를 지키지 아니하므로 이 모든 저주가 네게 와서 너를 따르고
네게 이르러 마침내 너를 멸하리나"(신 28:45)

'저주가 와서 따르게 되고, 그 저주가 마침내 너를 멸한다.' 라고 말씀한다. 하나님의 말씀을 거부하는 삶, 하나님의 말씀에 관심 없는 삶은 저절로 저주의 삶이 된다는 말씀이다.

4. 이렇게 잔인한 저주를 기록으로 남긴 이유

이렇게 잔인한 저주를 글로 남기고, 그것을 성경의 내용으로까지 남기신 하나님의 의도가 있을 것이다.

> "이 모든 저주가 너와 네 자손에게 영원히 있어서 표징과 훈계가 되리라."(신 28:46)

자손에게 주는 표징과 훈계다. 이스라엘이 끝까지 말씀을 거부한 결과, 이스라엘 역사는 저주로 점철되어 있다. 결국 이 모든 잔인한 저주는 이스라엘에게 현실이 되고 말았다. 그 역사가 지금의 나에게도 표징과 훈계가 되고 있다. 저주는 개념이나 가능성, 협박의 수준에서 끝나는 것이 아니라, 결국 현실이 됨을 실제로 보여준 것이 이스라엘 역사다. 복과 저주를 미리 선포하시고 그것을 기록으로 남기신 이유는 이 복과 저주가 그대로 응하는 것을 역사 가운데서 보고, 어리석게 저주의 삶을 반복하지 말라는 하나님의 간절한 마음이 아닐까 생각한다. 그래서 하나님은 사랑의 하나님이 분명하다고 믿는다.

아직도 저주에 대한 말씀이 끝나지 않았다. 엄중하고도 긴 저주의 내용을 하나하나 읽고 묵상하면서 말씀과 함께 하는 삶의 중요성을 더 깊이 새겨가야겠다.

약속을 지키는 신 VS 지키지 않는 신
(신명기 28:58-68)

긴 저주의 내용이 끝맺어진다. 저주는 추상적이지 않고 매우 실제적이다. 저주의 생생함을 기억하고 이 저주의 삶으로 가지 않도록 하려는 하나님의 배려이다. 그런데 아무도 저주를 원하는 사람은 없을 텐데, 이스라엘은, 사람들은 왜 이 저주의 삶으로 가게 될까?

1. 복을 원함

이스라엘도 사람들이 저주의 삶으로 간 이유는 아이러니하게도 저주가 아닌 복을 원했기 때문이다. 그렇다. 사람들은 복을 원한다. 그래서 복을 말하는 신을 찾는다. 복을 원하는 사람들에게 유일하신 하나님은 별로 매력적이지 않다. 왜냐하면 복은 짧고 저주는 길기 때문이다. 복은 신 28:1-14절까지이고, 저주는 15-68절까지이니, 저주가 거의 4배 가까이 길다. 그냥 복만을 원한다면 다른 신들이 훨씬 매력적이다. 그저 신에게 복종만 하면, 제사만 지내면 그 신들은 다산, 비, 성공, 승리, 부 등 자신들이 원하는 모든 복을 구체적으로 준다고 말한다.

그렇다. 복을 원하면 결국 하나님을 버리고 복을 준다는 그런 우상들을 좇게 된다. 하나님이 말씀하시는 복을 누리려면 뭔가 많이 복잡하다. 율법을 알아야 하고, 그 율법을 계속 읽고 묵상해야 하고, 손목에 매고 미간에 표시하고 집 문설주에 붙이기도 해서 계속 읽어야 한다. 그리고 그 율법을 기억하고 지켜야 한다. 우상을 섬기는 단순함에 비해서 하나님이 요구하시는 것은 복잡하고 어렵다. 그리고 삶의 구체적인 부분에서 요구하는 바가 많다. 신과의 관계를 통해 복을 받는 것이 목적이라면 우상을 좇는 것이 훨씬 편하다. 우상이 원하는 것은 단순하고 우상이 주는 복은 구체적이기 때문이다. 그래서 이스라엘은 하나님을 버리고 우상을 선택했고, 그 결과로 쓰디쓴 아픔을 역사를 통해서 겪었다.

2. 우상의 배신

그러나 궁극적 아이러니는 우상이 배신한다는 사실이다. 우상은 자신이 약속했던 복을 하나도 주지 않는다. 아니, 줄 수 없다. 우상은 능력이 없을 뿐 아니라 생명조차 없어서 그런 복을 내릴 수 없기 때문이다. 이스라엘이 우상을 좇았더니 우상이 약속했던 것과 정반대의 결과가 일어나고 말았다. 인간 사회는 우상을 숭배하려는 끝없는 경향을 가진다. 현대 사회의 우상숭배는 물질주의, 소비지상주의, 개인주의, 군국주의 등이 포함된다. 그러나 이것들은 결코 자신들이 약속한 구원을 주지 못한다. 반대로 이것들은 더 깊은 심판과 저주의 영역으로, 즉 신 28장의 좌절과 절망과 저주의 영역으로 삶을 몰아넣을 뿐이다. 한 신문이 20세기 말 영국 사회의 도덕적 실패에 대해 평가를 내렸다. '우리의 모든 신은 실패했다'라고. 우상을 선택했을 때 얻을 명백한 결과이다.

3. 진짜 복을 얻으려면?

복을 원하고 바라면 복을 약속하는 우상을 선택하게 되고, 우상은 배신하고 결국 삶은 망가진다. 그럼 복을 얻으려면 어떡해야 할까? 아이러니하게도 복을 원하는 삶이 아니어야 한다. 복을 얻으려면, 복이 아닌 다른 것을 원해야 한다. 신 28장 전체 구조는 조건문이다. 복을 원하는 것이 아니라, 조건에 집중해야 한다. 신 28장 전체에 기록된 일련의 사건들은 전혀 필연적이지 않다. 28장 전체의 핵심은, 특정 행동의 결과를 '경고해서' 그 결과를 피하게 하는 것이다. 저주는 '정해진 운명'이 아닌 것이다. 오직 하나님의 은혜와 복을 거슬러 끈질기게 반역을 할 때만 이런 결과들을 피할 수 없게 된다. 저주란 스스로 자초하는 것이다. 조건문의 '조건'을 기억하고, 복에 집중하지 말고 조건에 집중해야 한다. 진짜 복은 그 '조건'이다.

> "당신들이 주 당신들의 하나님의 말씀을 귀담아 듣고, 내가 오늘 당신들에게 명한 그 모든 명령을 주의 깊게 지키면, 주 당신들의 하나님이 당신들을 세상의 모든 민족 위에 뛰어나게 하실 것입니다."(신 28:1)

> "당신들이 이 책에 기록된 율법의 모든 말씀을 성심껏 지키지 않고, 주 당신들의 하나님의 영광스럽고 두려운 이름을 경외하지 않으면, 주님께서 당신들과 당신들의 자손에게 큰 재앙을 내리실 것입니다."(신 28:58-59)

'하나님의 말씀을 귀담아 듣고 지키면'과 '말씀을 지키지 않고 하나님의 이름을 경외하지 않으면'의 두 가지 조건이 복과 저주를 결정한다. 그러니, 복과 저주에 집중할 것이 아니라 이 조건에 집중하는 것이 참된 복을 얻을 유일한 방법이다. 우상은 약속을 지키지 않지만, 하나님은 언약의 하나님이셔서 반드시 약속을 지키시기 때문이다.

4. 선택이 중요하다

가끔씩 SNS에 나타나서 댓글 하나씩 남기고 사라지는 사람이 있었다. 극단적인 예정론을 주로 설파했는데, 그 분이 태클 거는 내용은 언제나 똑같았다. '구원과 복은 선물인데 그렇게 말씀에 계속 집중해야 한다면 그건 선물이 아니라 노력의 결과가 아닙니까?' 정도의 내용이었다. 그 댓글에 대해 내 의견을 남기면 더 이상의 댓글은 전혀 없다. 소통할 생각이 아닌가 보다.

극단적 예정론은 분명히 틀렸다. 예정론은 언제나 자유의지와 맞물려 설명되어야 한다. 예정과 자유의지의 그 모순이 절묘하게 어울리지 않으면 결코 성경적인 예정론이 되지 못한다. 사람의 선택은 중요하다. 한 사람의 인생이 복된 삶이 되거나 저주의 삶이 되는 것은 그 사람의 선택에 달려 있다.

삶이 저주의 모습일 때는 자신을 빨리 돌아보아야 한다. 자신의 삶에 무슨 신앙적인 문제가 있는지, 형식에 치우쳐 살아계신 하나님과 인격적인 만남이 없는 것이 아닌지, 말씀을 버린 삶은 아닌지, 말씀을 읽기는 하지만 형식적으로 대하는 것은 아닌지, 말씀과 상관없는 욕망이 지배하는 삶은 아닌지 자신을 돌아보아야 한다. 그런 의미에서 저주는 저주가 아니라 돌이킬 기회가 된다. 완전히 망하는 삶이 되기 전에 말씀으로 돌이키면 희망이 있다. 긴 저주를 말씀하시는 이유가 그것이다. 저주의 삶이 조금이라도 생기면 빨리 돌이켜야 한다. 그것만이 살 길이다. 하나님의 말씀대로 살 것인가, 나의 의지대로 살 것인가. 신자의 선택은 매우 중요하다.

폭망해도
끝은 아닌 인생
(신명기 29~30장 묵상)

이적과 기사보다 중요한 것

·

알 수 없는 일과 알 수 있는 일,
알아서는 안 되는 일

·

불순종했다면 폭망인가?

한들한들 바람에 흔들린다.
하늘하늘 예쁘게 흔들린다.
어쩌면 흔들려서 예쁜 것이리라.

삶이 흔들려서 추해질 지도 모르지만,
흔들려서 폭망을 경험할 수도 있겠지만,
오히려 흔들리기에 아름다울 수도 있으리라.

흔들림과 흔들림으로 인한 망함을 받아들이고,
흔들림 속에서 말씀 안에서 돌이킬 길을 찾는다면,
고민과 갈등으로 흔들리지만,
흔들려서 아름다운 인생이 되리라.

결코 흔들리지 않는 강함으로,
한 치의 긍휼의 마음도 용납하지 않으면
흔들리지 않아서 무서운 삶이 되리라.

다소 흔들리고, 다소 아프고,
다소 망하고, 다소 무너질지라도,
기필코 말씀으로 돌아가자.

이적과 기사보다 중요한 것
(신명기 29:1-13)

1. 이적과 기사

사람들은 기적을 좋아한다. 자신이 할 수 없는 놀라운 일이 자신의 삶에 일어나길 소원한다. 이스라엘은 수많은 이적과 기사를 경험했다. 또한 하나님이 그 놀라운 이적과 기사를 행치 않으셨다면 벌써 멸망했을 민족이다. 그러나 문제는 그 이적과 기사들이 그들을 변화시키지 못했다는 것이다. 수많은 이적과 기사를 경험했지만, 이스라엘 백성들은 끝까지 하나님을 거역했다. 기적을 경험하고 이적을 경험하면서 삶의 어려움을 통과하는 것은 나쁜 것이 것이다. 누구라도 바라는 것처럼 그런 일들이 삶에 주어진다면 좋다. 그러나 그것만으로는 아무것도 아닐 수 있다. 이적과 기사를 넘치도록 경험하고도 그 삶과 내면과 인격과 성품이 전혀 변하지 않는다면 그 모든 기적이 무슨 소용이겠는가?

2. 이적과 기사보다 중요한 것

이적과 기사보다 비교할 수 없이 중요한 것이 있다. 이적과 기사를 해석할 수 있는 지혜다. 이적과 기사의 의미를 이해하고 적용할 수 있는 눈과 마음이다. 이스라엘 백성들이 끝까지 하나님을 거역한 것은, 이적과 기사만 경험했기 때문이요, 이적과 기사를 이해하고 해석해서 적용하지 못했기 때문이다.

"곧 그 큰 시험과 이적과 큰 기사를 네 눈으로 보았느니라. 그러나 깨닫는 마음과 보는 눈과 듣는 귀는 오늘 여호와께서 너희에게 주지 아니하셨느니라."(신 29:3-4)

'깨닫는 마음과 보는 눈과 듣는 귀'를 갖는 것이 기적 자체보다 비할 바 없이 중요하다. 아무리 이적과 기사를 하나님이 일으키셔도, 백성들이 그것을 보고서도 하나님을 알지 못하고, 하나님을 만나지 못하고, 하나님의 사랑을 알지 못한다면, 그 이적과 기사는 그 사람들에게는 무용지물이 된다. 이적을 보고 깨달을 수 있는 마음과 보고 해석할 수 있는 눈이 있어야 한다.

3. 깨닫는 마음과 보는 눈과 듣는 귀란?

그럼 무엇이 깨닫는 마음과 보는 눈과 듣는 귀일까? 몇 가지의 중요한 개념이 나온다.

첫째, 하나님이 하신 일을 잊지 않는 것이다.

"주께서 사십 년 동안 너희를 광야에서 인도하게 하셨거니와 너희 몸의 옷이 낡아지지 아니하였고 너희 발의 신이 해어지지 아니하였으며, 너희에게 떡도 먹지 못하며 포도주나 독주를 마시지 못하게 하셨음은 주는 너희의 하나님 여호와이신 줄을 알게 하려 하심이니라."(신 29:5-6)

하나님이 이적과 기적을 행하셔서 광야의 삶에서 생존하도록 해주셨다는 사실을 잊지 않아야 하고, 그렇게 해 주신 이유가 하나님이심을 알게 하기 위함이라는 것을 잊지 말아야 한다.

둘째, 언약 백성임을 아는 것이다.

"그런즉 너희는 이 언약의 말씀을 지켜 행하라 그리하면 너희가 하는 모든 일이 형통하리라."(신 29:9)

하나님과 그 백성과는 언약 관계이다. 자신이 언약 백성임을 아는 것이 깨닫는 마음과 보는 눈과 듣는 귀이다.

셋째, 하나님이 나의 하나님이 되심이다.

"여호와께서 네게 말씀하신 대로 또 네 조상 아브라함과 이삭과 야곱에게 맹세하신 대로 오늘 너를 세워 자기 백성을 삼으시고 그는 친히 네 하나님이 되시려 함이니라."(신 29:13)

하나님은 다른 신들과 다르다. 이방의 다른 신들은 맹종을 강요하고 제물을 강요한다. 사람들의 삶을 착취하고 빼앗는다. 그러나 하나님은 전혀 다른 신이시다. 자신이 스스로 언약을 맺으시고, 그 언약을 스스로 지켜나가신다. 그리고 그 언약이 성취되는 것을 보여주시고, 그 과정을 통해서 그 백성의 하나님이 되어주신다. 그 하나님을 알고 깨닫는 것이 깨닫는 마음과 보는 눈과 듣는 귀이다.

4. 깨닫는 마음과 듣는 귀와 보는 눈을 가지려면?

이 세 가지를 보면서 분명히 알게 되는 것이 있다. 깨닫는 마음과 보는 눈과 듣는 귀는, 모두 하나님과 관계가 있다는 사실이다. 사람은 대부분 자신에게만 관심을 가진다. 자신에게 편리하고, 자신을 배 불리고, 자신의 환경이 좋아지고, 자신의 삶에 좋은 것들이 주어지고... 이런 것들에는 매우 민감하다. 그러나 삶에 일어나는 일들을 통해서 하나님을 알고 배워가는 것에는 매우 둔감하다. 깨닫는 마음과 듣는 귀와 보는 눈을 가지려면, 내 삶에 일어나는 모든 사건들을 통해서 하나님을 알아가고 배워가려 해야 한다. 즉, 삶의 매 순간 나 중심에서 벗어나 하나님 중심으로 사고를 해야 한다.

5. 나는?

이적과 기사. 내 삶에 이런 것들이 많았다. 생각지도 못한 일들이 일어나서 나의 생존은 지속되어 왔다. 내 능력, 내 지식, 내 성품으로는 도저히 생각할 수 없는 일들이 위기 때마다 일어났고, 그래서 나는 완전히 망해야 마땅하지만, 지금까지 망하지 않고 살아있다. 이해되지 않는 그 모든 과정들에 대해서 하나님께 감사한다. 그런데 무엇보다 본질적이고 큰 이적과 기사는, 지금 목사로 살아가고 있는 나의 삶이다. '내가 목사로 설교하면서 살아가고 있다니...' 라는 생각이 한 번씩 들면 나도 모르게 울컥한다.

나도 깨닫는 마음과 듣는 귀와 보는 눈이 없었다. 헤매고 헤매면서 인생길을 방황했었다. 죽을 듯 힘들고 괴로웠다. 왜 사는지 도무지 몰랐다. 먹고 살기 위해서 사는 삶, 돈을 한 푼이라도 더 벌기 위해 사는 삶, 그저 꾸역꾸역 하루하루를 살아나가는 듯한 나의 일상이 죽을 듯이 괴롭고 외로웠다. 그 무의미에 눌려 죽을 것 같아서 말씀으로 들어갔다. 말씀 속에서 하나님을 찾았고, 하나님께 말을 걸었고, 하나님을 알려고 몸부림쳤다. 그러던 어느 날 깨닫게 된 놀라운 사실이 있다. 내가 하나님께 말을 거는 줄 알았는데, 하나님이 오래 전부터 내게 지속적으로 말을 걸어오셨다는 사실이었다. 깨닫는 마음이 무엇인지 발견하는 순간이었다.

지금의 나의 삶을 설명하는 한 단어는 '행복'이다. 가난하지만 행복하고, 여전히 과외를 통해 생활비 일부를 벌며 사역해야 하지만 행복하고,

아내와 함께 살아가는 일상이 행복하고, 설교를 준비하는 시간이 행복하고, 설교하는 시간이 행복하고, 성경공부를 인도하는 시간이 행복하고, 무엇보다 매일 말씀을 묵상하면서 하나님을 만나는 시간이 행복하다. 나에게 깨닫는 마음과 보는 눈과 듣는 귀가 주어진 때는, 나 중심에서 하나님 중심으로 즉, 말씀 중심으로 사고의 방향이 바뀌는 순간이었다.

깨닫는 마음과 듣는 귀와 보는 눈이 아직도 나는 너무나 부족하다. 그래서 말씀을 펼쳐들고 하나님을 찾는다. 그 모든 것이 오직 하나님께로부터 오기 때문이다. 그런데 지금 이만큼이라도 깨닫고 보고 들을 수 있음만 해도 너무나 감사하다. 이 감사와 행복을 더 깊이 누려가기 위해서 오늘도 깨닫는 마음과 보는 눈과 듣는 귀를 하나님께 구한다.

알 수 없는 일과 알 수 있는 일, 알아서는 안 되는 일
(신명기 29:14-29)

세상에는 이해되지 않는 일들이 많다. 도대체 왜 이런 일이 생기며 이런 일이 생겼을 때 어떡해야 하는지 도무지 모를 일들이 많다. 신앙이 있으면 모든 것을 다 알게 되는 것일까? 아니면 신앙이 있으니 다 아는 척 해야 하는 것일까? 성경은 그래서는 안 된다고, 그럴 필요도 없다고 가르친다.

1. 알 수 없는 일

신앙인에게도 명확하게 알 수 없는 일이 있다. 그런 일을 만나면 어떡해야 할까? 모세가 이스라엘 백성에게 분명히 가르친다.

"이 세상에는 주 우리의 하나님이 숨기시기 때문에 알 수 없는 일도 많습니다. 그것은 주님의 것입니다."(신 29:29a, 새번역)

알 수 없는 일에 대한 신앙인의 이해는 두 가지가 되어야 할 것이다. 첫째, 그것을 주님이 숨기신다. 둘째, 그것은 주님의 것이다. 내가 모든 것을 다 안다는 생각, 다 알 수 있다는 생각, 그래서 모든 면에 있어서 다른 사람을 가르칠 수 있다는 생각은 지독한 교만이다. 알 수 없는 영역이 있고, 알 수 없는 영역과 알 수 없는 일이 있어서 하나님을 더 믿고 의지할 수 있는 것이다.

2. 알 수 있는 일

그런데 신앙인이 명확하게 알 수 있고 알아야 하는 것이 있다.

"그러나 하나님은 그의 뜻이 담긴 율법을 밝히 나타내 주셨으니, 이것은 우리의 것입니다. 우리와 우리의 자손은 길이길이 이 율법의 모든 말씀에 순종해야 합니다."(신 29:29b,새번역)

하나님은 사람에게 명백히 알아야 할 것을 주셨다. 율법을 알고 율법에 순종해야 하는 것이 하나님 백성이 알아야 할 가장 중요한 것이었다. 당연히 그들은 율법을 공부하고 연구하고 묵상하고 지켜야 했다. 그것 한 가지만 제대로, 바르게 하면 모르는 것들이 많아도 살아가는데 아무런 문제가 없었을 것이다. 뿐만 아니라, 복을 누리며 살아가는 것에도 아무 문제가 없었을 것이다. 구약시대에는 율법이었고, 지금은 성경이 그 역할을 하고 있다.

3. 알아서는 안 되는 일

알 수 없는 영역이 있고, 꼭 알아야 하는 영역이 있는데, 알아서는 안 되는 영역도 있다.

"여러분 가운데 남자나 여자든지 집안이나 지파든지 그 누구도 우리 하나님 여호와를 떠나는 일이 없도록 조심하시오. 다른 나라의 신들을 섬기는 일이 없도록 하시오. 독이 있고 쓴 열매를 맺는 나무 뿌리와 같은 못된 행실이 여러분 중에 없게 하시오."(신 29:18,새번역)

알아서는 안 되는 영역은 '다른 신들'이다. 그리고 이방인들의 '못된 행실'이다. 다른 신을 섬기는 것과 그 신을 섬기는 행위는 사악하기 그지없다. 존재하지도 않는 신을 기쁘게 하기 위해서 도덕적으로 문제되는 짓들을 행하게 하는 것이 다른 신을 섬기는 행위였다. 다른 신을 섬기는 그 행위를 보면 그들의 행위와 신앙이 궁금하고, 그들의 발달한 문명을 보면 그들의 신앙을 따라 해야 할 것 같은 유혹을 느끼겠지만, 그들을 따라 했다가는 망하는 것이다. 결코 알아서는 안 되는 것이 이방신을 섬기는 행위였다.

4. 그럼 어떻게 살아야 할까?

첫째, 알 수 없는 일에 관하여

이해되지 않는 일들을 만난다. 도대체 이해가 되지 않아서 숨이 막힐 정도다. 대표적으로 세월호 사건 같은 일이다. 그런 사건들을 만나면 어찌해야 할까? 보편적인 '공의와 정의'의 관점에서 그 문제를 접근해야 할 것이다. 그 사고를 일으키고 원인을 제공한 사람들을 찾아서 처벌해야 한다. 그러나 그런 일이 일어나는 이유, 하나님이 그 일이 일어나지 않도록 막지 않으신 이유에 대해서는 알 수가 없다. 그 부분은 하나님께 속한 일이다. 너무나 답답한 일이지만, 그 부분이 하나님께 속한 일임을 인정하는 것이 신앙의 삶의 중요한 부분이다.

둘째, 알아서는 안 되는 일에 관하여

알아서는 안 되는 일도 있다. 돈과 자본이 주는 사악한 이익의 맛이다. 사악한 이익의 맛은 한번 빠지면 쉽게 빠져 나오기 어렵다. 돈을 목적 삼고, 나의 부유함을 목적 삼고, 커지고 유명해지고 부자 되는 것을 삶의 목적 삼는 것은 결코 알아서는 안 되는 일이다. 거기로부터 모든 악이 나오기 때문이다. 대기업과 소위 높은 지위를 가진 정치인들과, 그들에게 아부하고 그들과 결탁했던 대형교회들이 그동안 나라를 이토록 어지럽혀왔다. 커지고 유명해지고 화려해지는 것은 그리스도인이 결코 알아서는 안 되는 일이다. 특히 그것이 목표나 방향이 된다면, 그것은 그리스도를 떠나는 길로 들어서는 것이다.

셋째, 알 수 있고, 알아야 하는 일에 관하여

그리스도인이 알 수 있고 꼭 알아야 하는 일은 무엇일까? 말씀을 생명 삼는 것이다. 이스라엘 백성에게 율법을 알고 지키는 것이 가장 중요했던 것처럼, 현대 그리스도인들에게 가장 중요한 것은 말씀을 읽고 묵상하고 적용하고 지키는 것이다. 말씀을 읽고 묵상하고 지키는 것을 알기 위해서라면 삶 전체를 걸어도 결코 손해가 아닐 것이다.

어떤 것은 모를 수도 있고, 또 다른 어떤 것을 알아서는 안 되는 것도 있지만, 말씀을 읽고 묵상하고 연구하고 적용하고 지키는 것은 그리스도인이라면 반드시 해야 한다. 그것조차도 하지 않으면서 그리스도인이라고 말하는 것은 모순이 된다. '말씀을 모르는 그리스도인', '말씀에 관심 없는 그리스도인', '말씀과 상관없는 그리스도인' 이런 표현은 그 자체가 이미 모순이다. 그리스도인은 모두 말씀의 사람이어야 한다. 그분의 말씀에 삶 전체를 거는 존재가 그리스도인이다. 말씀을 읽고 연구하고 묵상하고 지키는 것에 자신의 삶을 거는 존재가 그리스도인이다. 그리스도인은 '그 책의 사람,' 즉 '성경의 사람'이다.

불순종했다면 폭망인가?
(신명기 30장)

1. 섬뜩한 사실

신명기를 읽고 묵상하는 동안 섬뜩하게 다가오는 것이 있다. 순종하면 복이지만, 순종하지 못하면 완전히 망한다는 사실이다. 이 사실이 왜 섬뜩할까? 내가 순종의 가능성이 없는 존재이기 때문이다. 다른 사람은 몰라도 나는 나 자신을 너무 잘 안다. 나는 순종의 능력이 전무한 존재다. 그렇다면 결과적으로 내 인생은 말할 것도 없이 폭망이다. 그 절망을 몸으로 느낀다. 그 섬뜩한 절망이 나를 두려움에 빠지게 한다.

2. 폭망에서라도 다시 회복이 가능할까?

다행이라고 해야 할까? 아니면 말도 안 되는 반전이라고 해야 할까? 폭망이 분명함에도, 그 폭망으로부터 돌이킬 길이 있다고 하신다. 돌이킬 길은 단계를 거치면서 생긴다.

첫째, 기억나야 한다.

"내가 네게 진술한 모든 복과 저주가 네게 임하므로 네가 네 하나님 여호와로부터 쫓겨간 모든 나라 가운데서 이 일이 마음에서 기억이 나거든"(신30:1)

불순종해서 저주가 임했다. 약속의 땅에서 쫓겨나 이방의 포로가 되었다. 그야말로 폭망했다. 그럼 끝일까? 분명 끝이어야 하는데, 그 폭망의 자리에서 돌이킬 '시작'이 있다고 하신다. '기억'이다. 생각나야 한다. 기억나야 한다. 하나님의 말씀이 기억나야 하고 하나님이 말씀하신 저주가 생각나야 한다. 하나님이 모세를 통해서 들려주셨던 저주의 내용, 불순종의 결과로 주어지는 저주의 내용들이 기억나면 저주를 받게 된 이유도 알게 될 것이다.

그 이유는 말씀에 대한 불순종이다. 말씀을 버리고, 말씀에 관심을 갖지 않고, 말씀을 가볍게 여긴 결과 이런 저주를 당했음을 깨닫게 될 것이다. 그 깨달음이 돌이킴과 회복의 시작이다. 기억나고 생각나기 위해서는 복이 아니라 저주를 암기해야 한다. 암기하고 있는 저주 중 하나라도 내 삶에 임했다면, 그것이 말씀을 떠난 삶에 찾아온 저주임을 알게 될 것이다. 그리고 그것이 돌이킴의 시작될 수 있다.

둘째, 순종해야 한다. 기억이 나면 다음으로 해야 할 일은 돌이켜 순종하는 것이다. 그런데 순종의 내용이 있다.

> "당신들과 당신들의 자손은 주 당신들의 하나님께로 돌아와서, 마음을 다하고 정성을 다하여 오늘 내가 당신들에게 명령한 주님의 모든 말씀을 순종하십시오."(신30:2)

'마음을 다하고, 정성을 다하여'이다. 순종은 그냥 하는 것이 아니고, 그냥 되는 것도 아니다. 마음을 다하고 정성을 다해야 순종이 가능하다. 그러면 마음과 정성을 다하는 것은 어떻게 해야 가능할까? '마음과 정성을 다 해야지'라고 다짐한다고 해서 되는 게 아니다. 마음과 정성을 다 한다는 것은, 의지를 가지고 말씀에 순종하기 위해 실제로 마음과 정성을 쏟는다는 뜻이다. 말씀을 보고 읽고 깨달아 알기 힘쓰기 위해 나의 시간을 사용하고, 알게 된 말씀의 뜻에 부합하게 살려고 몸부림치는 삶을 의미하는 것이다. 이렇게 말씀에 온 마음과 정성을 쏟으면 어느 순간부터 저절로 마음과 정성이 말씀을 순종하는 것을 향한다. 그제서야 '마음과 정성을 다하여 순종하는 것'의 의미를 깨닫게 된다.

3. '회개'의 허상과 실상

교회에서 회개하라는 말을 많이 한다. 신명기 30장의 주제가 간단히 말하면 '회개'일 수 있다. 그런데 "회개하라!"고 하면 회개가 될까? 그게 늘 의문이었다. 젊은 날 회개 기도를 많이 했다. 내가 속했던 공동체의 영적 흐름이 그 방향이었다. 그런데 아무리 기도해도 회개가 잘 되지 않았다. 아니, 회개 기도하면 할수록 회개가 무엇인지 이해되지 않았다. 설교 들으면 더 헷갈렸다. 회개는 '돌이켜 고치는 것이다'라는 것이다. '그렇다면 돌이켜 고치면 되지 왜 굳이 회개 기도를 해야 하는 것일까?' 라는 의문과, '돌이켜 고치기만 하면 될 거면 왜 예수를 믿지?'라는 의문이 교차해서 일어났다. 그런 의미에서 회개는 허구라는 생각이 들었다. 정리가 되지 않았다.

세월이 제법 지나고서야 회개에 대해 나름대로 이해와 정립이 되었다. 회개는 성령께서 시키시는 것이고, 성령께서 회개시키는 방법은 '말씀을 생각나게 하는 것'임을 알게 되었다. 내 삶과 말씀이 얼마나 다른지 알아야, 그것도 성령께서 깨닫게 해주셔야 처절하게 마음이 아프고, 그제야 옷을 찢지 말고 마음을 찢으라는 선지자들의 음성의 의미를 알 수 있게 된다. 그제야 참된 회개기도를 할 수 있고, 참된 회개기도를 통해서만 행실도 제대로 고쳐질 수 있다.

4. 포로 됨

포로 됨은 절망인가? 폭망인가? 이 문제에 대해 생각한다. 사실 포로됨은 어쩔 수 없는 길이었다. 이스라엘은 순종할만한 신앙적, 인격적 실력이 없었기 때문이다. 그럼 폭망은 정해져 있었던 길이 아닐까? 아마 그럴 것이다. 죄인인 사람이 어찌 폭망의 길을 가지 않을 수 있을까? 폭망의 길로 가는 것이 당연한 존재가 사람이다.

그럼 이러한 징계는 영원한 저주일까? 그렇지 않다. 폭망한 자신의 모습을 보는 것이 희망이다. 폭망한 자신을 보는 것이 복으로 가는 첫 걸음이다. 어쩌면 참된 복은 폭망 뒤에야 비로소 맛 볼 수 있는 것이 아닐까 싶다. 폭망이란, 자신이 구제불능의 죄인임을 깨닫게 되는 기회다. 구제불능의 죄인임을 알고 하나님의 도우심과 인도하심 앞에 완전히 엎드린다는 것은 말씀에 대한 순종으로 나타날 것이다. 그러니 폭망은 역설적이게도 회복의 기회가 될 수 있다. 폭망조차도 회복의 기회를 삼으시는, 참된 복의 기회로 삼으시는 하나님은 참으로 찬양받기에 합당하시다.

5. 나는?

나는 여러 번 폭망했다. 재정적으로 여러 번 폭망했고, 성품의 한계로 관계가 폭망한 적도 있었고, 형제들과의 관계에서도 폭망했었다. 그런데 놀랍게도 그 폭망들이 지금의 나를 존재하게 했다. 한 영역에서 폭망하면 그 영역에서 나의 죄악 됨을 깨닫게 되었다. 그리고 하나님 앞에서 처절하게 마음을 찢을 수 있었다. 그런 시간들을 보내면서 서서히 그 죄악들로부터 조금씩 돌이키는 자신을 발견했다. 폭망이 내게는 복이었다고 말한다면 너무 과장일까? 다른 사람에게 그렇게 가르치는 것은 부담스러운 내용이다. 듣는 이의 마음이 많이 불편할 것이다. 그러나 내가 경험한 삶에서는 분명 폭망이 복이었다.

내가 죄인이라는 사실이 나에게는 너무 분명하다. "주님, 제가 죄인입니다."라고 고백하면 저절로 눈물이 주르륵 흐른다. 폭망의 경험들이 나의 죄인 됨을 선명하게 깨닫게 해주어서인 듯하다. 이제 소망을 가져본다. 말씀의 분명한 약속을 믿기 때문이다.

"당신들이 주 하나님의 말씀을 잘 듣고, 이 율법책에 기록된 명령과 규례를 지키고, 마음을 다하고 정성을 다하여 주 당신들의 하나님께로 돌아오면, 그런 복을 받게 될 것입니다."(신30:10, 새번역)

이 율법을 지금은 성경으로 대체해서 해석이 가능할 것인데, 성경은 너무 어려워서 알 수 없는 내용을 담고 있지 않다.

"이 명령은 하늘 위에 있는 것이 아니므로, 당신들은 '누가 하늘에 올라가서 그 명령을 받아다가, 우리가 그것을 듣고 지키도록 말하여 주랴?' 할 것도 아닙니다. 또한 이 명령은 바다 건너에 있는 것도 아니니 '누가 바다를 건너가서 명령을 받아다가, 우리가 그것을 듣고 지키도록 말하여 주랴?' 할 것도 아닙니다. 그 명령은 당신들에게 아주 가까운 곳에 있습니다. 당신들의 입에 있고 당신들의 마음에 있으니, 당신들이 그것을 실천할 수 있습니다."(신 30:12-14)

말씀이 어렵고, 말씀에 접근하기 어렵고, 말씀에 다가가기가 너무 힘든 것은, 그리고 조금 어렵다는 생각에 말씀을 읽고 묵상하기를 포기하는 것은, 아마 말씀이 없어도 살 만하기 때문일 것이다. 폭망을 통해 자신의 죄인 됨을 깊이 깨닫는다면 말씀이 가까이 있음에 너무나 감사해서 소중하게 말씀을 붙들 것이다. 모세의 권면에 마음이 저려온다. 나를 향한 절절한 권면으로 들린다.

"주 당신들의 하나님을 사랑하십시오. 그의 말씀을 들으며 그를 따르십시오. 그러면 당신들이 살 것입니다. 주님께서 당신들의 조상 아브라함과 이삭과 야곱에게 주시겠다고 맹세하신 그 땅에서 당신들이 잘 살 것입니다."(신 30:20, 새번역)

'하나님을 사랑하십시오.' 라는 모세의 조언이 마음 깊은 곳에서 메아

리처럼 계속 울린다. 내가 죄인임을 깨닫는 만큼만 주님을 사랑할 수 있다. 내가 죽을 죄인임을 아는 만큼만 주님을 신뢰할 수 있다. 딱 그만큼만 말씀에 삶을 걸 수 있다. '주여. 나를 긍휼히 여기소서. 나는 죄인이로소이다!'라는 고백에 가슴이 저리는 것이 그리스도인의 생명이다.

빈말과 생명을
구별하라
(신명기 31~32장 묵상)

리더십 이양의 핵심

•

리더는 가도 공동체는 계속된다

•

존재의 대비

•

먹고 살 만하면 타락하는 이유

•

빈말 VS 생명

햇살이 비치자 이슬은
크고 작은 원 모양 되어 빛나고,
꽃은 물을 만난 물고기 마냥 신나서
마음껏 자신을 드러낸다.

이기심으로 가득한 삶,
나만 잘 먹고 잘 살기위해 발버둥치는
그 삭막한 삶이 그 자체로는 구원에 이를 수 없다.

꽃에게 새벽마다 내리는 빛망울 머금은 이슬 같은
그 놀라운 생명의 물기를 받아 누린다면,
삶은 물 만난 물고기처럼
본질적인 기쁨을 누리리라.

"내 교훈은 비처럼 내리고 내 말은 이슬처럼 맺히나니
 연한 풀 위의 가는 비 같고 채소 위의 단비 같도다."
(신32:2)

© Photograph & written by YoonYong

리더십 이양의 핵심
(신명기 31:1-13)

1. 신명기 구조의 변화점

신명기의 큰 구조가 바뀌는 지점에 왔다. 신명기 1~3장은 외부 프레임을 다루고 있고, 신명기 4~30장은 내부 프레임을 다루고 있고, 신명기 31~34장은 다시 외부 프레임을 다루고 있다. 그래서 신명기 전체의 문학적 구조는 교차대구법으로 볼 수 있고, 외부 프레임을 다루는 1~3장과 31~34장은 연결해서 읽어도 어색하지 않다. 그 연결점은 모세가 죽으리라는 사실을 고려해서 이스라엘을 인도할 여호수아를 세우는 것이다.

1~3장과 31~34장의 차이점은, 1~3장은 주로 과거에 초점을 맞추는 반면, 31~34장은 초점을 미래로 옮겨간다는 점이다.

2. 리더십 이양의 중요성

리더십 이양은 어느 공동체에서도 매우 중요하다. 아무리 아름답게 운영되는 공동체라도 리더십이 잘못 이양되어서 무너지는 경우가 많다. 성경은 이 부분에 대해서 매우 자주 다루고 있다. 사무엘에게서 사울에게로 이양되는 리더십, 다윗에게서 솔로몬에게로 이양되는 리더십, 엘리야에게서 엘리사에게로 이양되는 리더십, 예수님에게서 제자들에게로 이양되는 리더십, 바울에게서 디모데에게로 이양되는 리더십 등 너무나 많은 리더십 이양에 대한 기록들이 있다. 이렇게 많은 기록을 남긴 것은 그만큼 중요한 부분이기 때문이라는 반증이 아닐까 싶다. 본문의 모세는 이스라엘 역사를 통틀어 가장 탁월하고 위대한 리더로 칭송받는다. 모세를 대체할 인물이 있을까 염려스러울 정도였다. 그러나 사람의 눈과 하나님의 눈은 다르다. 사람은 탁월함과 위대함에 초점을 맞추지만, 그래서 모세를 대체할 리더가 없다고 볼 수도 있지만, 하나님은 다른 것을 보신다.

3. 리더십 이양의 핵심

사람은 모세의 탁월함과 위대함을 본다. 사람이 보는 탁월함과 위대함의 특징은 무엇일까? '외모'이다. 그러면 하나님은 무엇을 보실까? '내면' 즉, '중심'이다.

"여호와께서 사무엘에게 이르시되 그의 용모와 키를 보지 말라 내가 이미 그를 버렸노라 내가 보는 것은 사람과 같지 아니하니 사람은 외모를 보거니와 나 여호와는 중심을 보느니라 하시더라."(삼상 16:7)

하나님은 자기 백성을 이끌 리더를 세울 때 언제나 중심을 보신다. 아무리 탁월한 사람이라도 그 중심이 문제가 있으면 절대로 리더로 세워져서는 안 된다. 반대로 탁월성에서 다소 부족해 보여도 그 중심이 하나님 앞에서 순전한 사람이 리더십을 이양 받아야 한다. 그러면 '중심'은 무엇일까? 어떤 내면, 어떤 중심을 가져야 리더십을 이양 받을 자격을 갖추는 것일까?

4. 중심

모세가 여호수아에게 하는 말에서 하나님이 보시는 '중심'이 무엇인지 짐작할 수 있다. 두 가지 정도를 말씀을 통해서 알게 된다.

하나님이 보시는 중심은 우선 '임마누엘의 믿음'이다.

"모세가 여호수아를 불러 온 이스라엘의 목전에서 그에게 이르되 너는 강
하고 담대하라 너는 이 백성을 거느리고 여호와께서 그들의 조상에게 주
리라고 맹세하신 땅에 들어가서 그들에게 그 땅을 차지하게 하라. 그리
하면 여호와 그가 네 앞에서 가시며 너와 함께 하사 너를 떠나지 아니하
시며 버리지 아니하시리니 너는 두려워하지 말라 놀라지 말라."(신 31:7-8)

하나님이 보시는 '중심'은 하나님이 함께 하심을 믿는 것이고, 그 믿음
으로 모든 두려움을 이기는 것이다. 위대한 리더 모세가 없는 상황에 자
신이 리더가 되어 가나안전쟁이라는 어마어마한 일들을 수행해야 하는
여호수아다. 당연히 두려울 것이다. 당연한 두려움을 하나님이 함께 하
신다는 믿음으로 이겨나가는 것이 리더의 '중심'이다. 리더가 된 사람은
이 중심이 있어야 한다. 여호수아는 모세의 시종으로 섬기면서, 모세를
통해서 평생 동안 이 임마누엘의 믿음을 배웠을 것이다. 그래서 여호수
아는 리더가 되기에 충분했다.

하나님이 보시는 중심의 두 번째는 '율법'과 관계가 있다.

"모세가 그들에게 명령하여 이르기를 매 칠 년 끝 해 곧 면제년의 초막절에
온 이스라엘이 네 하나님 여호와 앞 그가 택하신 곳에 모일 때에 이 율법을
낭독하여 온 이스라엘에게 듣게 할지니, 곧 백성의 남녀와 어린이와 네 성
읍 안에 거류하는 타국인을 모으고 그들에게 듣고 배우고 네 하나님 여호
와를 경외하며 이 율법의 모든 말씀을 지켜 행하게 하고, 또 너희가 요단
을 건너가서 차지할 땅에 거주할 동안에 이 말씀을 알지 못하는 그들의 자
녀에게 듣고 네 하나님 여호와 경외하기를 배우게 할지니라."(신 31:10-13)

하나님은 사람의 중심을 보실 때 반드시 율법과 관계 지어 보신다. 율법이 중심의 핵심이다. 그래서 후에 여호수아 1장에서 두려워하는 여호수아에게 율법의 중요성을 말씀하신다.

"이 율법책을 네 입에서 떠나지 말게 하며 주야로 그것을 묵상하여 그 안에 기록된 대로 다 지켜 행하라 그리하면 네 길이 평탄하게 될 것이며 네가 형통하리라."(수 1:8)

모든 승리의 비결은 율법을 주야로 묵상하고, 율법에 기록된 대로 다 지켜 행하는 것에 있다. 여호수아는 리더로서 율법에 삶을 걸어야 했고, 율법을 묵상하고 율법에 기록된 대로 지켜 행해야 했다. 그리고 백성의 리더와 제사장들은 그 율법을 백성과 다음 세대들에게 가르쳐야 했다. 모든 이스라엘 백성은 율법을 가르치고 배우는 과정을 통하여 여호와 하나님 경외하기를 배워야 했다. 하나님이 보시는 '중심'은 결코 추상적이지 않다. 율법에 인생 전체를 거는 것이다.

리더십을 이양 받을 조건은 '중심'인데, 그 중심이란 말씀에 삶을 거는 자세와, 말씀을 통하여 하나님과 함께(임마누엘) 하면서, 다른 어떤 두려움도 당당히 이겨나가는 자세이다.

4. 나와 우리의 미래

목사가 되고나니 나는 나이 50이 넘었다. 늦게 시작했으니 리더십 이양에 대한 생각은 해보지 않았다. 이제 리더십의 시작이 아닌가? 내가 어떻게 바르게 리더십을 행사하여 하나님의 교회를 바르게 세워갈까만 생각해도 쉽지 않다. 그런데 함께 교제하는 분들과 이야기를 할 때마다 리더십 이양에 대해서 고민할 때임을 알아간다. 리더십의 시작과 함께 이양에 대해서 생각해야 한다. 시작도 아직 부족해서 얼떨떨한데, 리더십 이양에 대해서 고민해야 한다고 생각하니 사실 앞이 캄캄했다. 그런데, 함께 하는 분들과 대화하면서 그렇게 부담스러워할 일이 아님을 알아간다. 나의 리더십도, 이양되어야 할 리더십도 원리는 똑같기 때문이다. 삶을 두 가지에 걸면 된다. 말씀과 임마누엘. 그 외의 어떤 것도 이 두 가지 원리 안에 다 담겨 있으니, 나의 리더십은 오직 말씀과 임마누엘에 두면 될 것이다. 그리고 당연히 말씀에 삶을 거는 사람, 그리고 하나님이 함께 하신다는 사실 때문에 다른 어떤 두려움도 이겨나가는 성품의 사람이 리더십 이양의 대상이 될 것이다.

　나는 말씀을 묵상하면서 과거를 돌아보고 삶을 해석해왔다. 그 관점을 성도들과 함께 나누어 왔다. 이제 미래를 함께 바라봐야 할 때이다. 같은 관점을 가지고 말씀을 붙들고 앞으로 어떤 길을 걸어가야 할지 고민해야 할 때다. 감사하게도 미래를 어떻게 가야할지 안개가 조금씩 걷히는 느낌이다. 생각지도 못했던 교회 연합이 시도되고, 목사님들과의 작은 연대가 시작되고, 무언가 꿈틀거리는 선한 움직임들이 보인다. 그러나 나는 여전히 한 가지에만 집중하려 한다. 말씀에 내 삶을 걸고 내 목회를 거는 것이다. 말씀에 삶을 건다는 것은 곧, 임마누엘에 삶을 거는 것이다.
　말씀을 묵상하고 묵상을 통하여 내 내면과 삶을 통과한 말씀을 성도들과 나누고, 그 말씀을 지켜나가는 그 과정을 통해서, 하나님이 함께 하시면 어떤 두려움도 이길 수 있는 믿음이 생김을 경험해 왔다. 그 길을 담담히 걸어가면 나와 우리의 미래도 말씀을 통하여 하나님이 바르게 이끄실 것을 믿는다.

리더는 가도 공동체는 계속된다
(신명기 31:14-29)

1. 리더는 끝이 있다

모세가 죽을 날이 가까워졌다. 하나님은 후계자 여호수아와 모세를 부르셨다. 그리고 모세 사후를 대비하도록 준비시키신다. 아무리 위대한 리더도 언젠가는 역사 속으로 사라져야 한다. 그러나 공동체는 계속된다. 바르고 훌륭한 리더라면 자신이 떠난 후를 준비할 것이다. 자신이 사라지고 난 후에도 여전히 하나님의 공동체로서 건재하도록 공동체를 건강하게 준비시킬 것이다.

2. 건강한 준비?

건강하게 준비시킨다는 것은 무엇일까? 이스라엘 백성들에게 건강한 준비란 도대체 무엇일까? 아무리 생각해도 그런 준비란 없어 보인다. 이스라엘 백성의 미래를 모세가 알고 있기 때문이다.

"주님께서 모세에게 말씀하셨다. "너는 네 조상과 함께 잠들 것이다. 그러나 이 백성은, 들어가서 살게 될 그 땅의 이방 신들과 더불어 음란한 짓을 할 것이다. 그들은 나를 버리고, 나와 세운 그 언약을 깨뜨릴 것이다. 그날에 내가 그들에게 격렬하게 진노하여, 그들을 버리고 내 얼굴을 그들에게서 숨길 것이다. 그래서 그들은, 온갖 재앙과 고통이 덮치는 날, 이렇게 말할 것이다. '우리 하나님이 우리 가운데 계시지 않기 때문에 이런 재앙이 덮치고 있다' 하고 탄식할 것이다. 그들이 돌아서서 다른 신을 섬기는 온갖 악한 짓을 할 것이니, 그 날에 내가 틀림없이 내 얼굴을 그들에게서 숨기겠다."(신 31:16-18, 새번역)

그들의 미래는 하나님을 떠나고 배반하는 것이었다. 그래서 하나님이 그들에게 얼굴을 숨기시는 것이었다. 이런 암울한 미래를 아는 모세는 얼마나 마음이 무거웠을까? 그들을 남겨두고 떠나야 하는 모세는 어떤 '건강한 준비'를 할 수 있을까? 두 가지가 필요하다.

첫째, 다음 리더를 세우는 것이다. 리더는 가고 공동체는 계속된다. 공동체의 계속은 다음 리더를 필요로 한다. 리더가 없는 공동체는 지속성이 보장되지 않는다. 당연히 리더는 세워져야 하고, 그 리더의 자격은 두 가지이다. '공동체의 속성을 잘 알아야 함'과 '사람이 아니라 하나님 편에 섬'이다. 여호수아는 그런 면에서 잘 준비된 리더였다. 공동체 속에서 계속 자라왔고, 모세의 수종자로 살아오면서 하나님 편에 서는 것이 무엇인지를 보아왔기 때문이다.

리더가 중요하다. 백성을 독재하면서 이끌어야하기 때문이 아니라, 방향을 바로 잡아 가야하기 때문에 리더의 역할은 너무 중요하다. 사람 편에 서지 않고, 욕심과 탐욕에 사로잡히지 않는, 오직 하나님과 말씀 편에 서는 리더가 세워져야 한다. 백성은 언제나 자기중심적이고 이기적이어서 자기 욕심을 따라간다. 그러나 리더는 그러면 안 된다. 바른 리더가 세워지지 않으면, 그렇지 않아도 암울한 미래에 희망이 없어진다. 바른 리더 여호수아가 세워지기에 비록 암울한 미래라도 희망이 있어 보인다. 백성들은 분명 하나님을 떠나고 패역하게 되겠지만, 바른 리더가 그들을 하나님 편으로 인도할 것이다.

둘째, '율법과 노래'가 필요하다. 모세는 노래를 지어 불렀다. 그리고 백성들이 이 노래를 부르게 했다.

"이제 이 노래를 적어서, 이스라엘 백성에게 가르쳐 부르게 하여라. 이 노래가 이스라엘 자손에게 내가 무엇을 가르쳤는지를 증언할 것이다."(신 31:19, 새번역)

노래의 내용은 32장에 나온다. 이 노래를 지어 부르게 하는 이유가 무엇일까? 이 노래는 타락하지 않거나 하나님을 떠나지 않게 함이 목적이 아니다.

"내가 그들의 조상에게 맹세한, 젖과 꿀이 흐르는 땅에 그들을 인도하여 들인 뒤에, 그들이 살이 찌도록 배불리 먹으면, 눈을 돌려 다른 신들을 섬기며 나를 업신여기고, 나와 세운 언약을 깨뜨릴 것이다. 그리하여 그들이 온갖 재앙과 환난을 당하게 될 것이다. 그러나 사람들이 이 노래를 부르는 한, 이 노래가 그들을 일깨워 주는 증언이 될 것이다."(신 31:20-21, 새번역)

이스라엘 백성들이 훗날 필연적으로 심판을 당하게 될 때, 이 노래 때문에 자신들이 왜 그런 어려움을 당하는지 알게 될 것이다. 노래의 목적은 타락하고 패역한 삶을 살고 그래서 망하게 되었을 때에, 자신들이 망한 이유가 자신들이 하나님을 떠났기 때문임을 깨닫게 하기 위함이다. 그래서 노래를 부르게 했다. 그리고 모세는 율법을 다 기록했고, 언약궤 옆에 두게 했다. 그것을 책임지는 사람을 정했다. 제사장이었다. 기록해야 하고, 노래를 지어 불러야 하고, 기록을 읽고 묵상해야 한다. 그래야 암울한 미래라도 희망이 있다. 타락했더라도 돌이킬 희망이다.

3. 왜 '타락하지 않게' 만들지 않으실까?

하나님은 왜 이스라엘 백성이 '타락하지 않도록' 하는 장치는 만들지 않으실까? 타락하지 않도록 만드셨다면 이렇게 복잡한 일이 없었을 텐데. 금방 깨닫는다. 그건 불가능하기 때문이다. 하나님의 전능함은 사람의 자유의지를 파괴하지 않으신다. 사람은 스스로 자신의 자유의지를 사용해서 하나님을 선택해야 하고, 그 자유의지를 사용해서 죄악을 선택할 수도 있다. 그런데 사람은 죄인이다. 본질부터 다 썩어서 선을 선택하고 옳은 것을 선택할 가능성이 없고, 그럴 인격이 되지 않고, 그럴 성품이나 실력이 전혀 없다. 당연히 죄를 선택하고 악을 선택하고 결국은 자신의 탐욕과 욕심 때문에 하나님을 떠나 멸망의 길을 선택할 것이다. 그것이 사람이다.

그럼 그것으로 끝일까? 그렇지 않다. 하나님의 언약의 힘은 그때부터 제대로 힘을 발휘한다. 하나님은 그 때를 대비해서 율법과 노래를 준비하신 것이다. 타락하지 않고 악하지 않을 사람은 없다. 다만 타락하고 악해졌을 때, 하나님을 떠나서 멸망의 길을 걸어갔을 때, 그 자리에서 서 있는 자신을 발견했을 때, 그 때가 중요하다. 그 길을 계속 갈 것인가 돌이킬 것인가, 그 선택의 기로가 중요하다. 그 선택의 기로에서 돌이킬 수 있도록 하나님은 장치를 만드신 것이다. 하나님 편에 선 리더가 있는 공동체라면, 바른 말씀과 바른 찬양이 있는 공동체라면, 돌이킬 희망이 있는 것이다.

4. 돌이킴의 본질

'타락하지 않음'은 사람에게 불가능하다. 태어날 때부터 사람은 이미 타락의 존재이기 때문이다. 사람에게는 '타락으로부터 돌이킴'이 유일한 회복의 길이다. 그런데 타락으로부터 돌이키는 것이 쉽지 않다. 아니, 어쩌면 불가능에 가깝다. 하나님은 사람이 스스로 돌이킬 수 없음을 너무나 잘 아신다. 그래서 타락에서 돌이킬 방법, 돌이켜 바른 길을 끝까지 갈 수 있게 할 방법을 만드셨다. 아들 예수를 사람의 죄를 짊어지고 죽게 하심이다. 그 십자가 사건을 통하여 십자가는 이제 회복의 도구가 되었다.

말씀을 붙들고, 찬양을 불러도 사람이 어찌 자신의 힘으로 죄에서 돌이킬 수 있겠는가? 돌이킴의 본질은 언제나 십자가다. 예수 그리스도의 죽음이다. 그래서 말씀을 많이 연구한다고 해서, 찬양을 많이 부르고 오래 부른다고 해서 그 행위 자체가 돌이킴을 보장해주지 못한다. 돌이킴의 본질은 언제나 '그리스도를 향한 계속적인 의존성'이다. 말씀을 읽고 묵상하는 이유는, 말씀 자체를 연구하기 위해서가 아니라, 말씀을 통하여 십자가의 은혜를 누리기 위해서요, 십자가에 달리신 예수를 만나기 위해서요, 나의 힘이 아니라 그 십자가의 은혜에 의존하여 살아가기 위해서여야 한다.

나는 여전히 부패할 수밖에 없는 존재이다. 신앙생활 오래 했으니, 말씀 묵상을 제법 오래 했으니, 또는 목회 사역을 제법 오래 했으니, 또는 교회에서 이런 저런 사역들을 오래 했으니, 나는 이제 제법 거룩해졌을까? '이제 제법 거룩해졌다'고 믿는 순간 이미 타락의 길에 들어서 있는 것이다. 이미 교만과 패역함의 구렁텅이로 들어선 것이다. 죽을 수밖에 없는 죄인임을 더 깊이 알아가고 깨달아가는 것만이, 그래서 십자가가 날마다 더 필요하고, 예수가 더욱더 간절해지고, 하나님이 없으면 죽을 것 같은 그 간절함이 더욱 커져가야 한다. '그리스도를 향한 계속적인 의존성'만이 유일한 생명의 길이다. 그것을 생명으로 붙드는 자가 바른 리더다.

그것을 생명으로 붙들기 위해서 예배를 사모하고, 그것을 생명으로 붙들기 위해서 말씀을 읽고 묵상하며, 그것을 생명으로 붙들기 위해서 찬양하고 기도해야 한다.

존재의 대비
(신명기 31:30-32:14)

모세가 노래를 지어 가르친다. 노래의 첫 부분에서 하나님과 이스라엘 백성이 선명하게 대조되어 묘사된다.

1. 이스라엘 백성

먼저 이스라엘 백성은 어떤 존재들일까?

"그들이 여호와를 향하여 악을 행하니 하나님의 자녀가 아니요 흠이 있고 삐뚤어진 세대로다."(신 32:5)

끝까지 악을 멈추지 않는 이스라엘 백성들이었다. 얼마나 심각했으면, 그들이 하나님의 자녀가 아니라고 말할 정도다. 하나님이 자기 백성으로 선택한 민족이었으나 막상 선택받은 그들은 하나님의 백성으로 살아가기를 완전히 거부했던 것이다. 그들은 왜 하나님의 자녀 됨을 거부했을까? '흠이 있고 삐뚤어진 세대'여서 그랬다. 하나님의 자녀답게 살아갈 실력이 그들에게는 전혀 없었다.

2. 하나님

그럼 하나님은 어떤 분이실까? 먼저 객관적인 하나님의 성품이다.

"그는 반석이시니 그가 하신 일이 완전하고 그의 모든 길이 정의롭고 진실하고 거짓이 없으신 하나님이시니 공의로우시고 바르시도다."(신 32:4)

이런 성품을 가지신 하나님이 이스라엘에 대해서는 어떤 태도를 가지실까?

"여호와의 분깃은 자기 백성이라 야곱은 그가 택하신 기업이로다. 여호와께서 그를 황무지에서, 짐승이 부르짖는 광야에서 만나시고 호위하시며 보호하시며 자기의 눈동자 같이 지키셨도다."(신 32:9-10)

진실하고 거짓 없으신 하나님이 이스라엘을 자기의 기업으로 삼으시고 자기 눈동자 같이 지키신다. 이스라엘과 하나님의 존재는 명백한 대조가 된다. 대조는 커녕 존재 간의 조화조차 불가능해 보인다. 이스라엘은 하나님의 자녀 됨을 거부했고, 하나님은 그 이스라엘을 자기 기업이라 하시니, 이 부조화를 어떻게 해결할 수 있을까?

3. 부조화의 해결

이 부조화를 해결하는 방법으로 모세가 노래를 지어 불렀다. 이스라엘이 가나안 땅에 들어가면 하나님을 버릴 것을 하나님이 아셨고, 모세도 알았다. 그들의 패역함과 배반에 대해서 내어 놓은 대책이 노래를 지어 백성들이 부르게 하는 것과 율법을 적어 보관하게 하는 것이었다. 후일에 그들이 죄악 중에 망하는 때가 되면, 그들은 이 노래의 의미를 알게 될 것이다. 노래의 가사를 통해서 하나님의 사랑을 비로소 알게 될 것이며 마침내 율법으로 돌아가 하나님의 백성으로 살아갈 마음이 생길 것이다.

사람은 죄악된 존재여서 아무런 일이 일어나지 않거나, 좋은 일만 일어나는 상황에서 하나님을 찾고 하나님께로 돌아오는 것은 불가능하다. 죄악으로 인하여 무너지고 넘어졌을 때, 바로 그 때 돌아갈 곳이 있음을 아는 것이 중요하다. 신앙은 넘어지지 않는 것이 아니라, 넘어지고 나서 '돌아가는 것'이다. 사람은 하나님으로부터 도망치고 죄를 향해 달려가고, 그 사람을 사랑하시는 하나님은, 도망친 그들이 무너지고 망하고 절망에 빠졌을 때, 돌아올 길을 만들어 두셨다. 그 길은 언제나 말씀이다.

4. 나는?

무너지지 않고 좋은 신앙인으로 계속 잘 살아가고 싶었다. 예수 잘 믿는 부자, 예수 잘 믿는 성공한 사람, 예수 잘 믿는 경건한 사업가가 되고 싶었다. 나중에야 깨닫게 되었다. 그 모든 갈망이 욕망이요 탐욕이었음을. 그리고 내 삶의 방향이 잘못되었음을. 돌아가고 싶었다. 다행히도 일찍이 말씀을 묵상하는 법을 배워 거의 매일 말씀을 묵상하고 있었다. 말씀으로 돌아갔다. 습관적으로 건성건성 하던 말씀 묵상에 나의 마음을 다 싣기 시작했다. 영혼이 조금씩 살아나고 회복되기 시작했고, 자연스럽게 사역도 시작했는데, 열매가 나타나기 시작했다.

그제야 깨달았다. 말씀 묵상이라는 회복의 도구를 나에게 들려주셨고, 내가 무너지고 아프고 슬퍼질 때 내가 그 곳으로 돌아가도록 길을 만들어 두신 것임을. 나는 말씀으로 돌아왔고, 그 말씀을 통하여 하나님을 만나는 삶을 매일 계속하고 있고, 그래서 나는 하나님의 생명을 누려가고 있다.

나는 아직 부족하다. 나는 여전히 목이 마르다. 하나님께 목이 마르고, 말씀에 목이 마르고, 하나님이 말씀을 통하여 나를 회복시키시는 그 놀라운 경험에 여전히 목이 마르다. 예전에 좋던 것들이 점점 재미가 없어진다. 스스로 힘이 빠지듯 재미가 없어지고 나를 변화시키시는 하나님의 손길을 누려가는 그 깊은 감격이 나를 점점 사로잡아간다. 나는 하나님의 자녀 됨을 거부하는 죄악된 속성을 여전히 가지고 있지만, 나의 삶에는 희망이 있다. 하나님이 여전히 이런 나를 기업으로 삼고 계시기 때문이다. 이 사실에 기대어 나는 오늘도 말씀으로 돌아간다. 말씀이신 하나님께로 돌아간다. 말씀이신 하나님께서 내게 주시는 그 놀라운 생명을 오늘도 새롭게 누린다. 그래서 나는 산다.

먹고 살 만하면 타락하는 이유
(신명기 32:15-33)

1. 여수룬

하나님은 이스라엘을 여수룬이라고 부르셨다. '의로운 자, 어여쁜 자'라는 뜻이다. 하나님께 이스라엘은 여수룬이었다. 그래서 하나님은 이스라엘에게 번영을 주셨다. 그들이 그럴 자격이 있어서가 아니라, 하나님이 어여쁘게 보셨기 때문이었다.

2. 타락

그런데 이스라엘은 타락했다. 하나님께 사랑받던 그들이 자신들의 반석이신 하나님을 버린 것이다. 그 타락은 어떻게 나타났을까?

"그들은 이방 신을 섬겨서 주님께서 질투하시게 하였으며, 역겨운 짓을 하여 주님께서 진노하시게 하였다. 너희는 하나님도 아닌 신들에게 제사를 드렸다. 너희가 알지도 못하는 신들, 새롭게 나타난 새 신들, 너희 조상이 섬기지 않던 신들이다."(신 32:16-17, 새번역)

하나님을 버렸다는 것이 하나님을 아예 섬기지 않았다는 뜻은 아니다. 그들은 하나님도 섬기고 '새로운 신들'도 섬겼다. 자기들 생각에는 여전히 하나님을 섬긴다고 생각했기 때문에 양심의 가책을 별로 느끼지 않았을지 모른다. 그러나 하나님도 섬기고 우상도 섬기는 것은 하나님을 버리는 행위다. 그들은 왜 새로운 신들에게 관심을 가지게 되었을까? 자신들이 제법 먹고 살 만해졌다. 그랬더니 주변이 보였다. 자기들보다 훨씬 강한 나라도 보였고 그들이 섬기는 신들도 보였다. 그 '새로운 신들'이 자기들에게 '새로운 부'를 줄 것으로 생각이 되었던 것 같다. 그렇다면 그들의 타락은 더 부자가 되고 싶은 열망, 더 커지고 싶은 열망, 그리고 이웃 나라들을 부러워하는 부러움에서 나온 것이 아니었을까.

3. 희망이 있을까?

사람은 누구나 죄인이라서 패망을 향할 수밖에 없는데, 사람에게 희망이 있을까?

신명기의 마지막 부분에 등장하는 모세의 노래는 암울하기 짝이 없어 보인다. 이 노래의 암울함처럼 사람에게는 희망이 없는 것일까? 영원한 절망만이 죄인인 사람에게 어울리는 것일까? 죄인인 사람에게 어울리는 것은 영원한 암울, 영원한 절망이 맞다. 그러나 실낱같은 희망이 보인다.

> "본래는 내가 나의 백성을 다 흩어 버려서 아무도 그들을 기억할 수 없게 하려고 하였으나, 그렇게까지는 하지 않았으니, 원수들이 자랑하는 것을 내가 차마 볼 수 없기 때문이다. 나 주가 내 백성을 징벌한 것인데도, 원수들은 마치 저희의 힘으로 내 백성을 패배시킨 것처럼 자랑할 터이니, 그 꼴이 보기가 싫어서 내가 내 백성을 전멸시키지는 않았다."(신 32:26-27, 새번역)

실낱같은 희망은, 하나님이 완전히 멸망시키지는 않는다는 사실이다. 원수들이 스스로 자랑하며 "하나님은 없다!"고 말하는 것을 하나님이 그냥 두고 보지 않으신다는 사실이다. 실낱같은 희망은 나에게 있지 않고, 오직 하나님의 하나님 되심에 있다. 하나님의 이름 때문에 자기 백성을 아주 멸하시지는 않으리라는 사실이 죄악된 하나님의 백성이 가진 실낱 같은 희망이다.

4. 암울한 나

아무리 생각해도 나는 암울할 수밖에 없는 존재다. 죄가 편하고 죄를 좋아하고 틈만 있으면 죄를 향하는 나의 이 죄인 됨을 얼마나 오랫동안 깊이 확인했는지 모른다. 먹고 살기 힘들 때는 먹고 살 만해지기 위해서 몸부림치고, 조금 먹고 살 만해지면 조금 더 잘 살기 위해서 몸부림치고, 조금 더 먹고 살 만하면 새로운 무언가가 없을까 찾아 헤매는 죄인의 속성을 너무나 적나라하게 보았다. 나의 운명은 이스라엘 백성의 운명과 다를 바가 전혀 없다. 그들의 모습이 나의 모습임을 고백하지 않을 수 없다.

하나님은 여수룬이라 불릴 자격이 없는 나를 그렇게 불러주셨으나, 내 안의 욕심과 탐욕을 향하는 마음은 그치지 않았다. 교회 잘 다니는 성도, 교회 봉사 잘 하는 집사, 신앙 좋은 남자 집사 등의 이미지를 교회 안에서는 보였지만 나의 내면에는 욕심과 탐욕이 가득 차 있었다. 하나님과 우상을 겸하여 섬기는 패역함을 나의 삶에서 그대로 드러내고 있었던 것이다. 그리고 만난 처절한 아픔과 실패들, 눈물과 슬픔들 가운데서 죄인에게 삶이 낙관적일 수 없음을 깊이 깨달았다.

낙관적일 수 없는 죄인된 현실을 직면하고서야 말씀으로 돌아가는 발걸음에 무게를 실을 수 있었다. 말씀으로 돌아가지 않으면 이 암울함에서 한 발자국도 벗어날 수 없을 것 같아서 말씀에 목숨을 걸다시피 했다. 살고 싶었다기보다 이대로 계속 가면 죽을 것이 분명해 보였다. 이대로 계속 가면 이 암울함과 처절함이 나를 완전히 덮쳐 버릴 것이 자명했다. 먹고 살만해 지는 것보다 중요한 것, 내 욕심이 채워지는 것보다 중요한 것이 무엇인지 마음에 조금씩 그려졌다. 이 삶의 방향과 목적을 바꾸지 않으면 이 암울함에서 한 발자국도 벗어날 수 없음을 깨달았다. 그리고 삶의 방향을 바꾸었다. 지금도 계속 바꾸고 있다.

오직 말씀 하나에 삶을 거는 것이 무엇인지 조금씩 더 배워간다. 말씀대로 살기 위해서, 그런대로 잘 먹고 살아가고 있던 현실을 떠날 용기가 생겼고, 내 욕심과 반대편으로 삶의 발자국을 뗄 수 있었다. 먹고 살만한 것을 삶의 목표로 삼는 순간 삶은 반드시 타락을 향한다. 그러나 하나님의 말씀에 순종하는 것을 목표로 삼는 순간, 이 외의 문제들은 '그럴 수도 있고 아닐 수도 있는 것'들임을 받아들이게 되었다. 그래서 내가 얻은 복은 암울함에서 벗어나서 참된 행복을 누려가는 것이다.

이제는 안다. 내 삶의 희망이 '먹고 살만함'에 있지 않고, 오직 '하나님의 하나님 되심'에 있음을. 그래서 나의 삶에서 하나님이 하나님 되시도록 하기 위해서 말씀에 나의 삶을 걸고 한걸음씩 걸어가는 것이 내 삶에서 가장 가치 있고 의미 있고 행복한 일임을.

빈말 VS 생명
(신명기 32:34-52)

인생의 말미에 와서야 평생 뻘짓을 하고 살았음을 알게 된다면 그처럼 허무한 일이 있을까? 그런 의미에서 무엇이 빈말이며 무엇이 생명이 되는 말인지를 아는 것은 매우 가치 있는 일임에 틀림없다.

1. 빈말

빈말이 무엇일까? 사람들이 가장 잘 속는 빈말은 '무언가가 자신의 삶을 보장해 줄 것'이라는 말일 것이다.

> "그 때에 주 하나님이 말씀하신다. '그들의 신들이 어디에 있느냐? 그들이 피난처로 삼던 그 반석은 어디에 있느냐? 그들이 제물로 바친 그 기름을 먹고, 부어 바친 포도주를 받아 마시던 그 신들이 어디에 있느냐? 그들이 일어나 너희를 돕게 하고, 그들이 너희의 피난처가 되게 하여라."(신 32:37-38, 새번역)

사람들은 평생 무언가에 자신을 기대고 살아간다. 자신을 지켜주고 보장해 줄 것이라 믿는 모든 것을 '우상'이라 말할 수 있다. 삶의 위기가 찾아오고서야 사람들은 그 우상이 아무런 힘이 없음을 깨닫게 될 것이다. 그것을 피난처로 삼으면 삶이 안전할 것이라는 그 말이 모두 빈말이었음을 알게 될 것이다. 그 신들과 그 신들이 제시한 피난처와 반석은 모두 헛된 것이었으며 그들이 바친 제물을 받아먹은 그 신이 허상이었음을 처절한 좌절 가운데 알게 될 것이다. 돈이라는 우상, 권력이라는 우상, 쾌락이라는 우상, 성공이라는 우상 등이 생명을 지켜줄 것이라는 말은 모두 빈말이다.

2. 생명

그러면 생명은 무엇일까? 가장 헛된 것으로 보이는 것이 사실은 가장 생명이 된다.

> "그들에게 말하였다. "오늘 내가 당신들에게 증언한 모든 말을, 당신들은 마음에 간직해 두고, 자녀에게 가르쳐, 이 율법의 모든 말씀을 지키게 하십시오. 율법은 단지 빈 말이 아니라, 바로 당신들의 생명입니다. 이 말씀을 순종하십시오. 그래야만 당신들이 요단 강을 건너가 차지하는 땅에서 오래오래 살 것입니다."(신 32:46-47, 새번역)

율법을 마음에 간직하고 자녀에게 가르치고 율법의 모든 말씀을 지키는 것은 빈말이 아니라 생명이라고 모세가 가르친다. 자본주의 가치관으로 볼 때 가장 헛된 일로 보이는 것이 말씀에 집중하는 것이다. 돈도 안 되고, 생산성이라곤 전혀 없는 일이 말씀을 묵상하고 지키는 것 아닌가? '그걸 하면 떡이 나와? 돈이 나와?'라는 말을 어릴 때부터 많이도 들었다. 세상은 떡이 나오고 돈이 나와야만 가치가 있고, 그것만이 생명이 된다고 가르친다. 그러니 돈도 안 되는 것 같고, 떡도 못 만들 말씀 따위에 삶을 걸라는 말은 빈말로 여겨질 수밖에 없다. 그러나, 말씀에 삶을 걸라는 말은 빈말이 아니요, 생명이다. 왜 생명일까?

> "그러나 이제는 알아라. 나, 오직 나만이 하나님이다. 나 밖에는 다른 신이 없다. 나는 죽게도 하고 살게도 한다. 나는 상하게도 하고 낫게도 한다.

아무도 내가 하는 일을 막지 못한다."(신 32:39, 새번역)

하나님 외에는 다른 신이 없다. 하나님만이 죽게도 하고 살게도 하시며 상하게도 하시고 낫게도 하신다. 어느 누구도 하나님이 하시는 일을 막을 수 없다. 유일하신 참 신이신 그 하나님이 말씀을 주셨고, 말씀 속에 사람이 누릴 모든 생명을 기록해 두었기 때문에 사람에게는 오직 말씀만이 생명이다. 말씀을 읽고 묵상하고 주의 깊게 지키면 살 것이라는 말은, 결코 빈말이 아니라 참으로 생명이 되는 말이다.

3. 나는?

실패를 많이 해봤다. 돈을 따라 성공을 따라 달려 가봤고, 성공한 것처럼 보이는 사람들을 부러워해봤다. 그렇게 살아갔던 시간들은 나에게 모두 헛된 시간들이었다. 그것이 삶을 아름답게 해줄 것이라 말하는 사람들도 스스로 속았던 것은 매한가지다. 그 오랜 시간들을 보내며 아픔과 슬픔과 절망의 시간들을 보내고 나서 정말 감사하게도 바른 길을 찾았다. 바른 길은 오직 말씀이었다. 주변에 많은 사람들이 바른 길이라고 말하면서 좋은 교회를 추천하고, 좋은 목사를 추천했지만, 그런 것들을 통하여서는 한계를 금방 느꼈다. 말씀을 읽고 직접 하나님을 만나는 그 시간만이 나를 선명하게 살리는 경험을 하면서 말씀만이 나의 생명임이 믿어지기 시작했다.

그때부터 보이기 시작했다. 헛된 것을 붙들고 헤매며 방황하는 모습들이. 그들이 곧 만나게 될 절망이 눈에 선했다. 열심히 공부하고 연구하고 배웠던 내용으로 말씀 묵상 강의를 하기 시작했다. 당시 일개 집사였으니 아무도 강의를 시켜주지 않았다. 직접 목사님을 찾아가서 말씀 묵상 강의를 시켜 달라고 했고, 포스터를 만들어 교회에 붙이고 사람들을 모았다.

왜 그렇게 유별나게 했을까? 내가 살고 싶어서, 함께 생명을 누려가고 싶어서였다. 말씀 묵상은 나눔을 통해 함께 생명을 누려가야 서로 오래도록 생명을 깊이 누려갈 수 있기 때문이다. 그렇게 일반성도였을 때부터 시작했던 말씀 묵상 강의는 지금도 생명을 세워가는 좋은 도구가 되고 있다.

　나는 지금 목사로 살아가고 있다. 목사로서 나의 목표는 무엇일까? 교회를 키워야 한다고 다들 생각할 텐데, 나는 교회 키우는 것에는 관심이 없다. 내 목표는 확실하다. 성도들을 스스로 말씀을 묵상하는 사람으로 세우는 것, 스스로 묵상하는 말씀을 통하여 생명을 얻는 사람으로 세우는 것이다. 당연히 목사에게 의존하는 신앙에서 벗어나게 함도 목표다. 목사와 동역하는 성도, 목사와 함께 사람을 세워가고 살리는 성도, 교회를 키우는 것이 아니라 사람을 살리는 것에 온 관심을 집중하는 성도를 세우는 것이 목표이다.

　내가 할 수 있을지는 나도 모른다. 나는 그저 할 수 있는 만큼만 할 뿐이다. 말씀을 매일 묵상하여 나누고, 말씀을 묵상하도록 동기를 부여하고, 말씀을 묵상하는 것에 삶을 걸도록 자극을 주고, 말씀을 묵상하는 방법을 가르치고, 말씀을 묵상하는 분들을 격려하고, 그분들의 묵상을 나누면서 함께 은혜를 누리는 삶을 살아가려 한다. 무엇보다 그렇게 묵상한 말씀이 능력이 되어 성도들의 삶을 변화시키는 것을 보고 싶다. 나를 변화시키신 말씀이 성도들의 삶도 변화시킬 것을 믿기 때문에 이런 일을 하며 살아가는 목사의 삶이 행복하다. 여전히 쉽지 않은 현실이지만, 헛된 일에 집중하지 않고 생명을 누리고 나누는 일에 집중하며 살아가는 것만으로도 참으로 행복하고 감사하다.

모세의 마지막
(신명기 33~34장 묵상)

복의 본질

·

치열한 안전

·

아름다운 죽음

이제 마지막인가 보다.
최선을 다해 피었으니 되었다.
마지막이 이처럼 아름다우니
감사할 따름이다.

오는 시기도, 가는 시기도 내가 정할 수 없으니,
그저 주어지는 대로
최선을 다해 아름답게 필 수 있을 뿐이다.

절망, 좌절, 우울, 포기.
이런 단어들에 매몰되기에는
인생이 너무 짧다.
그저 나만의 꽃을 최선을 다해
끝까지 피우기만 하자.

복의 본질
(신명기 33:1-17)

모세의 연설도, 설교도, 노래도 끝났다. 이제 모세가 무대에서 사라지는 일만 남았다. 저주, 도전, 경고, 우울한 예언이 이어지는 어두운 장들이 모두 끝난 후 모세는 온기와 희망과 위로가 넘치는 축복으로 마지막을 마무리한다. 이스라엘을 향한 모세의 축복은 하나님의 백성이 복을 누리는 존재임을 보여준다. 동시에 하나님의 백성에게는 무엇이 참된 복인지도 분명히 알려준다.

1. 복이 아닌 것

'복'이라고 하면 대부분 가장 먼저 떠올리는 것은 부, 건강, 사업성공, 명예 등일 것이다. 그러나 모세의 축복은 일부 그런 복을 포함하지만, 전혀 다른 관점에서의 복이다. 참된 복의 내용이 무엇인지를 알지 못 하고서는 복을 비는 것도, 복을 구하는 것도 무의미한 행동이 될 것이다. 하나님의 백성은 복을 누리는 존재들이지만, 세상적인 관점에서의 복과는 다른 복을 누린다. 참된 복이 무엇인지 알고, 그 참된 복을 누리는 기쁨 속에 살아가야 하는 사람이 그리스도인이다.

2. 참된 복

무엇이 참된 복일까? 모세의 축복의 내용이 참된 복이 무엇인지를 보여준다. 첫째, 하나님이 참된 복이다. 참된 복의 근원은 하나님이시다. 당연히 하나님이 어떤 분이신지가 참된 복이 무엇인지와 밀접한 관계가 있다. 모세가 가장 먼저 언급하는 하나님은 '시내산의 하나님'이다.

"주님께서 시내 산에서 오시고, 세일 산에서 해처럼 떠오르시고, 바란 산에서부터 당신의 백성을 비추신다. 수많은 천사들이 그를 옹위하고, 오른손에는 활활 타는 불을 들고 계신다."(신 33:2, 새번역)

세일산과 바란산 모두 시내산이 있는 지역이어서, 이 구절 전체가 '시내산의 하나님'을 말하고 있다. 시내산의 하나님이란 언약의 하나님을 말한다. 먼저 자기 백성을 헌신적으로 사랑하시고, 그 사랑에 대한 응답으로 순종을 요구하시는 하나님이시다. 참된 복은 이 언약과 관계가 깊다. 언약 백성에겐 언약에 충실한 것이 복이다. 눈으로 드러나는 그 무엇보다, 세상적인 그 어떤 모습보다, 복의 가장 중요한 점은 '언약에 충실함'이다. 그래서 언약 백성의 가장 복된 모습은 주님 앞에 무릎을 꿇고 그분의 말씀에 귀 기울이는 모습이다.

"주님께서 뭇 백성을 사랑하시고, 그에게 속한 모든 성도를 보호하신다. 그러므로 우리가 주님의 발 아래에 무릎을 꿇고, 주님의 말씀에 귀를 기울인다."(신 33:3, 새번역)

그리고 귀 기울여 들은 그 말씀을 지키는 것이 하나님의 백성들에게 가장 중요한 보물이 된다.

"우리는 모세가 전하여 준 율법을 지킨다. 이 율법은 야곱의 자손이 가진 소유 가운데서, 가장 으뜸가는 보물이다."(신 33:4, 새번역)

참된 복은 하나님 자신이시고, 하나님은 시내산의 하나님 즉, 언약의 하나님이시기에 하나님의 백성은 언약에 충실하는 것이 참된 복을 누리는 비결이다.

둘째, 각 지파에 대한 축복의 모습에서 참된 복의 중요한 면을 본다. 축복의 본질에 대해 언급한 모세는 르우벤, 유다, 레위, 베냐민, 요셉 지파를 축복한다. 하나님은 복 주시는 분이시기에 모세는 각 지파에게 구체적으로 복을 빌어준다. 망하지 않게 해 주시기를, 살려달라고 부르짖을 때 들어주시기를, 그들과 맞서는 자들의 허리를 꺾어 주시기를, 곁에서 지켜주시기를, 그들의 땅에 복을 내려 주시기를... 매우 구체적으로 각각의 지파의 상황에 맞게 가장 필요한 복을 빌어준다. 복을 빌고, 복을 구하는 것은 결코 나쁘지 않다. 하나님의 백성은 서로 복을 빌어주어야 한다. 그러나 그 복들을 구할 때 큰 전제를 잊지 말아야 한다. 그 복을 주시는 주체가 '언약의 하나님'이라는 사실이다.

3. 제사장의 중요성

레위 지파에게 비는 복은 특별히 길고 내용도 특별해 보인다.

"레위 지파를 두고서, 그는 이렇게 말하였다. 레위에게 주님의 둠밈을 주십시오. 주님의 경건한 사람에게 우림을 주십시오. 주님께서 이미 그를 맛사에서 시험하시고, 므리바 물가에서 그와 다투셨습니다... 그들은 주님의 백성 야곱에게 주님의 바른 길을 가르치며, 이스라엘에게 주님의 율법을 가르치며, 주님 앞에 향을 피워 올리고, 주님의 제단에 번제 드리는 일을 계속하고 있습니다. 주님, 그들이 강해지도록 복을 베풀어 주시고, 그들이 하는 모든 일을 기쁘게 받아 주십시오."(신 33:8,10,11, 새번역)

왜 레위 지파에게는 특별한 복을 빌어주는 것일까? 레위 지파는 백성을 대신해 성전 일과 율법을 책임진다. 레위지파인 제사장들을 통해, 하나님은 토라(율법,말씀)의 가르침으로 백성에게 오셨다. 제사장들을 통해, 백성은 제사로 하나님께 나아갔다. 이스라엘은 제사장들이 가교가 되어 말씀과 제사로 하나님과 교제한다. 이와 동일한 원리로, 이스라엘은 세상을 대변해 하나님 앞에 제사장 나라가 되고, 세상은 이스라엘(제사장)을 통해 하나님 앞에 나아오도록 하시는 것이 하나님의 계획이었다(출 19:5,6). 또한 이는 신약시대를 살아가는 우리에게도 동일하게 주어진 하나님의 기대이자 계획이다(벧전2:9,계1:6,5:10).

이스라엘이 참된 복을 누리려면 율법을 보존하고 가르치고 전파하는 것이 가장 중요했고, 이 역할을 담당하는 것이 레위 지파다. 이들에게 모세가 빈 첫 번째 복은, 둠밈과 우림을 달라는 기도였다. 둠밈과 우림은 제사장들이 하나님께 뜻을 물을 때 사용한 것이다. 둠밈과 우림을 그들에게 달라는 기도는 하나님의 음성에 민감하게 해 달라는 기도이다. 그 어떤 복도 하나님의 뜻에 민감한 복보다 우선일 수 없다. 하나님의 뜻을 제대로 알고서야 다른 모든 복을 누려갈 수 있기 때문이다. 하나님의 뜻을 제대로 알지도 못하고 순종하지도 못한다면, 하나님의 백성은 반드시 고통과 아픔을 겪을 수밖에 없다. 그래서 그리스도인에게 가장 중요한 복은, 말씀일 수밖에 없다. 말씀을 통해서 하나님을 만나는 것은 가장 본질적인 복이다. 그 복이 충족되고서야 이 땅의 삶에서 필요한 다른 것들을 하나님이 각자에게 맞도록 채워주실 것이다.

4. 나는?

나는 어떤 복을 받고 싶은가? 나는 성도들에게 어떤 복의 통로가 되고 싶은가? 목회자들이 타락한 원인은 복의 본질을 잘못 이해해서일 것이다. 그들은 세상적인 복을 자신도 받고 싶었을 것이고, 동시에 성도들도 받기를 원했을 것이다. 그래서 세상적인 복만 구하고 추구하도록 독려했을 것이다. 결과적으로 그들 모두는 하나님을 복을 얻기 위한 수단으로 삼을 수밖에 없었을 것이다.

내가 진실로 누리고 싶은 복, 나아가 성도들도 풍성히 누리기를 바라는 복은 오직 말씀의 복이다. 레위 지파의 복을 나도, 성도들도 받기를 원한다. 그래서 나도 성도들도 온 세상의 제사장이 되기를 원한다. 신약의 모든 성도는 '왕된 제사장'들이다. 당연히 제사장다운 면모를 갖추어야 한다. 제사장다움이란 둠밈과 우림을 가지는 것이요, 그것은 말씀에 자신의 삶을 다 걸 때 가질 수 있는 것이다.

어제는 주마다 한번 설교하는 회사의 팀장들과 일대일 제자양육 지도자반 공부를 하는 날이었다. 나눌 때마다 눈물이 있다. 하나님을 향한 간절한 갈망, 말씀의 사람이 되고픈 깊은 열망을 느낀다. 나는 이런 분들의 선한 갈망이 바르게 이루어지도록 돕기 위해 섬기는 자로 부르심 받은 것이라 믿는다. 말씀의 복, 둠밈과 우림을 가지는 복을 모두가 누리기를 소망한다. 말씀이 없어서 답답하고 아프고 절망스럽고 힘들었던 과거의 시간들이 떠오른다. 돈이 없고, 명예가 없고, 건강에 문제가 좀 생기고, 세상적인 성공을 얻을 가능성이 전혀 없었던 그 모든 때보다 말씀이 없었던 그 때가 가장 지옥 같은 시간들이었음이 기억난다.

환경은 언제나 변할 것이다. 때로는 돈이 있을 것이고, 때로는 돈이 턱없이 부족할 것이고, 건강도 왔다가 갈 것이고, 명예라는 허상도 있다가 없어질 것이다. 그러나 영원토록 변치 않는 복의 근원만 붙들고 있으면 나의 삶은 영원히 안전할 것이다. 안전하지 않은 것처럼 보이는 순간들조차도 말씀을 붙들면 담담히 견뎌낼 수 있을 것이다. 이 놀라운 복의 근원인 말씀만을 나도 성도들도 생명으로 붙들길 간절히 소망한다.

치열한 안전
(신명기 33:18-29)

1. 하나님과 그 백성의 특별함

모세의 축복기도는 하나님의 특별함과 하나님의 백성의 특별함으로 맺어진다.

"여수룬이여 하나님 같은 이가 없도다… 이스라엘이여 너는 행복한 사람이로다 여호와의 구원을 너 같이 얻은 백성이 누구냐"(신 33:26,29)

하나님의 특별함과 그 백성의 특별함이 무엇일까? 하나님의 영원하신 팔에 피하는 자들을 영원토록 돌보시기에 특별하다. 즉 그 특별함은 '안전'이다.

2. 왜 '안전'이 특별한가?

왜 안전이 특별할까? 세상은 안전하지 않다. 연약한 존재인 사람이 살아가기에 세상은 불확실성이 넘쳐나고, 생각지도 못했던 적들이 곳곳에 출현한다. 세상은 참으로 불안한 곳이요, 인생은 불안정의 연속이다. 이 불안정한 세상과 불안정한 사람들 사이에서 '안전'은 당연할 수 없고 너무나 특별한 개념이다. 특별하신 하나님이 특별히 자기 백성에게 제공하는 것이 특별한 '안전'이다.

3. 치열한 안전

언약 백성의 안전은 하나님의 영원하신 팔에 안길 수 있다는 것이다.

"영원하신 하나님이 네 처소가 되시니 그의 영원하신 팔이 네 아래에 있도다"(신 33:27)

하나님의 영원하신 팔에 안겨 있는 그 안전은 그저 '가만히 있음'을 의미하지 않는다. 눈앞에 참으로 치열한 전투가 있는 안전이다. 이는 실제 전투와 영적 전투를 포함한다. 광야의 삶도 치열했지만 이제 가나안 땅에 들어가면 대적들과 끊임없이 전투를 치러야 하기에, 그야말로 치열할 것이다. 그러므로 하나님의 백성으로서의 '안전'에 대한 믿음은 평화로운 낙원을 얻으리라는 믿음이 아니라, 치열한 갈등과 아픔과 싸움 속에서 하나님의 보호와 구원이 있으리라는 믿음이다. 언약 백성의 행복은 전쟁이나 다툼과 갈등이 없는 안전이 아니라, 치열한 전투가 계속 있음에도 그 속에서 하나님의 보호와 구원을 누려가는 행복이다. 삶의 치열함 가운데서도 참된 안전을 제공하시는 하나님으로 인한 행복인 것이다.

"이스라엘이여 너는 행복한 사람이로다 여호와의 구원을 너 같이 얻은 백성이 누구냐 그는 너를 돕는 방패시요 네 영광의 칼이시로다 네 대적이 네게 복종하리니 네가 그들의 높은 곳을 밟으리로다."(신 33:29)

4. 나는?

신자의 삶에 드러나는 가장 큰 특징은 무엇일까? 나는 '행복'이라 생각한다. 행복이 신자의 삶의 목적은 아니다. 그러나 하나님의 백성으로 살아갈 때 '치열한 안전'으로 인한 '세상이 주지 못하는 행복'이 주어진다. 나의 삶에 행복하지 않은 때가 있었나? 당연히 많았다. 자기 이익을 위해 치열하게 경쟁하는 삶이 나와 맞지 않아서, 학원 강사로 살아가던 삶이 몹시도 힘들었다. 최선을 다해 노력해 강사로 좋은 평가는 얻었지만, 강사로서의 삶은 그다지 행복하지 않았다. 강사로서 행복할 때는 성적이 올랐다는 학생을 만날 때가 아니었다. 강의 중 삶의 가치에 대해 이야기하고, 거기에 감동을 받은 학생을 만날 때였다. 학생들의 실력과 성적을 향상시키는 것이 강의의 목적이어야 하는 곳이 학원인데, 나의 만족은 다른 것에 있으니 삶의 전반적인 정서가 행복일 수가 없었던 것 같다.

삶이 행복하지 못해서, 삶의 치열함에 치여 죽을 것 같아서, 하나님의 백성으로 살고 싶어서, 아침 일찍부터 밤 12시가 넘어서야 강사로서의 하루가 끝나는 그 치열한 삶 가운데서 말씀 묵상하기를 힘썼다. 말씀을 묵상하면서 울고 노래하고 웃었다. 말씀 안에서 비로소 삶의 의미와 기쁨을 누릴 수 있었다. 그 의미와 기쁨은 하나님 안에서 누리는 '안전'이었다. 세상은 늘 치열했고 안전을 찾을 수 없었다. 그런데 말씀 속에는 안전이 있었다. 치열함 속의 안전이었다. 삶의 전투는 실제였고, 영적 전투이기도 했다. 그 살벌하고 치열한 전투 속에서 말씀이 있었기에 안전을 누릴 수 있었다. 말씀 안에 거하면서 주님 날개 밑에 내가 편안히 쉴 수 있었다. 그런 시간들을 수없이 보내면서 놀랍게도 내 정서가 행복으로 바뀌고 있음을 발견했다. 말씀 안에 보호가 있었고 구원이 있었다. 그래서 나는 행복한 하나님의 백성으로 살아올 수 있었다.

지금은 목사로 살아가고 있다. 목사로 살아가는 나의 주된 정서는 '행복'이다. 아무런 전쟁이 없는 평온한 환경이 되어서일까? 그럴 리가. 내 삶의 현장은 여전히 치열하다. 치열하게 과외를 해야 하고, 부족한 경제적 상태를 계산해야 하고, 전국 각지 이곳저곳으로 가서 설교하고 강의를 해야 한다. 사람들은 이런 나에게 '힘들겠다'고 말한다. 그러나 나는 안전과 행복을 누리며 살아가고 있다. 이런 치열함 속에서 내가 안전을 누리는 비결은 말씀 묵상이다. 일반 성도였을 때나 목사로 살아가는 지금이나, 나의 안전과 행복의 비결은 오직 말씀을 묵상하며 말씀 속에서 주님의 영원하신 팔 안에 안김을 통해서다.

돈으로도, 성공으로도, 심지어 목회적인 성공으로도 나의 안전과 행복은 보장되지 않는다. 나의 안전은 여전히 '치열한 안전'이다. 치열한 삶의 현장 속에서 얻는 안전이다. 그 치열한 안전은 오직 말씀을 통해서 만나는 하나님만이 주실 수 있다. 말씀을 통해 하나님의 품 안에 거하는 나는 그러므로 찬양의 가사를 온 맘으로 고백할 수 있다.

'주님은 나의 산성 주님은 나의 요새
주님은 나의 소망 나의 힘이 되신 여호와'

아름다운 죽음
(신명기 34장)

모세가 죽는다. 모세의 죽음은 안타까움과 슬픔을 안겨주지만 그 죽음이
주는 가장 큰 감정은 아름다움이다. 약속의 땅을 바라보며 평생 하나님
의 백성을 이끌었지만 약속의 땅을 바라보기만 하고 들어가지 못한 채로
모압 땅에서 죽은 모세의 모습이 슬프지만 아름답다. 모세의 죽음이 아
름다운 이유가 무엇일까?

1. 아름다운 삶

아름다운 죽음은 아름다운 삶과 관계가 깊다. 삶이 아름다워야 죽음이
아름다운 법이다. 모세는 임종 예배조차 드리지 못했고, 그의 무덤이 어
디 있는지조차 알려지지 않았다. 세상의 개념으로 보면 그다지 복된 죽
음이 아닌 것처럼 보인다. 게다가 평생 바라던 약속의 땅에 들어가지 못
하고 죽었으니 회한어린 죽음이라 말할 수도 있다. 그러나 그의 죽음은
아름답다. 아름다운 삶이 있었기 때문이다. 평생 약속의 땅을 바라보았
지만 더 근본적으로 바라본 것이 있었기에, 그는 회한을 극복하고 죽어
갈 수 있었다. 그가 바라본 더 근본적인 것은 무엇일까?

> "그 뒤에 이스라엘에는 모세와 같은 예언자가 다시는 나지 않았다. 주님
> 께서는 얼굴과 얼굴을 마주 대고 모세와 말씀하셨다."(신 34:10, 새번역)

그는 하나님을 바라보았다. 사실, 약속의 땅 자체가 모세의 갈망은 아니었다. 모세의 가장 큰 갈망은 언제나 하나님이었다. 언제나 하나님을 바라보고, 하나님과 대면하고, 하나님과 대화하는 삶을 평생 살았기에 모세의 삶은 아름다울 수 있었다. 근본적으로 하나님을 바라보았기에 모세는, 지면에서 온유함이 가장 승한 사람일 수 있었고, 백성들의 패역함에도 불구하고 끝까지 인내할 수 있었고, 약속의 땅 입구까지 백성들을 이끌 수 있었다. 하나님을 바라보았기에 모세는 아름다운 삶을 살았고, 아름답게 죽어갈 수 있었다.

2. 아름다운 이양

모세의 죽음이 아름다운 또 다른 이유는, 그와 같은 선지자가 없을 정도로 위대한 리더였지만 리더십을 잘 이양했다는 점에 있다. 모세의 리더십을 따라갈 사람은 없었다. 위대함과 탁월함에 있어서 누가 모세를 대신할 수 있었을까? 그러나 모세는 여호수아에게 리더십을 잘 이양했다.

"모세가 눈의 아들 여호수아에게 안수하였으므로, 여호수아에게 지혜의 영이 넘쳤다. 이스라엘 자손은, 주님께서 모세에게 명하신 대로, 여호수아의 말을 잘 듣고 그를 따랐다."(신 34:9, 새번역)

아무것도 하지 않다가 갑자기 안수 한번 했더니 여호수아에게 지혜의 영이 넘쳤을 리가 없다. 아주 오랫동안 모세는 여호수아를 세워갔을 것이다. 자신으로 끝나는 공동체가 되지 않게 하기 위해서, 자신의 욕심과 욕망을 위해 공동체를 이용하는 것이 아니라, 공동체를 위한 모세로 살아갔고, 공동체를 위한 다음 리더를 세움에 있어서 최선을 다한 모세의 모습이 엿보인다. 오늘날 탐욕으로 찌들어 교회를 자녀에게 세습하는 타락한 리더들의 모습과 선명한 대조를 이룬다. 자신의 세대에서 끝나게 하거나, 리더십 이양을 탐욕으로 유린하지 않고, 공동체를 위해서 가장 합당한 리더를 세우고 그에게 리더십을 아름답게 이양하는 모세의 모습이 모세의 마지막을 아름답게 만들었다.

나의 죽음으로 모든 것이 끝나지 않는다. 나의 일생 후에도 공동체는 남아 있고, 나의 후손도 남아 있다. 공동체와 후손들이 이 땅에서 하나님과 아름답게 살아갈 수 있도록 최선을 다해 준비하고 떠나야 한다. 그것이 아름다운 죽음의 비결이다. 내 존재가 죽음을 통해 영원으로 다시 이어진다는 믿음이 있어야 이런 준비가 가능하다. 사람의 삶이 죽음으로 끝나는 것이 아니라, 죽음이 영원으로 이어지는 관문이라는 사실을 알고 믿어야 이 땅의 삶을 아름답게 살아갈 수 있고, 후세가 아름다운 삶을 살수 있도록 최선을 다해 돕고 떠날 수 있으리라.

3. 나는?

2개월의 긴 여정 끝에 신명기 묵상을 마친다. 신명기의 말씀과 씨름하고 함께 한 시간이어서 그런지 모세의 죽음이 주는 안타까움이 크다. 넋이 나간 듯 모세의 죽음을 읽고 있다. 그리고 모세의 죽음이 나에게 주는 교훈을 받는다. 작년 12월 어머니가 소천하시면서 주신 교훈과 연결된다. 어머니는 좋은 신앙인으로서의 아름다운 마지막을 보여주고 떠나셨다. 그럴 수 있었던 것은 어머니께서 생전에 이미 좋은 신앙인으로 삶을 살아오셨기 때문이라고 생각되었다. '어떻게 죽을까'의 문제는 '어떻게 살까'의 문제와 연결되어 있다. 이제 한 가지 숙제를 더 던진다. '어떻게 신앙과 리더십을 이양할까'라는 숙제이다. 죽음을 바라보고, 영원을 이해하는 마음이 이 땅에서의 삶을 충만하고 아름답게 할 것이다. 어머니가 떠나신 후 어머니의 삶을 반추해 보면서 분명한 사실 한 가지를 발견했었다. 예수를 믿으신 후부터 어머님의 삶이 아름다워지기 시작하셨다는 사실이다.

　이 땅에서의 삶이 아름다운 것이, 죽음이 아름다울 수 있는 가장 중요한 비결이다. 이 땅에서의 삶의 아름다움은 하나님을 바라봄에서 나오는 것임을 어머니를 통해서 분명히 보았다. 모세가 평생 하나님을 대면하였다는 사실과 일맥상통한다. 내 삶에서 평생 해야 할 가장 중요한 일은 무엇일까? 말씀을 읽고 묵상함으로 하나님을 대면하는 것이다. 그리고 그 하나님 대면의 삶을 성도들과 만나는 사람들에게 전하고, 후손에게 그 삶을 물려주는 것이다. 그 삶을 잘 살고, 내 삶이 끝나는 날 모세처럼 행복하게 떠나고 싶다. 욕심과 탐욕으로 점철된 추한 삶을 살아 추한 죽음으로 끝나는 인생이 아니라, 모세처럼 아름다운 삶을 살아 소박하지만 아름다운 죽음을 맞이하길 소원한다.

거친 세상에서 살아남았다.
버텨서 살아남았을 뿐인데
이처럼 거목이 되었다.

거목이 되려고 몸부림 칠 필요 없다.
그저 살아남으면 된다.
모진 풍파 속을 통과하면서도
포기하지 않고 버티기만 하면 된다.

구불구불, 울퉁불퉁, 좌충우돌.
그렇게 자라갈 것이고,
고난으로 인한 불규칙성을 아름다움으로 간직하고서도,
주변의 호수와 배와 햇살을 무시하지 않는
성숙하고 멋진 나무가 된 자신을 발견할 것이다.

신명기 묵상집 _ **말씀으로 삶을 열다**

마지막 묵상

"고난을 당한 것이 내게는 오히려 유익하게 되었습니다.
그 고난 때문에 나는 주님의 율례를 배웠습니다."
(시편 119:71)

© Photograph & written by YoonYong

■ 말씀묵상 세미나 안내 ■

성도의 삶은 말씀으로 인하여 풍성해집니다. 성도 스스로 말씀을 읽고 묵상하여 하늘로부터 오는 생명의 은혜를 누리는 삶이 될 때, 성숙한 신앙인의 삶이 가능해집니다. 그래서 성도의 삶에 있어서 말씀묵상은 생명의 원천입니다. 왜 말씀묵상을 해야 하며, 어떻게 묵상해야 하는지에 대해서 세미나를 통해서 강의합니다.

- 말씀묵상 기본반 세미나 : 4~8시간 과정, 시간 선택 가능
- 말씀묵상 심화반 세미나 : 6~9시간 과정, 시간 선택 가능

※ 비정규적으로 말씀묵상 세미나를 개최합니다. 윤 용 목사의 페이스북 페이지에서 수시로 세미나에 대해 공지하고 있습니다.
www.facebook.com/yyipsae
※ 말씀묵상 세미나를 개최하시고자 하는 교회, 단체 및 그룹은 연락 주시기 바랍니다. (yyipsae@gmail.com)

말씀묵상 세미나 소감문(수련회 및 세미나 후기 일부를 발췌하였습니다.)

24년 동안 살며 또 3년동안 신학생으로 살아오면서 말씀을 묵상하지도 또 찾지도 아니하였습니다. 영적으로 갈급함이 어떤 것인지도 모른 채 그저 그런 인생으로 살아왔습니다. 이 묵상 세미나는 저에게 큰 터닝 포인트가 되었습니다. 마음에 충격을 받기도 했고, 제 자신에 대해 분노와 부끄러움도 찾아왔습니다. 제 안에 진정한 울림과 감동이 없었고 하나님의 놀라운 섭리와 계획하심이 무엇인지 깨닫지도 못한 채 그저 그렇게 흘러가는 대로 살아왔다는 사실을 1박 2일 동안 깨달았습니다. 아! 그럼 이제 어떻게 살아가야 하는가의 문제에 대한 답까지 얻어서 참으로 감사합니다. 말씀묵상에 삶을 거는 사람이 되겠습니다. (이OO 청년)

1박2일 동안 내가 왜 스스로를 수준 이하라고 느꼈었는지 그 이유를 보게 되었다. 주님을 만나는 시간조차 급했고 얕았다. 주인의 음성보다 나와 다른 사람의 소리에 더 귀를 기울였었다. 놀랍게도 수련회 내내 강조 되어진 것이 '찬찬히, 깊이'다. 이번 말씀묵상 수련회는 나에게 살아계신 하나님의 은혜였다. 흐트러진 질서를 바로 잡아주시려는 사랑이었다. 마음의 '0점'이 흐트러져 있었기에 반드시 필요한 '조정'의 시간이었다. 큰 은혜를 맛 봤다 해서 갑자기 목회에 대한 해결책이 떠오르지는 않았다. 다만 천천히 깊게 품으시는 주님의 품에 격하게 안기고 싶어졌다. (OO웅 목사)

이렇게 아무런 연고가 없는 곳에 참석해 보기는 처음입니다. 단 하나, 목사님의 평소 말씀묵상만 신뢰하고 참석했습니다. 수련회 내내 말씀 앞에 부끄러웠습니다. 더 많은 시간을 말씀 앞에서 하나님의 음성을 들어야겠다는 결단을 했습니다. 처절한 삶을 통해 얻어진 귀한 보물을 아무 대가없이 나누어 주셔서 감사합니다. (안OO 전도사)

6주 강의를 통해서 말씀에 대한 불씨가 마음에서 다시 불붙는 것 같았다. 마음에서 뜨거움이 솟구쳐 올라왔다. 정말 중요한 것이 말씀이라는 사실을 깨닫는 시간이었다. (김OO 집사)

말씀이 참 달아요. 이 달콤함을 평생 모르고 신앙생활 할 뻔 했습니다. 말씀을 통해 궁극적으로 인격이 변하는 주님의 제자이고 싶습니다. (정OO 형제)

교회만 출석하고 예수님만 믿으면 천국 간다고 생각했는데, 큐티를 배우고 묵상을 하면서 하나님과의 친밀한 대화를 시작하게 되었고, 큰 위로와 힘을 얻게 되었습니다. (양OO 집사)

말씀 하나에 삶을 건
동네 목사의 신명기 묵상집

말씀으로삶을열다

발행 : 박진우

저자 : 윤 용

교정·교열 : 김찬주

윤문·디자인 : 최정민(hispencil)

초판 : 2019. 2. 25

발행처 : 엘리샤(주) 출판사

주소 : 서울특별시 강서구 양천로 452, A동 407호

Tel. 070-4077-1100

Fax. 070-7500-2025

정가 : 15,000원

ISBN 979-11-966233-0-2